El escarabajo rojo

ROSARIO DE LA ROSA

KOLIMA BOOKS

Título original: *El escarabajo rojo*

Tercera edición: Diciembre 2016
© 2016 Editorial Kolima, Madrid
www.editorialkolima.com

Autora: Rosario de la Rosa
Dirección editorial: Marta Prieto Asirón
Ilustración de cubierta: Jessica Bermúdez
Maquetación de cubierta: Patricia Fuentes
Maquetación: Carolina Hernández Alarcón
Edición de sonido: Fernando Rosas
Audio: Alan Pfeiffer
Dirección de sonido: Emilio Rodríguez de Hoyos

ISBN: 978-84-163646-7-1

*A mis amados padres, Nieves y Jenaro, que en el
pasado me abrieron la puerta del mundo.
A Luis, mi esposo, a mis hijos Luis, Ignacio Fernando y
Carmen, y a mis hijas políticas, Isabel, Belén y Verónica,
los maestros que me han ayudado a forjar mi presente.
A mis nietos, Carlos, Miguel, Álvaro, Jorge, Javier
y Alaina, que son la dulce y esperanzadora
semilla de mi futuro*

ÍNDICE

INTRODUCCIÓN

El libro que vas a comenzar a leer tiene un propósito: reconectarte con el principio sanador que está dentro de ti.

Vivimos una época de cambios trascendentales en la que el hombre, sin dejar de ser quien es, empieza a comprender y asumir elementos de sí mismo que siempre se pensó que únicamente estaban al alcance de unos cuantos elegidos y no al común de los mortales.

Estamos en el proceso de descubrir y aceptar que el ser humano es un individuo potente y polifacético, dotado de muchas más capacidades de las que ordinariamente se le reconocen, entre las que se encuentran la de autosanarse y trascender el mundo material y físico.

Cada uno de nosotros es el fruto de miles de generaciones que han trabajado y colaborado en este proyecto de evolución de la vida sobre la Tierra. Las aportaciones de cada uno de nosotros han contribuido a que muchos seres que actualmente habitan este pequeño y sagrado planeta, en este año 2016 busquen ansiosamente el modo de despertar y conectarse con sus niveles más sutiles de conciencia con el objetivo de alcanzar esa parte de sí mismos que les aporte la clave para vivir la vida de otro modo.

En este proceso de despertar colectivo nos damos cuenta de que es de suma importancia que nuestros cuerpos inferiores –el cuerpo físico, el mental y el emocional– se ordenen, equilibren, limpien y desintoxiquen, para alcanzar una frecuencia vibratoria más alta y un mayor grado de coherencia entre ellos. Los bloqueos de cualquier índole se traducen en síntomas o enfermedades a medio o largo plazo si el nivel de conciencia es bajo. Si el nivel es alto, el plazo de sanación se acorta hasta resultar casi inmediato. ¿Para qué sucede esto de este modo?

Para guiarnos, orientarnos y darnos la oportunidad de hallar el camino correcto. Ése que nos va a ir aproximando a nuestra conciencia más elevada y a la posibilidad de dirigir nuestro propio proceso de sanación.

Por lo tanto, cualquier emoción negativa que permanezca bloqueada en nosotros, ya sea porque nos negamos a reconocerla o porque no somos conscientes de su presencia, se transformará con el paso del tiempo en un síntoma o en una enfermedad que afectará a nuestro cuerpo, a nuestra psique o a nuestra mente.

Ahora bien, es importante tener en cuenta que esos bloqueos no se producen únicamente a causa de los *shocks* vividos en el curso de nuestra vida ordinaria. Un número importante de ellos forman parte de la herencia genética recibida de nuestros ancestros, vividos normalmente por alguien perteneciente a alguna de las cuatro o cinco últimas generaciones y que quedan automáticamente inscritos en nuestro ADN. Otra parte son el fruto de la intensidad de las experiencias de nuestros padres mientras permanecimos en el vientre materno y, por último, otros proceden de experiencias vitales mucho más antiguas y alejadas en el tiempo que las anteriores y que hemos olvidado completamente; las llamadas «vidas pasadas».

Todos nosotros hemos elegido un linaje para experimentar la vida, ya sea conscientemente o por resonancia, en el que se van a dar las condiciones óptimas que necesitamos para llevar a cabo nuestro aprendizaje, por más que a veces pueda no parecerlo así. En él las nuevas generaciones son el relevo. Cada individuo va a representar a alguno de sus ancestros —o a varios— con el fin de continuar y perfeccionar su trabajo.

Cuando la vida del representado ha discurrido sin mayores contratiempos ni acontecimientos desdichados, la carga es ligera. Es más, si alguien que debió recibir honores, éxito o dinero por un trabajo bien hecho quedó desamparado, puede ser el descendiente quien los reciba (por eso a veces los de su alrededor piensan que es injusto porque esa persona no ha demostrado hacer nada para merecerlo o ha trabajado pero sin excesivo esfuerzo). Se habla entonces de «buena suerte» pero, en realidad, no se trata de eso. Esa persona está recibiendo el justo pago de una deuda de la que su sistema era acreedor. Pero cuando se trata de una vida dura, llena de contratiempos y sufrimientos, en la que se han transgredido las leyes naturales de la ética y se ha afectado gravemente a otros seres humanos, las cosas son de otro modo, porque la ley que se aplica a rajatabla, de forma automática e igual para todos, es la del «ojo por ojo y diente por diente». Y es muy posible que el saldo deudor no lo cargue con todo su peso el que lo causó, sino que parte de la deuda o toda ella con los intereses correspondientes, pese sobre los descendientes.

El mayor peso de nuestras cargas lo causan los grandes dramas, las muertes naturales de nuestros amados o los fallecimientos demasiado tempranos –inasumibles–, los abortos, los suicidios, los asesinatos, los homicidios, los accidentes, las traiciones, las ruinas, los robos, los abandonos, los incestos, las violaciones y los abusos de todo tipo sobre la vida o la hacienda de los demás o la propia. Las consecuencias son mucho más graves cuando afectan a otras criaturas o cuando se intentan ocultar y mantener en secreto, pretendiendo engañar a la gran alma que rige el sistema familiar. Es un esfuerzo inútil, porque a mayor interés se pone en no hablar de ello para evitar que se sepa, más se mostrará y con mayor intensidad en el discurrir de la vida de los descendientes, en su salud o en sus enfermedades, en su «buena» o «mala suerte», en sus fortunas o en sus tragedias. Además, las memorias dejadas por las víctimas serán testigos e implacables acreedores de lo que fuere debido.

Lo importante aquí no es si acontecieron muchas o pocas desgracias, sino la cantidad de sufrimiento y dolor que se generó y el modo en que este se vivió. El dolor físico o moral, la culpa, la desesperación, la depresión, el odio y todos los demás «errores» por los que nos dejamos arrastrar, causan estados del alma de baja frecuencia que no pueden ser trascendidos en el momento de la muerte física hacia los niveles más altos de vibración. Esos pedazos del alma permanecen literalmente aquí, en el campo morfogenético propio de cada grupo familiar; hasta que alguno de los descendientes consiga transmutarlos, después de sufrirlos, a través del Amor. Y ahí es, precisamente, cuando tiene lugar el aprendizaje, la toma de conciencia y el crecimiento. Y hay que decir que no va a incorporar esa transformación a su campo de información únicamente el que la trabaja en ese momento, sino que también lo harán los ancestros y, por supuesto, los sucesores. Este es un trabajo de equipo.

El cuerpo físico nos muestra su desconcierto y su desorden por medio del dolor y las enfermedades que lo asolan. La trampa del cuerpo mental son los juicios que crean la culpa y la del cuerpo emocional el miedo que lo paraliza. Pero, en realidad, el trabajo no es complicado. Se trata de aceptar la vida de los que nos han precedido sin juicios ni críticas, sin culpas, sin achacarles las deudas. Cortar conscientemente con los lazos dolorosos del pasado, con todas las cargas y contratos onerosos, y reconectarlos con la energía de altísima frecuencia del Amor crístico.

Esta fórmula, simple y clara, nos permitirá reconectarnos con nosotros mismos, trabajar nuestra sombra y elevar nuestra conciencia.

En este libro, querido lector, espero que encuentres el camino para hacerlo.

NOTA DE LA AUTORA

Estas palabras son para ti, amable lector...

Si las estás leyendo, es que tú y yo hemos salvado los obstáculos que nos separaban y que hubieran podido evitar nuestro encuentro.

Este libro se ha escrito con el propósito de que sea sentido, no para hacerte pensar, y para que con tus experiencias y conocimientos, termines de escribir y enriquecer esta historia en tu interior. Esta recomendación te rogaría que la aplicases especialmente en los capítulos en los que se describe la historia transgeneracional de los protagonistas que incorpora una sucesión de nombres y hechos que no es en absoluto necesario que recuerdes ni que sitúes en el tiempo, aunque dispondrás de un organigrama orientativo para hacerlo *a posteriori* si así lo deseas.

De lo que se trata es que puedas ir sintiendo el peso y la carga que la dura y difícil historia de los antepasados representa en la vida de los personajes y cómo se manifiesta en los bloqueos y circunstancias de su presente.

Es importante sentirlo y aceptarlo, porque es lo que nos puede estar sucediendo a nosotros. Pero lo que es fundamental es darse cuenta de que todo ello puede dejarse atrás y ser liberados. La liberación del dolor retenido en estas memorias tendrá como resultado tu propia liberación.

PRIMERA PARTE

—

Tejiendo el tapiz

I. Egipto, 250 años a.d.C. Reinado de Ptolomeo III

Nilvaé salió del palacio hacia la veranda de poniente. Le encantaba sentarse al atardecer en esa terraza para acompañar al sol en los últimos minutos de su periplo diario y despedirse de él hasta el día siguiente. Observó las buganvillas rojas y blancas que ascendían enrollándose en las columnas del palacio, lujuriosas y llenas de vida. Habían sido un capricho de su padre. No eran una especie propia de un clima tan riguroso y seco como en el que se encontraban y por eso representaban un quebradero de cabeza para los jardineros del palacio que estaban seriamente advertidos de lo que les ocurriría si las descuidaban.

Desde allí podía ver un pequeño lago con plantas autóctonas como el papiro, las flores de loto, los nenúfares y el lino, acompañadas de multitud de palmeras. Todo ello formaba un conjunto encantador. Le pareció que tenían suerte. Sí, las plantas y las flores eran afortunadas. Se alimentaban de la tierra, del agua y del sol, crecían alegremente, los jardineros las cuidaban y no tenían que tomar decisiones difíciles.

Nilvaé necesitaba meditar. Centrarse. Su padre era un hombre importante, un gran señor que gobernaba la provincia de Asuán bajo el reinado del faraón Ptolomeo III. No era fácil ser la hija de un hombre tan principal. «A las mujeres hay que casarlas, buscarles un buen partido que aumente la gloria y la fortuna de la familia. Una buena semilla para la descendencia», solía decir. Ella era la única hija de Imhotep y ya tenía dieciséis años. Era hora de tomar estado. Su padre le había presentado muchos aspirantes a su mano y ella los había rechazado a todos. Se enamoraban de su extraordinaria belleza, de su posición... Pero ella no estaba ahora para eso.

Su pensamiento se encontraba enfocado en el Templo de Isis, construido sobre la isla de Filé en el río Nilo, próxima a Asuán. La gran sacerdotisa del templo la había llamado aparte tras las oraciones de la tarde.

–Tengo que hablar contigo, es importante –le dijo. Tras la conversación que mantuvieron, todo había cambiado para ella–. Isis te ha elegido para entrar a su servicio –insistió la Gran Sacerdotisa fijando su impresionante e intensa mirada en la suya. ¿Había percibido ella su llamada? Sí, el ansia de cumplir con ese sacerdocio había germinado y brotado en su interior. Llevaba varias noches recibiendo en sueños a la Gran Madre, Isis, Señora del Amor, que tomándola de la mano como hacía con todas sus elegidas, le mostraba los grandes misterios, los secretos milenarios reservados a los sacerdotes y a las sacerdotisas del templo. Al despertar no podía recordar nada porque esa enseñanza había que adquirirla poco a poco, durante años.

Estaba preparada para afrontar ese gran esfuerzo pero tenía que decírselo a Imhotep. Si él se oponía, le quedaba la opción de pedir refugio al templo. La Gran Sacerdotisa la acogería bajo su protección y nadie podría obligarla a salir del recinto sagrado.

Sintió dolor al pensar en su padre; le pareció que le estaba traicionando. Esa misma tarde había despreciado al último pretendiente que él le había presentado. Imhotep no había movido un músculo ante su negativa a aceptarlo por esposo. Nilvaé imaginó en toda su magnitud su decepción y su cólera. Él tenía planes muy diferentes para ella; no le perdonaría si pedía refugio al Templo de Isis. Pero a ella no le importaba.

Se quedó ensimismada mirando al horizonte por el que el sol se escondía en ese preciso instante. Su brillo, que a esa hora no lastimaba los ojos, la tenía hipnotizada. Los refulgentes colores anaranjados y rojos del atardecer reflejados en las nubes ejecutaban un extraño y cambiante caleidoscopio que absorbía su pensar. Pero ella no pensaba. Sentía, y lo hacía intensamente. En medio del increíble espectáculo, algo captó su atención. El batir de unos élitros, un movimiento rápido y un zumbido suave.

Sobre el suelo de la veranda se posó un escarabajo rojo, grande y majestuoso, con un curioso punto blanco sobre el caparazón que protegía su cabeza. Le pareció que la miraba. ¡No era posible, la miraba! Estaba segura. El escarabajo volvió a ascender, imponente. Como si el tiempo se hubiera detenido, lo vio acercarse hacia ella lentamente. Su mente buscaba frenéticamente el sentido de la presencia de ese animal en ese momento tan especial para ella. «El escarabajo rojo representa al discípulo que está en el camino de lograr su propia maestría —se dijo—, el estado que va a permitirle volar hacia la divinidad y hacia la iluminación».

El coleóptero se posó en su cabeza. Sintió la presión liviana y cosquilleante de sus patitas sobre el cabello. Le estaba diciendo, «¡vuela!, ¡vuela!» Nada era comparable a ese regalo de la Diosa. Una extraña emoción se apoderó de su pecho al tiempo que unas gruesas y silenciosas lágrimas rodaban por sus mejillas. Sabía que no estaba llorando. Sentía algo indescriptible que ascendía por su cuerpo desde la base de su columna vertebral, que la abrasaba y la congelaba al mismo tiempo. Ese sentir se desbordaba por el zenit de su cabeza, derramándose por sus brazos y piernas. El corazón batía en su pecho frenéticamente. Estaba paralizada, con la mirada prendida en el atardecer. Comprendió que era la energía de la Madre Divina, la Diosa, Isis, que la envolvía y la subyugaba. Era el abrazo supremo de las energías femenina y masculina, al mismo tiempo que Osiris, el sol, se hundía en la tibia cuna de la noche. Un flujo orgásmico recorrió todo su Ser, provocándole un estallido de plenitud que arrastró su cuerpo al éxtasis, al tiempo que el escarabajo emprendía el vuelo.

De pronto, le pareció que ella se desprendía de su realidad física y que flotaba suavemente en el éter. Ascendía. Se dio cuenta de que no era la muerte. Un grueso y elástico cordón plateado la mantenía conectada al ombligo.

Su capacidad de ver y sentir se transformó súbitamente. La luz cambió, los colores cambiaron. Estaba rodeada de una energía viva y brillante que palpitaba y emitía iridiscentes matices luminosos. Comenzó a percibir a los seres de la Naturaleza, los elementales de las plantas, los árboles, la tierra, el fuego, el agua y el viento. Observó intensamente todo ese mundo vivo que vibraba a su alrededor, lleno de color y gracia. Captaba hasta el más mínimo detalle de cada pequeño o gran movimiento de la vida y escuchaba los sonidos como si se produjeran dentro de su propio ser. Sentía crecer las raíces de las plantas dentro de la tierra y los tallos y las flores fuera de ella. Su mente captaba los mensajes de bienvenida de todos los seres vivos que la rodeaban y las miles de preguntas lanzadas hacia ella al mismo tiempo. Pidió mentalmente silencio y todo calló de golpe.

–Cada uno tendrá su oportunidad de hablar conmigo –dijo para que todos lo oyeran–, tengo tiempo de sobra. –Fue deteniéndose ante los espíritus que habitaban los árboles, las flores, las rocas. Vio las hadas, los gnomos y los elementales que le iban dando su nombre al presentarse, generalmente impronunciable. La comunicación fluía sin esfuerzo. Su mente absorbía la información, simplemente.

En un momento dado pudo percibir de nuevo ante ella al escarabajo rojo. Pero ahora no era rojo, se había transformado en luz. Le impresionó su brillo, la gloriosa sensación de fuerza y poder que emitía. Él le dijo,

–Es la hora, ¿estás preparada?

–Sí –respondió ella–. ¿Por qué eres tú el mensajero? –preguntó–. ¿Cuál es tu mensaje?

–Yo represento el trabajo que conduce al Ser hacia su iluminación en el ciclo eterno de la vida. Un humilde coleóptero que prepara el hogar de sus crías con el estiércol. Con él modela y da forma a las bolas en las que deposita un huevo. Las arrastra hacia la guarida previamente construida con esmero, y cuando todas están dentro, se introduce en ellas y las sella con barro mezclado con su propia saliva. Ahí aguarda vigilante la eclosión de los huevos en total oscuridad. Cuando nacen, las crías se alimentan del estiércol y de los nutrientes que este oculta en su interior hasta que alcanzan el tamaño preciso que puede garantizar su supervivencia. Es entonces cuando la madre desprecinta el criadero y las deja salir al exterior.

–Pero no han crecido lo bastante... son frágiles y pequeñas aún.

–Una vez en la superficie –continuó el bello insecto–, habrán de sortear mil peligros para seguir creciendo y desarrollándose hasta alcanzar el tamaño suficiente para hacer el gran vuelo. Eso lo consigue uno de cada cien mil; los demás se quedan en el camino.

–¡Uno de cada cien mil! ¡Qué tremenda injusticia!

–La Madre Naturaleza es perfecta, todo tiene un sentido y un propósito. ¿Crees que la muerte de los otros 99.999 no tiene un propósito? ¿Piensas que se quedan en la cuneta porque tienen mala suerte?

–Tal vez no han sido listos, se descuidaron... y fueron comidos o aplastados.

–Fíjate bien, niña mía... la mala suerte no existe. La desgracia no existe. Lo bueno y lo malo no existen. Todo es parte del Plan. Ellos se inmolaron, todos y cada uno de ellos lo hizo.

–¿Se inmolaron? ¿Por qué? ¿Con qué fin?

–Para que yo o alguien como yo alcanzara el objetivo. Para que yo pudiera desarrollar mis alas y me alzara para el gran vuelo. Yo llevo a mis 99.999 hermanos conmigo. Este trabajo lo hemos conseguido hacer entre todos. Ésa es la Ley.

–¿Ésa es «la Ley»? ¿Qué «Ley»?

–Una ley universal que afecta a todas las criaturas vivientes por igual. Nadie trabaja solo en el Universo, ni para sí mismo exclusivamente. Nada se produce únicamente en el presente y todo se produce en el presente. Lo que acontece es fruto de la conjunción de pasado, presente y futuro. Cuando todas las piezas encajan, se alcanza el Conocimiento que permite dar un importante paso hacia adelante a la divinidad.

–No entiendo bien.

–Tú no estás sola. No estás transformándote sola.

–¿No?

–No. Contigo están todos los miembros de tu linaje, los que han sido antes que tú, los que son a la vez que tú y los que todavía no han sido y van a ser. Todos han trabajado, trabajan y trabajarán con un mismo propósito: ascender en la Conciencia y el Conocimiento de lo Superior. Y no solo están ellos, hay más.

–¿Eso qué significa exactamente?

–Significa que, cuando tú te iluminas, tiras para arriba de los demás, los que se quedaron en el camino, los que no llegaron a nada, los violentos, los incapaces, los triunfadores sin corazón, tiras de todos aquéllos que vivieron vidas solitarias, tristes, anodinas y aparentemente inútiles para crear el entramado que posibilitase la llegada del que iba a poder dar frutos más dulces.

En ese momento Nilvaé sintió a su alrededor la presencia de millares de puntos de luz que la contemplaban. Una sensación indescriptible la embargó. Todos aquéllos que pertenecían a su linaje y que habían sido antes que ella la aguardaban, junto a todos lo que estaban siendo con ella y los que habían de ser. Todo su Ser lo comprendía sin palabras.

Le pareció que todos estaban expectantes. Se produjo un silencio denso. ¿Qué debía hacer ahora?

Volvieron a su mente las palabras del escarabajo rojo. Había dicho que sus hermanos se habían inmolado. ¡Qué palabra tan fuerte! ¡Inmolado! Una inmensa gratitud la inundó. Se dejó arrastrar por esa emoción indescriptible. Todos los puntos de luz se arremolinaron en torno a ella y comenzaron a...

Un tirón salvaje de sus brazos y piernas le hizo volver al mundo real. Los criados de su padre la arrastraban en volandas en contra de su voluntad. Al tomar conciencia de su cuerpo sintió un vértigo que la mantuvo desorientada un largo rato. Comenzó a llorar mientras la llevaban hacia el interior del palacio. Tenía la sensación de estar a punto de desvanecerse. Su cuerpo, todavía desmadejado por la experiencia vivida, no encontraba fuerzas para rebelarse y desprenderse de las manos que lo bloqueaban y aprisionaban. «¿Qué está pasando? —se preguntó— ¿qué hacen éstos?»

La respuesta no tardó mucho en llegar. Los criados se dirigieron hacia sus aposentos privados donde las esclavas la estaban esperando. La desnudaron con eficiencia en un momento. En el baño de agua caliente se mezclaban con elegancia los aromas de los deliciosos aceites de esencias de flores. Cada uno había sido añadido con una finalidad: la lavanda, el cedrón y el geranio para sedar y relajar el cuerpo físico, el mental y el emocional. La rosa como sedante, relajante y antidepresivo. El jazmín, la canela y el sándalo como afrodisíacos y para combatir los cambios, especialmente el miedo a la iniciación sexual. El sándalo, la mirra, el incienso y el clavo de olor para despejar su campo sutil de cualquier energía parásita o negativa que pudiese entorpecer el acontecimiento que iba a tener lugar a continuación.

Dentro del líquido caliente, cuidada por sus esclavas, Nilvaé intentó pensar con calma en lo que le estaba sucediendo. Un pánico indefinible se había apoderado de ella. Su mente iba alocadamente de un lado para otro, de un asunto a otro, temiendo lo peor. Poco a poco se fue relajando. «No tengas miedo, no te adelantes a los acontecimientos. Conserva la calma, es la única manera en la que podrás hacer algo. Los criados han venido a buscarte. Esto es cosa de tu padre. No va a ser fácil. Tienes que afrontar la situación lo más serenamente posible». Con esa decisión se quedó más tranquila, dispuesta a aceptar lo que viniera.

Después de que las esclavas le hubieran frotado cuidadosa y meticulosamente cada parte del cuerpo, la sacaron del agua y la secaron con un paño, aplicando suaves toques para no enrojecer ni irritar su piel. La depositaron a continuación sobre una especie de altar de piedra cubierto con manteles bordados en los que se representaban diferentes deidades. La parte central y principal la ocupaban imágenes de Isis y Osiris. El cobertor estaba bien acolchado para que el cuerpo no sufriese la dureza de la piedra. Comenzaron a masajearlo con la misma mezcla de aceites que contenía el agua del baño.

Una sacerdotisa, instructora del templo de Isis apareció en la estancia ante ella. Nilvaé reconoció a Amunet, cuyo nombre hacía referencia a la diosa del Misterio. Sus enormes ojos color esmeralda, una rareza extraordinaria en su reino, despedían fuego. No le dio buena espina. Conocía en qué consistía el trabajo de la sacerdotisa. La piel le brillaba por el efecto de los aceites que le habían estado untando las esclavas en un silencio reverente. Ellas intuían la seriedad y la trascendencia de la situación.

La sacerdotisa le habló suave pero firmemente.

–Vengo ante ti por orden de Anat, la Gran Sacerdotisa. Debo prepararte convenientemente para tus esponsales. Una esposa tiene que saber perfectamente cómo comportarse ante su esposo. Ha de conocer lo que va a recibir y qué tiene que dar a cambio para garantizar la pervivencia y la felicidad de la pareja.

»Voy a mostrarte qué tienes que hacer para conseguir potenciar al máximo el deseo y la excitación del varón. Al mismo tiempo tienes que aprender cómo acompañarle tú en ese proceso, conocer tus zonas erógenas, distinguir las que son más efectivas para ti, y facilitarle a él parte de su trabajo. Es importante que tu esposo se sienta fuerte y poderoso. Se sentirá así si ve que tú le acompañas en el clímax y que el contacto carnal con él te satisface plenamente.

—No deseo que me enseñes nada Amunet —gritó Nilvaé—. No quiero saber nada del contacto carnal. ¡No me toques! —ordenó—. Mi cuerpo lo reservo para los dioses.

Decía esto mientras intentaba tragarse las lágrimas. No quería llorar como una cría delante de todas las presentes, pero el temblor compulsivo de su labio inferior la traicionaba.

—No hago esto por mi voluntad —replicó la sacerdotisa—. Cumplo órdenes. Uno de mis votos es el de obediencia; lo sabes muy bien.

Amunet se dirigió rápida y sigilosamente hacia ella. Parecía que sus pies no tocaban el suelo, que flotaba sobre él. Miró a Nilvaé con ojos de súplica. «No me lo hagas más difícil, —parecía decir—. No tengo en esto ningún interés personal, hago mi trabajo y cumplo con la sagrada tradición».

Tomó el rostro de Nilvaé con su mano derecha y lo sostuvo firmemente.

—Lo siento —musitó la sacerdotisa—. Debo enseñarte cómo acariciar la boca y los labios de tu futuro esposo con los tuyos del modo más placentero y efectivo posible. —Hizo un gesto con la cabeza a las esclavas y éstas sujetaron de inmediato a Nilvaé para evitar luchas inútiles, procurando no hacerle daño. Cuando la muchaha sintió la presión de sus manos sobre sus extremidades, enrojeció violentamente, llena de cólera y vergüenza.

Los labios de Amunet comenzaron a ejecutar suaves movimientos sobre los suyos. Seguía una especie de protocolo de caricias consecutivas, suaves y ondulantes, realizadas para que ella las aprendiera. Notó cómo esa parte de su cuerpo se iba excitando, como si un fuego la encendiera. Cuando la sacerdotisa consideró que lo que le había mostrado era suficiente, esperó y le dijo casi imperceptiblemente:

—Ahora hazlo tú. Repítelo en mí, igual que yo lo he hecho en ti. —Nilvaé se negó en un principio. Entonces, Amunet, sin decir palabra, presionó con su dedo índice un punto preciso de la anatomía de la joven y un latigazo como un rayo ardiente la atravesó dejándola atolondrada. La maestra esperó a que se fuera reponiendo del impacto y le dijo suavemente:

–Te lo suplico, no entorpezcas mi trabajo. Me va la vida en ello.

Nilvaé comprendió que Amunet luchaba por su propia supervivencia. Con desgana, repitió el protocolo hasta que la sacerdotisa consideró que había aprendido lo suficiente. Entonces Amunet comenzó a jugar con su lengua sobre la boca de Nilvaé. Con pequeños toques y suaves lamidos comenzó por el exterior y fue penetrando poco a poco en el interior, mostrándole los secretos ocultos de esa parte de su anatomía. Volvió a detenerse cuando consideró que ya era suficiente y de nuevo le rogó a Nilvaé que repitiera los mismos gestos para asegurarse de que ella lo había aprendido correctamente.

–Ahora voy a descubrirte los secretos rincones de tu cuerpo –dijo Amunet–. El cuerpo del hombre y el de la mujer son solamente parecidos en lo que a las zonas erógenas se refiere. Te haré notar las diferencias en su momento.

Nilvaé pensó que la enseñanza había acabado. Al oír de nuevo a la sacerdotisa volvió a forcejear intentando zafarse de la sujeción de las esclavas, pero eran demasiadas para ella sola. Observó cómo la maestra, con gestos firmes, ordenaba a las esclavas que le dieran la vuelta de modo que reposara ahora sobre su vientre.

Las manos suaves de Amunet untaron sus pies con el aceite aromatizado con los óleos. Comenzó a trabajarlos delicadamente, dedo a dedo, haciendo hincapié en determinados puntos en los que se detenía unos instantes. Los masajeaba suavemente con movimientos repetitivos circulares que a ella le producían un extraño relax al mismo tiempo que excitación. Cuando llegó a la altura del talón, por debajo del hueso del tobillo, la sacerdotisa combinó los movimientos circulares con ligeras presiones que repercutieron de inmediato en la pelvis de Nilvaé. La energía comenzó a moverse en esa zona creándole una extraña sensación nunca antes experimentada, salvo cuando el escarabajo rojo se presentó ante ella y voló con él. Esta última sensación había sido más intensa si cabe, pero completamente diferente. Se daba cuenta de que se estaba excitando y que la sensación iba en aumento. Las manos de la sacerdotisa iniciaron movimientos ascendentes, ligerísimos, por la cara externa e interna de los muslos, tocando como de paso ciertos puntos. La sensación alcanzó los glúteos y el coxis para subir en oleadas por la espalda, atravesando los hombros para descender por los brazos y ascender por el cuello. Amunet volvía a repetir el proceso, una y otra vez, intensificando en cada ocasión la presión que ejercía sobre la piel. Parecía que el cuerpo de Nilvaé comenzase a gritar de forma autónoma, pidiendo más y más.

De improviso le dieron la vuelta y quedó boca arriba. Oyó a Amunet susurrar que se acercaban al punto crucial. Sus manos volaban sobre el cuerpo de la joven. Explicaba someramente el significado de los puntos que iba tocando en su ascensión por las piernas, el torso y la cara anterior de los brazos, mostrándole las diferencias a tener en cuenta en la anatomía de un hombre. Lo repitió varias veces para que ella no lo olvidara. La excitación se movía en oleadas a lo largo de su cuerpo. Amunet situó sus manos delicadamente en la entrepierna de la joven cuidando de no dañar su virginidad, que sería certificada más tarde, y ahí terminó el trabajo. Un estallido de luz inundó a Nilvaé. Le pareció que le faltaba el aire y, por unos segundos, tuvo la sensación de desvanecerse.

Cuando se recuperó, Amunet se lavaba las manos con agua de rosas y jazmín en una jofaina de alabastro que sostenía una esclava. Se las secó cuidadosamente con un paño de lino blanco mientras se aproximaba de nuevo hasta la muchacha.

—Ahora ya sabes lo que hay que hacer, Nilvaé —le dijo—. En lugar de mis dedos, será tu esposo el que penetrará en ti. Te deseo suerte, toda la suerte del mundo y que seas feliz. Pido la bendición de Isis, la Divina Madre, para ti. —Y, diciendo esto,

–Amunet le dirigió una mirada de gratitud por haber permitido que le transmitiera su ciencia y se fue.

Nilvaé supo que estaba perdida.

Las esclavas la vistieron con un hermoso y vaporoso vestido blanco de ligera y transparente muselina, simbolizando su virginidad. Había que completar el atuendo con joyas apropiadas para la ocasión y la categoría de los contrayentes. Entonces le presentaron dos extraordinarios conjuntos de collar, brazalete y pendientes, que eran un presente del futuro esposo y su familia. Uno era de oro y lapislázuli, el llamado oro azul. En el último se había sustituido la piedra azul por coral del Mar Rojo, color fuego.

El lapislázuli era una piedra semipreciosa muy apreciada, más valiosa que el oro para los egipcios, y que representaba la pureza, la salud, la suerte y la nobleza. También el deseo de hallar la senda de la iluminación o el camino de la inmortalidad.

En Egipto, el dios Anubis era el encargado de acompañar a los difuntos en su peligroso y aterrador recorrido tras la muerte a la presencia del dios Osiris, donde serían juzgados. Por eso los poderosos se hacían poner máscaras de lapislázuli sobre el rostro al morir, como protección y forma de transmitir un mensaje de mayor perfección para que Osiris fuera benevolente con ellos. El coral rojo representaba el fuego y la sangre y, en consecuencia, la vida y la regeneración; pero también estaba relacionado con fuerzas peligrosas descontroladas que podían amenazar el orden establecido. Evocaba, por tanto, la ira y la destrucción. Ése era para los egipcios el color del desierto, de la aridez, de la muerte.

La mirada de Nilvaé quedó prendida de inmediato del conjunto rojo coral en el que destacaba la talla de unos escarabajos sagrados. Pensó al instante en el ejemplar impresionante con el que había mantenido el mágico encuentro esa misma tarde. Ése fue el que eligió sin dudarlo; era una rareza ya que normalmente los escarabajos se tallaban en azul turquesa o en lapislázuli azul noche, un color más acorde con su significado y propósito. Asombraba el brillo de los tallados en coral, que resplandecían en el centro de una placa de oro puro. Le habían dado forma de media luna y se la colocaron alrededor del cuello. Había otro sobre un brazalete y en cada uno de los pendientes que adornaban sus orejas. Eran alhajas fuera de lo común. Estaba hermosa, muy hermosa. Su cabello brillaba como la seda y toda ella desprendía el aroma exquisito y delicado de una flor.

Cuando las esclavas abrieron la puerta del dormitorio para salir, los criados la esperaban para escoltarla a los aposentos paternos. Llegaron a la inmensa antesala de la alcoba, donde habitualmente trabajaba Imhotep con sus colaboradores y desde donde dirigía sus asuntos. En esa ocasión la estancia no la ocupaban sus ayudantes ni los sirvientes. Allí esperaban a Nilvaé sus padres y su futuro esposo, rodeados de los parientes más cercanos de ambas familias.

Siloé, su madre, la miró directamente a los ojos con tal intensidad que ella pensó que se iba a desmayar. Parecía que su progenitora estaba empleando toda la energía de su cuerpo en esa mirada que parecía decir, «no he podido hacer nada, tu destino ha sido marcado y tienes que cumplir con tu deber. No aceptarlo significaría la muerte para ti y, oponerme, la significaría para mí».

Siloé expresaba la impotencia y la humillación de no haber sido escuchada. Más que eso, no se le había dado siquiera la opción de expresar su opinión, de decir una sola palabra. Conocía los anhelos y los sueños de Nilvaé. Los había compartido con ella en los aposentos de las mujeres. Recordaba las largas tardes de primavera en las que, después de comer, el palacio se aquietaba, los ruidos cesaban y la gente buscaba un refugio fresco para pasar las horas más duras del calor. Ahí Nilvaé le había abierto el corazón a su madre y recibido su conformidad, su apoyo. «Aunque tu padre esté en contra yo me mantendré a tu lado», le había dicho ella.

A Siloé se le vino encima toda su cruel realidad de golpe. Había contraído matrimonio con tan solo trece años. Nadie le había preguntado nada. Era la primera esposa de un nombre dominante, triunfador y caprichoso, acostumbrado a que siempre se hiciera su voluntad. La tomó la primera vez como quien toma una uva del racimo y deja lo demás con desgana. Ni la vio. Ella, en cambio, lo amó a primera vista, se le clavó en el corazón como un puñal de plata y aceptó plegarse siempre a sus deseos sin discutir, le pidiera él lo que le pidiera, con tal de no dejar jamás de tenerlo cerca. Cuando le dijo a Nilvaé «yo te apoyaré», confiaba y había pedido insistentemente a los dioses que los planes de su hija se cumpliesen sin tener que verse obligada a tomar partido. No le hubiera importado hacerlo si hubiera sabido que le iban a dar alguna opción. Pero no le darían esa oportunidad. Era su deber acompañar a su esposo en todos los acontecimientos, festejos, actos oficiales de gobierno, viajes, pero siempre escuchando y callando. Él jamás aceptaría de ella una opinión diferente de la suya y menos que le discutiera alguna decisión. Nilvaé ya era mayor, demasiado. Tenía dieciséis años. Las cosas se precipitaban porque desposarla después de esa edad sería complicado. Ya lo estaba siendo. Imhotep no permitiría más dilaciones.

Enfrente de la familia de Nilvaé se encontraban el séquito y los parientes del pretendiente que ella había rechazado esa misma tarde. Era indudable que su padre había decidido no tener en cuenta su decisión en caso de una negativa cuando le propuso a Nahim como esposo, porque había hecho venir a todos los invitados. Eso quería decir que ya había aceptado la propuesta en nombre de su hija y que los esponsales iban a tener lugar en cualquier caso. Ahora comprendía el gesto duro e impasible de Imhotep cuando ella se negó a aceptar a Nahim.

A un lado, ante un pequeño altar erigido para la ocasión y presidido por la diosa Isis y el dios Osiris, se encontraban esperando el Sumo Sacerdote Apophis y la Gran Sacerdotisa Anat.

Nilvaé la miró a ella directamente a los ojos con una pregunta muda en ellos, «¿qué haces aquí, tú sabías esto?» Los ojos de ella le devolvieron una mirada profunda y angustiada. «No he podido hacer nada. No se puede hacer nada. O aceptamos esto las dos o nos enfrentamos a la muerte. Tu padre no está dispuesto a ceder lo más mínimo. Lo he intentado todo».

–¿Qué está pasando aquí? ¿Qué significa esto? –preguntó Nilvaé en voz alta, intentando mantener la compostura y la firmeza. Era digna hija de su padre.

Imhotep la contempló con dureza, casi con desprecio. Hizo un gesto con su brazo derecho ordenándole silencio, indicando que no osara decir una palabra más. No estaba dispuesto a transigir. La había maleducado, ahora lo comprendía. Ella tenía que haber aprendido a ser tan discreta y obediente como su madre. En este mundo nadie hace lo que quiere y menos una mujer. Todo estaba dispuesto para sus nupcias matrimoniales, que iban a celebrarse de inmediato. Al finalizar éstas y después de consumarse el encuentro íntimo de los contrayentes, como exigían la ley y la costumbre, Nilvaé partiría con su esposo, su séquito y su familia hacia su nuevo hogar. Ella cumpliría con su deber.

–Yo ya estoy desposada –gritó Nilvaé mirando a los ojos a la Gran Sacerdotisa–. He encontrado el sentido de mi vida. No aceptaré...

Por toda respuesta Imhotep gritó, «¡silencio!» e hizo un gesto a los oficiantes para que comenzasen la ceremonia. Nilvaé se dejó invadir por la desolación. Su vida iba a ser muy desgraciada. No amaba a ese hombre, ella quería otra cosa, tenía otros planes. Había saboreado la suavidad del Amor Divino. Ese enlace sería el yugo que la mantendría atada a la desdicha. No deseaba nada de lo que el matrimonio significaba, de lo que podía darle. No estaba hecha para criar hijos. Ella quería volar... Si no se lo permitían, prefería morir.

En ese momento fue consciente de su desesperación. En su interior se agolpaban emociones que la bloqueaban por completo. La ira contra sus padres, especialmente contra su padre, se unía al desprecio que sentía por su ya esposo, y la cólera por la traición de su madre y de la Gran Sacerdotisa. Estaba dispuesta a todo.

La ceremonia había terminado. Los oficiantes informaron en voz alta de que, antes de partir, los desposados debían consumar su unión, dejando prueba cierta de su encuentro carnal. Las comadronas revisarían a la novia para certificar que se mantenía virgen y, posteriormente, que había sido correctamente desflorada. Ésa era la tradición. Después los novios podrían irse.

Los contrayentes fueron conducidos al dormitorio nupcial situado en la segunda planta del edificio. En la puerta, haciendo guardia, esperaban las matronas. Una por parte de la novia y otra del novio.

Nilvaé se sintió morir. Su esposo, Nahim, era apuesto y bien parecido, pero ella no sintió ninguna emoción cuando posó sus ojos sobre él. Deseó con todas sus fuerzas que desapareciera de su vista y de su vida.

Él, en cambio, la miró tiernamente. La amó desde el mismo momento en que le mostraron su imagen tallada en madera policromada, delicadamente trabajada con luminosos colores. Imhotep se la había enviado a sus padres cuando estaban en el proceso del arreglo matrimonial. Él tenía veintidós años y estaba empezando a asumir las responsabilidades derivadas de los negocios de un gran comerciante. Su familia había levantado un imperio y sus caravanas cruzaban el desierto de un lado a otro permitiendo el intercambio de mercancías entre lugares remotos. Algún día él los visitaría, uno a uno, personalmente.

Nahim tomó la mano izquierda de su esposa y la atrajo hacia sí, mientras le rodeaba la cintura con el otro brazo. Tenía el cabello negro ensortijado y unos profundos ojos negros. Los clavó en su mujer como anunciándole el siguiente paso que iba a dar. Nilvaé no podía mover ni un músculo; su cuerpo estaba tenso y rígido. Una especie de temblor nervioso la paralizaba. Sintió pánico. Se dio cuenta de que la cabeza de Nahim se inclinaba hacia ella; veía como su boca, de labios gruesos y sensuales, se dirigía hacia la suya, ansiosa.

Un golpe seco sobre el ventanal llamó su atención. El corazón le dio un vuelco y se giró bruscamente buscando la causa. Todo su estupor desapareció como por encanto. No vio nada pero entendió inmediatamente lo que había sucedido. El escarabajo rojo se había golpeado salvajemente contra el dintel de la ventana. Sin pensarlo siquiera, se soltó del abrazo de Nahim y se acercó para mirar. Ahí estaba, exánime. Le dolió el alma al verlo. El tremendo impacto a causa de la velocidad de su vuelo había provocado la salida de los humores internos del animal. El curioso e inusual punto blanco sobre el caparazón le confirmó que se trataba del mismo escarabajo que había visto por la tarde.

Las lágrimas inundaron sus ojos. Creyó entender su mensaje, no albergaba ninguna duda. Instintivamente tocó con su mano el escarabajo sagrado esculpido en coral rojo que llevaba sobre su pecho. Miró a su esposo con consternación y le dijo, «lo siento mucho Nahim. Lo siento mucho, perdóname»... mientras se dejaba caer de lado por el ventanal. Se precipitó al vacío y su cuerpo de virgen, envuelto en las sedas nupciales, quedó inerte sobre el pavimento.

II. Hugo y Diana

Hugo llegó a la hora en punto. Llevaba la cabeza rapada, la barba muy corta como de dos o tres días y una amplia sonrisa que le hacía parecer despreocupado y feliz. Uno pensaba al verlo en alguien sin ningún tipo de problema. Con cuarenta y cinco años, que no aparentaba, daba la impresión de ser un muchacho de treinta en pleno disfrute de la vida. Llegó mucho antes de la hora señalada y se sentó en la salita de espera vacía, decorada con sencillez y buen gusto. Olía a rosas. Una sensación de calma y serenidad impregnaba el ambiente e invitaba a relajarse, a dejar salir para no volver los miedos y los conflictos.

Pensó una vez más en Diana, la persona a la que iba a ver y a la que no conocía más que por referencias. Su amiga Marian le había hablado de ella y de sus habilidades. No se sentía seguro, con nadie se sentía seguro. Le volvieron a entrar ganas de salir corriendo. Todavía estaba a tiempo.

Mientras esperaba repasó los últimos tres años de su vida. Habían ocurrido tantas cosas que le parecía imposible. Después de la muerte de su padre todo había cambiado para él. Su mundo se había ido deshaciendo como el humo en el aire y no sabía cómo hacer para darle forma de nuevo. Le quedaba Claudia. Ella seguía con él pero cualquiera sabía cuánto iba a durar esa relación. Y no porque ella pusiera inconvenientes, que no podía tener más paciencia con él la pobre. Él se sentía culpable por no conseguir tener las cosas claras respecto a ellos como pareja. Bueno, y no solo en lo que tenía que ver con eso, sino que estaba desorientado en casi todo lo demás.

Desde la muerte de Dionisio, su padre, su mundo interior se había desordenado. En cuanto se quedaba a oscuras veía sombras que le asustaban, como espectros que le hacían saltar de la cama como un resorte. Dormía en el salón con la lámpara encendida. Al poco tiempo los pudo ver perfectamente al acostarse, como si una luminosidad los acompañase. Ya no eran espectros, eran personas, generalmente de la familia, pero también otras desconocidas. Su padre estaba ahí. Le notaba ansioso y angustiado, ¡y él no sabía qué hacer! Se sentía acosado, perseguido. Salía huyendo de su dormitorio y se los encontraba en el salón, ya sin necesidad de estar a oscuras, aunque estuvieran todas las luces encendidas. Aunque no le hacían ningún daño, se angustiaba terriblemente, no lo podía remediar. Estaba perdiendo algo más que la tranquilidad.

Lo peor llegó un día del mes de mayo, el cinco para ser exactos. Conducía su coche por Madrid. Otro vehículo se le cruzó de mala manera poniéndole en riesgo de colisión. Se enfadó mucho y comenzó a protestar en voz alta. «¡Estamos locos!, ¡claro, así luego se mata la gente!» «¡Eso! —oyó decir internamente—. ¡Adelantando por la derecha, luego vienen los accidentes!» «Pues sí —respondió él— y luego dicen...»

Se quedó en suspenso, con la boca abierta. Pero, ¿quien había dicho eso? «He sido yo», oyó de nuevo. «¿Yo? ¿Quién es yo?» A esa pregunta no hubo respuesta. Volvió a preguntar, «¿quién es yo, por Dios?» Nuevo silencio. «¿Eres un guía, un maestro?» Y entonces escuchó con claridad:

—Estás queriendo empezar la casa por el tejado. Hay preguntas que no tienen respuesta porque esas respuestas te las tienes que ir dando tú a ti mismo, a lo largo de la vida, como resultado de tu propia experiencia. Todo a su debido tiempo. Poco a poco. Relájate.

—¿Relájate? ¿Cómo que me relaje? ¿Quién eres? ¿Qué me quieres decir?

La respuesta que obtuvo fue el silencio.

Todo su cuerpo comenzó a temblar. Una especie de convulsión le recorrió de arriba a abajo mientras un sudor frío le empapaba la ropa. Detuvo el coche en el primer sitio que pudo y comenzó a hiperventilar. Le dolía el pecho. Parecía que le iba a dar un infarto. El corazón galopaba como loco y los miembros comenzaron a ponérsele rígidos. Le faltaba el aire. Se ahogaba. Quiso abrir la puerta del coche pero no acertaba con la manija. Los nervios se le descontrolaron porque pensó que se estaba muriendo, solo y de esa forma absurda. Perdió la conciencia.

La recuperó una hora y media más tarde. Cuando abrió los ojos se encontraba perfectamente tranquilo y relajado. Había tenido la impresión de haber estado en alguna parte, con gente, mucha gente, pero no recordaba nada. Se encontraba bien. Le vino a la mente lo sucedido hora y media antes. Un nudo le apretó el estómago, pero se dijo que esta vez no iba a perder la calma. Respiró hondo, dio media vuelta a la llave y encendió el motor del coche. Ahora se iba a ir a casa y ya pensaría despacio en todo lo sucedido. En su cabeza se hizo el silencio, pero no por mucho tiempo. Tenía que bregar con esa circunstancia y seguir siendo el mismo de siempre. No quedaba otro remedio.

Cuando el nudo del estómago se fue retorciendo y agravando, con aquel dolor sordo e insoportable, fue al médico. Él le revisó de arriba a abajo.

–No tienes nada físico –le dijo–. No encuentro absolutamente nada. Puede ser estrés. Tómate unos días de descanso, te sentarán bien. –Hugo decidió hacer lo que le recomendaban. Pensó en irse a un lugar cálido, con sol y playa, para estar en bañador todo el día, comer cualquier cosa y hacer lo mínimo. Cuando estaba casi decidido, se dio cuenta de que no iba a ser una garantía de que dejasen de sucederle los fenómenos que lo angustiaban y, además, le costaría un dinero que no tenía. Solía tener el bolsillo seco. Por otro lado, en la playa estaría solo. No quería ir con Claudia y que se enterara de lo que le pasaba. No le convencía la idea.

Existía la posibilidad de ir al pueblo de la infancia de sus padres, un lugar perdido en los Montes de León y con un clima opuesto al que había deseado en un principio, donde vivía la tía Pura, la hermana mayor de su madre. En la casa solariega, todavía en pie, había residido la familia durante generaciones antes de emigrar a la ciudad buscando mejor fortuna. Su madre le advirtió de que su hermana era bastante rara. «Más bien –le dijo–, está muy loca aunque es pacífica y buena persona. Hace años que la hemos dejado por imposible. Después de la partida del último familiar se quedó sola, sin ayuda de nadie y así sigue, sin los servicios mínimos modernos, como una ermitaña. Seguro que malviviendo de cualquier manera. No te lo recomiendo», le advirtió. Pero Hugo, teniendo más en cuenta su necesidad de apartarse de lo que le estresaba y su lamentable situación financiera, decidió ir. Definitivamente se iría con la tía Pura. No necesitaba gastar un dinero que no tenía.

La tía Pura se había quedado para vestir santos. No tenía hijos, y no porque no hubiera tenido muchas oportunidades de casarse, que las tuvo. Fue soltera y sin hijos por vocación. Se esforzaba en mantener en pie la amplia y vieja casa de pueblo que había dado cobijo al clan en otros tiempos, cuando el mundo parecía otro. Él le envió un telegrama para avisarle y ella le esperaba feliz, como una niña a la que le compran zapatos nuevos. No recibía visitas con frecuencia en ese caserío perdido en la montaña, que ni cerca del pequeñísimo pueblo estaba. «¡Yo te cuidaré, hijo mío!» Sí, cuidaría con esmero al sobrino y puede que tuviera la oportunidad de transmitirle su amor por la tierra y el hogar de sus mayores. Tal vez, en un futuro no muy lejano, él estaría dispuesto a no dejar morir en el abandono la casa, el huerto, los campos de cultivo y los frutales.

Hugo amó el lugar desde que llegó. Las montañas, la hierba verde, los árboles y el agua fresca de los arroyos. Le enamoró el aire limpio y puro, la paz que se respiraba en el ambiente.

Allí no llegaba la señal del móvil ni había televisión. Podía haberla pero a la tía Pura no le interesaba lo más mínimo. Todo eso hacía perder mucho tiempo y ella tenía demasiadas cosas a las que atender y de las que ocuparse.

Nunca estaba sola. Se comunicaba con la Naturaleza, con los árboles, las flores, los pájaros, las nubes, el agua... con todo lo que la rodeaba, incluidas las montañas y las rocas. Tal vez tenía un poco ida la cabeza. «La soledad», se dijo Hugo. La separación física forzada de sus vecinos. Ella ni siquiera habitaba en el pueblo, que por pequeño que fuera tenía algo de gente, sino en la montaña, a más de una legua. Desde donde ella vivía se veían otras casas, los cerros estaban salpicados de ellas, pero se encontraban demasiado lejos como para tomarse una taza de café con los más cercanos en el ratito libre que queda entre horas. La tía Pura contaba únicamente con una bicicleta antigua para ayudarse en sus desplazamientos, poco operativa en los inviernos cuando la lluvia y la nieve imposibilitaban transitar por los caminos. Una vez a la semana, si la climatología lo permitía, llegaban las cartas y el camión de Luciano, a quien ella compraba todo aquello que necesitaba y que la tierra no podía darle. Y estaba Jenaro, que la ayudaba con las labores del campo cuando era necesario preparar la tierra, sembrar, recoger o desbrozar.

Hugo se preguntaba cómo, con sus brazos casi como único sostén, podía ella hacer tanto trabajo, porque salvo por la ayuda de Jenaro, no tenía a nadie. Su respuesta era siempre la misma,

—No estoy sola, hijo mío, estoy muy bien acompañada. La tierra trabaja para mí.

—¿Que trabaja para ti? —respondió él—. La tierra sigue sus ciclos y no trabaja para las personas, tía. Vivir del campo es un trabajo duro y desagradecido; por eso la gente abandona sus casas, sus pueblos y se va a la ciudad a buscar fortuna.

—No tienes ni idea, hijo. Lo que le falta a la gente es respeto y conciencia de lo que es este planeta. Y les falta el amor, corazón. A toda la Naturaleza hay que darle verdadero amor. Hay que actuar desde el corazón. Entonces ella te paga con la misma moneda. Tú no los ves o no te fijas, no lo sé, pero hay un espíritu cuidando de cada ser vivo, de cada planta, cada árbol y cada elemento de la Naturaleza. Ese espíritu no es un estúpido caprichoso, sino que responde a principios muy elevados. Como todo lo demás en la vida de un ser humano, se ofrece para mostrarle como en un espejo lo que ese ser humano es y el nivel de conciencia en el que está. A veces lo que muestra la Naturaleza es muerte y destrucción, pero la causa no está en ella, ella solo hace de espejo. Pero cada criatura es tan importante que le merece la pena el sacrificio.

Hugo pensó en la voz que había oído en su interior. Tal vez esa voz correspondía al que le cuidaba a él. «¿Eres tú mi espíritu guardián o mi ángel guardián?», preguntó internamente. No hubo respuesta. Contestó a su tía como si la inquietud y la incertidumbre no le estuvieran consumiendo por dentro.

—Ya tía, eso que dices suena muy bonito, pero hay que ir a lo práctico. El que trabaja el campo quiere poder vivir de él y dar de comer a los hijos. Necesita tener una seguridad y conseguir los recursos que le permitan avanzar en la modernidad igual que al resto del mundo. La gente del campo no hay forma de que salga adelante. Por una razón u otra todo son calamidades. Así no hay amor que valga. Si tú vives de cultivar la tierra y no puedes pagarle un buen colegio a tu hijo, enviarlo al extranjero a aprender idiomas o comprarte un coche o una TV, pues estás en inferioridad de condiciones. Y te vas. Te aburres y lo dejas. Solo parecen salir adelante las grandes corporaciones con muchos medios y sin alma.

—Esto pasa porque no hay conciencia ni respeto. Y si no tienes eso, no amas.

—Tía, yo hablo de la realidad, de lo que es el mundo y de lo que la gente necesita. Con el amor del que tú hablas, no se come.

—¡Qué equivocado estás, hijo! Te podría decir que no entiendes casi nada.

—¿Qué no entiendo nada? Esto te lo dirá cualquier persona con sentido común. Tú vives aquí en tu realidad y te imaginas que este es un lugar mágico donde todo surge como por arte de birlibirloque. Así por las buenas, ¡vamos!

Lo dicho, cualquiera podría decir que tenía algún tornillo flojo. Por eso la madre de Hugo lo decía abiertamente. «Mi hermana está como una cabra loca». No le cabía duda. Y eso que hacía años que no la veía, que si la viera ahora... Hugo no entendía el razonamiento de la tía Pura, no podía captar las condiciones de una relación sana entre los seres humanos y la Naturaleza como ella lo explicaba. Era como un cuento de hadas mientras la gente normal estaba en el mundo real. Pero loca no estaba. De eso estaba seguro. En realidad era un dechado de alegría, equilibrio y serenidad. Ahora, eso sí, decía justo lo contrario que el resto de la gente.

Pura fue como un ángel para él. Lo trató con tal esmero que pudo apreciar cómo sus nervios se iban calmando poco a poco. Le puso emplastos de hierbas y le hizo beber tisanas que le mejoraron muchísimo. Un día le dijo:

—Hijo mío, tú no tienes nada físico, te lo digo yo. Eso que te ha dicho el médico es la pura verdad. Pero tienes un enredo interior de San Pedro y sus apóstoles, imagínate. No sabes por dónde te andas. Tienes que reflexionar mucho, estudiarte internamente y aprender a conocerte. Así entenderás lo que te rodea, lo que está fuera de ti.

Hugo se esforzó por no pensar en nada y ayudó en todo lo que pudo a la tía Pura. Se peló la cabeza, a ver si se le aclaraban las ideas. Fue como liberarse de algo viejo y como si su subconsciente le dijese, «tranquilo, irás aprendiendo poco a poco, tan despacio como crece tu cabello, pero crecerás».

La tía le explicaba pacientemente las rutinas de su día a día, con la esperanza de que él se dejase seducir por su forma de vida, la comprendiese, la amase y estuviera dispuesto a sustituirla cuando ella faltara. Las tierras que habían quedado de los abuelos no las había valorado nadie. Estaban en las montañas y eran tan abruptas, con un clima tan difícil, que nadie pensó que se les podía sacar rendimiento. Pura se había hecho fácilmente con todo por casi nada. Si Hugo prometía proseguir su labor, las tierras serían suyas. Él conocía los secretos del cultivo de la tierra, la forma de obtener buenos frutos sin envenenarla... pero no se enamoró totalmente del proyecto de la tía Pura porque su mente, demasiado rígida todavía, no le permitía penetrar en la parte más sutil y profunda de la enseñanza que ella le intentaba transmitir.

Pura llevaba un registro de todo, absolutamente todo. Escribía sobre las hierbas medicinales de la zona, cómo cuidarlas, recogerlas y guardarlas. Para qué servían y cómo usarlas. Describía los espíritus de la Naturaleza, sus diferentes clases, cómo contactar con ellos y alimentarlos positivamente para que se hicieran fuertes y sabios y transformaran en vida todo cuanto tocasen. Escribió sobre cómo reconocer los estados internos negativos que nos separan de esos espíritus benefactores y cómo proceder para transformarlos en positivos. En infinitas cosas más. Eso fue algo que Hugo le agradecería enormemente unos años más tarde.

Él se asombró de algunas cosas en aquel momento, eso sí. Como del hermoso almendro plantado en el lugar inadecuado, en la falda Norte de una montaña de fríos invernales heladores, que se mantenía florido todo el año. No había nada, ni las nieves del invierno ni las escarchas de primavera que le impidiese dar sus frutos puntualmente dos veces por año. En principio pensó que se trataba de una rareza. Quizá era un espécimen aclimatado a un lugar inhóspito y adaptado a esas expresiones extremas del clima. Ella se sentaba debajo de su almendro, con buen o mal tiempo, y contaba al árbol las incidencias del día, los problemas que se le iban presentando. Le pedía ayuda y consejo para resolverlos cuando no veía clara la salida. Él era como su mano derecha y, entre ambos, muy bien avenidos, dirigían con firmeza y orden el mundo mágico e inmaterial que los rodeaba. «Él es como mi hermano, como mi compañero». Eso decía Pura con total normalidad. Puede que estuviera un poco ida, aunque su perturbación le produjera un estado dulce y amable que la hacía sonreír todo el tiempo.

Entonces Hugo recibió un mensaje inesperado en su interior. «No está ida. Ella está de vuelta y tú no has comenzado ni siquiera el camino. Deberías ser más humilde y más prudente». «¿Quién me dice eso? ¿Quién eres?» Se sobresaltó. La respuesta que obtuvo fue el silencio.

Hugo quedó consternado con la experiencia y se prometió a sí mismo observar antes de hablar y, sobre todo, no juzgar. Llegó a la conclusión de que, cuanto menos entendiera las cosas, más debía respetarlas. Tenía que evitar hacer juicios o dar opiniones que nadie le había pedido sobre lo que no conocía bien o no comprendía completamente. En ese instante estuvo seguro de que haber ido a ver a la tía Pura no había sido algo fortuito. Ella era una olvidada y una excluida de la familia, pero la dirección que había tomado era la correcta. Hugo no podía imaginar cómo lo lograría, ni cuándo, pero al menos ya sabía dónde quería llegar. Porque como dice el pueblo americano, si no sabes a dónde quieres ir, acabarás en otra parte.

Se repuso del todo de sus males. Los espectros dejaron de torturarle y el dolor físico cesó. Decidió volver a la ciudad. Había descubierto una persona y un lugar fuera de lo común, un sitio ideal para el descanso, del que no pensaba olvidarse. Era como si algo en su interior le mostrase a dónde debería encaminarse para no errar. Daba igual el sendero que eligiera siempre que consiguiese llegar a comprender y amar la vida como la tía Pura.

Regresó a su casa. A la rutina y a Claudia... A sus terrores. A los pocos días todo parecía seguir funcionando a partir del mismo punto en el que lo había dejado un mes antes. Los nervios y el dolor habían vuelto, más fuertes si cabe.

Necesitaba ayuda. Alguien habría que pudiese ayudarle. Pidió internamente que le echaran una mano; ese dolor no podía ser nada bueno, tenía mal aspecto. Recordó a todos los miembros de su familia que habían iniciado un camino sin retorno empezando con síntomas parecidos. Estaba listo, acabado, eso era fácil de colegir. Le preocupaba el asunto de su desajuste mental, ese pozo de oscuridad en el que había caído después de la visita a la tía Pura. La respuesta a su petición de ayuda había sido el nombre de la terapeuta en cuya consulta estaba sentado, esperando, en este momento, cosa que, por otra parte...

Se abrió la puerta de golpe y su discurso interior se detuvo al instante. Diana salió sonriente acompañando a alguien hasta la salida. Ambos reían alegremente, como si el mundo fuera un lugar feliz y confiable.

–Hasta la semana que viene –le recordó al que salía.

–Hasta entonces –dijo él.

Antes de darse cuenta de que había cerrado la puerta, la vio frente a él. Era una mujer joven aunque de edad indefinible. Demasiado joven para poder ayudarle, pensó. Resultaba atractiva, sin ser guapa, y todo su cuerpo desprendía un algo que invitaba a abrazarla y a llorar, a soltar el lastre de las pesadas cargas de la vida. Ella se adelantó diciendo:

–¿Eres Hugo? Soy Diana. –Cuando lo saludó y le apretó la mano entre las suyas, fuertes y cálidas, tuvo la sensación de que un rayo penetraba por la palma y le recorría todo el cuerpo. Se le doblaron las piernas. Pensó que no le sujetarían. Ella dijo:

–Vamos –y lo empujó suavemente hacia el interior del despacho.

Al atravesar la puerta creyó llegar a otro mundo. Una música suave y angelical llenaba el ambiente y una sensación indefinible de estar en el paraíso le embriagó. Los muebles eran sencillos, en madera clara, las cortinas blancas, las alfombras verde pasto. Nada especial. ¿Por qué entonces esa sensación? Sintió las lágrimas pugnando por mantenerse sin caer en el borde de sus ojos. Tenía que conseguirlo. No iba a empezar a llorar antes de hablar. Además, no quería llorar. No era para tanto. Él venía buscando un apoyo, una guía, nada más.

Entonces, Diana le preguntó suavemente, mirándole directamente a los ojos:

–¿Qué necesitas de mí? –Sus ojos eran tiernos, muy tiernos, pero su mirada penetraba directamente hasta el interior y uno tenía la sensación de que en ese instante ella ya sabía todo lo que tenía que saber. Todas las barreras que uno quisiera poner eran inútiles.

Hugo, por toda respuesta, comenzó a llorar mansa y abiertamente.

–Tienes que ayudarme Diana. Creo que estoy físicamente enfermo y además me estoy volviendo loco.

SEGUNDA PARTE

—

Deshaciendo la tela de araña

I. Hugo

Llevaba años practicando meditación zen, tai–chi, chi–kung y alimentación vegana con productos ecológicos que sabía, casi perfectamente, cómo cultivar y producir. Trabajaba con entusiasmo en los reformatorios y en las cárceles, con bastante éxito y pocos resultados económicos, para llevar un poco de equilibrio a la habitualmente desgraciada y desordenada vida de sus usuarios. Llevaba toda su existencia embarcado en una lucha titánica y desigual contra la escasez de la que no lograba liberarse. Séptimo hijo de una familia numerosa de clase media-baja de catorce vástagos, de los cuales ocho estaban todavía vivos y seis habían muerto antes o al poco de nacer, vivió su infancia en los extrarradios de la gran ciudad. Su padre había sido empleado del ferrocarril. Su madre era ama de casa y asistenta por horas en hogares más pudientes y desahogados que el suyo.

En su rostro destacaban los ojos y una amplia sonrisa dibujada entre unos labios carnosos y bien colocados. En conjunto proyectaba una imagen armónica y agradable. Tenía el cabello castaño dorado, abundante, ondulado en elegantes bucles que adornaban su imagen. Normalmente parecía contento y relajado, sin que nada en él dejara traslucir la carga interior que portaba.

Su vida dio un giro de ciento ochenta grados después del desgraciado accidente ocurrido tres años antes que redujo a cenizas el *movil–home* que le servía de hogar. No le gustaban las casas de ladrillo ni de piedra fijas al suelo. Se ahogaba en ellas. Necesitaba saber que, en caso de necesidad, podía tirar de la suya y llevarla a cuestas. Eso le daba la seguridad de tener su hogar en cualquier sitio. Compró una parcelita en pleno campo, fuera de la ciudad, en un paraje singular y tranquilo. Un lugar alto desde donde divisaba la salida y la puesta del sol y el mágico paisaje. Ahí plantó su hogar. Por las mañanas, mientras desayunaba en su saloncito, se sentía como un rico hacendado oteando sus posesiones. Comprendía el significado de saberse seguro y poderoso, dueño del propio mundo.

Un aciago y tormentoso día de primavera, cuando volvía del trabajo, encontró su casa quemada hasta los cimientos. Apenas había quedado un esqueleto de hierros negros y retorcidos. Todo había sido abrasado y consumido. No quedó nada. El fuego se llevó cuanto de material poseía, incluido a Milord, su perro, su compañero de soledades que, por desgracia, no le había acompañado esa mañana como solía hacerlo. El día amenazaba tormenta y él decidió dejarlo dentro. Un rayo alcanzó la pequeña antena de la televisión y prendió la llama que arrasó su hogar.

Hombre de muchos amigos, pasó un tiempo recogido y arropado por unos y por otros intentando reponerse del *shock*, del estupor paralizante en el que quedó sumido. Su cabeza daba vueltas y vueltas al trauma de la pérdida y al desarraigo de no tener un lugar en el que recogerse y guardar sus pocas posesiones terrenales. Tenía que volver a empezar de cero una vez más. Lo consiguió tras varios años de esfuerzos y cuidados. Pero ya nada fue igual para él.

Hugo era ciertamente encantador, pero cuando estaba con sus colegas bebía más de la cuenta. Sentía el impulso incontrolable de olvidar a toda costa el dolor punzante de su alma, aunque no pudiera explicarse de dónde venía ni a qué se debía. Tampoco podía explicar su incapacidad patológica para mantener una relación estable y comprometida con las mujeres. Enamoradizo y atractivo, ellas se acercaban a él como moscas a la miel para disfrutar de sus artes amatorias, su bondad y su amplia sonrisa de niño grande y aparentemente feliz. Él era siempre una compañía agradable, amable. Era un hombre capaz de ser tierno, comprensivo, alguien con quien dialogar y capaz de entender el alma femenina, y de hablar de lo divino y de lo humano. Sí, él era aparentemente fácil de llevar.

Pero al poco tiempo, ellas iban descubriendo el grueso muro con el que él intentaba protegerse del mundo. Un muro que le hacía ir acabando con sus amigas íntimas, una tras otra, sin poder llegar a formalizar nada con ninguna. No importaba lo bonitas, bien situadas o buenas amantes que fueran. Las relaciones finalizaban inexorablemente, ahogadas en el dolor de Hugo, en sus celos incontrolables hábilmente disimulados en su interior. Celos que casi conseguía hacer aparecer ante los demás y ante las propias interesadas como razonables. Su buen hacer dejaba tras de sí compañeras del alma, admiradoras de su ternura, su elegancia, sus cuidados, aunque con un vacío en el corazón por no haber sabido hacerse con un hombre como ése, que habían tenido al alcance de la mano. Pero tranquilas, porque Hugo sabía cómo conducirse para dejarlas libres de toda culpa y, por tanto, casi eternamente agradecidas.

Él conocía su verdad, esa verdad que le trastocaba los sentidos y que impregnaba con un mal sabor de boca el bombón, que para distraerse, había puesto en ella. No podía amar a ninguna mujer. Las quería, sí, por supuesto que las quería. Se preocupaba por ellas, las cuidaba. Pero no las amaba. En general, eran mujeres guapas, agradables y válidas. ¿Por qué no las amaba? ¿Por qué tenía esa sensación de indiferencia cuando pensaba en alejarse de cada una de ellas para siempre como si nunca hubieran formado parte íntima de su vida? ¿Qué rincón de su alma se había muerto sin que él se diera cuenta de ello que le impedía sentir la pasión de la posesión, el dominio y la permanencia, la solidez y la seguridad de tener un proyecto en común?

Ilustración 1. La familia de Hugo

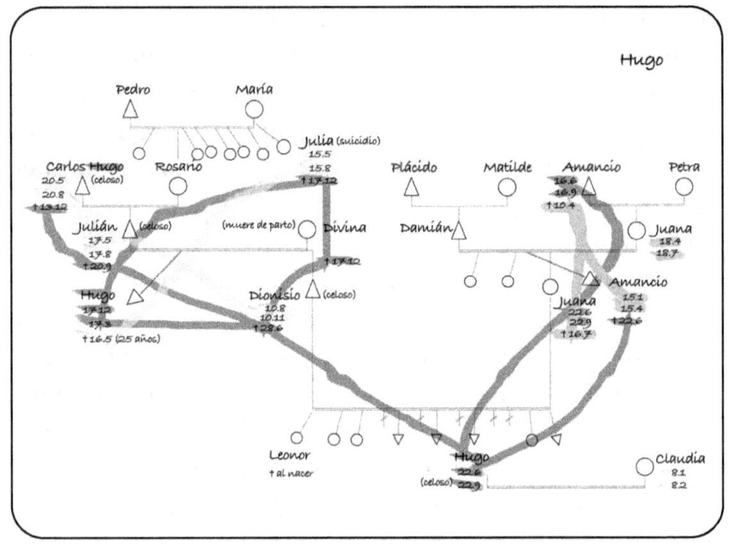

II. Hugo y la familia de Hugo

Cargaba el peso del desconcierto de su enorme familia, un fardo agobiante que se hizo mucho más presente después de la muerte de Dionisio, su padre, seis días después de que Hugo decidiera festejar su cumpleaños, que había sido el 22 de junio. Era una fecha rara para morirse, justo cuando un hijo celebra que su progenitor le haya dado la vida. Su padre estuvo presente en la fiesta, cosa que por otro lado no era lo habitual. Una parentela tan grande y deslavazada como la de Hugo no solía organizar estos eventos; nadie tenía tiempo ni ganas. Pero esta vez él compró bocadillos y pasteles y se fue a casa de sus padres. Llamó a sus hermanos. Se presentaron cuatro con algunos de sus hijos, todo un éxito de convocatoria. Disfrutaron de la merienda y brindaron con champán. En un momento dado el padre lo miró fijamente, con una mirada profunda y ansiosa como la del que tiene un secreto inconfesable que no sabe cómo compartir con los demás.

–Qué te pasa papá? –dijo Hugo.

–Las cosas no son lo que parecen, hijo mío, nada es como creemos que es.

Habló muy bajo para que no le oyera nadie, solo Hugo.

–¿Qué no es como creemos que es?

–La vida. Las personas. Las relaciones... todo. ¡Qué lástima no haberlo sabido antes!

–¿Saber qué, papá? No te entiendo.

–Schsss –dijo poniéndose el dedo índice en los labios. Demandaba silencio o que su hijo hablara más bajo. Podían oírles.

–¿Sabes?, todo es al revés de lo que parece. Aquí, en realidad, todo está patas arriba. Yo tampoco lo entiendo y no me va a dar tiempo a entenderlo. Ya me queda poco. Tengo miedo hijo.

–¿Miedo? Papá, ¿de qué hablas? Estamos aquí todos, acompañándote. ¿De qué tienes miedo tú? Tranquilo papá.

–Eso me dice mi padre. Y mi madre. Que esté tranquilo pero que las cosas son al revés.

–Tus padres murieron hace años, papá.

–Ya sé, ya sé... pero me lo dicen. Que no me preocupe, que todo va a ir bien. ¿Es raro, no?

–A ver... papá. Te lo dicen, ¿ahora?

–Sí, ahora. Me lo dicen todo el tiempo. Vienen a visitarme y me lo dicen. Cada vez vienen más. Es extraño... me veo más viejo que ellos.

Hugo abrió los ojos como platos. Su padre estaba perdiendo la cabeza. Se le había ido la pinza. Los años y la mala circulación, seguramente. El colesterol le había endurecido las arterias y las venas cerebrales. Seguro.

Dionisio dulcificó su mirada, que se transformó en un mirar triste y desolado. Lo sabía, sabía que incluso Hugo, el más «esotérico» de sus hijos, no iba a comprender nada de lo que le dijera, porque no quería. Lo que él estaba descubriendo y entendiendo lo tenía que guardar en su interior, royéndole las entrañas, sin poderlo compartir porque nadie iba a hacerse cargo de cosas opuestas al bien pensar.

–Prométeme que me cuidarás. ¡Prométemelo!

–Claro papá, voy a cuidarte. Siempre voy a cuidarte.

–Pero no ahora, luego.

–Luego, ¿cuándo, papá? No te entiendo. ¿Qué te pasa, qué temes?

–Luego, cuando me... bueno, ya sabes.

–¡Papá! ¿Por qué estás hoy tan dramático? Hoy es un día de celebración. Estamos disfrutando de mi cumpleaños, no es momento de... –argumentó Hugo para taparle la boca–. «No hables –pensó–. No hables por Dios. No lo quiero saber».

–Todos están aquí pidiendo ayuda. Nunca lo vi antes, no me di cuenta de que pedían ayuda, digo. Mejor aún, no supe entenderlo. No lo imaginaba. ¿Qué podía hacer yo si no lo entendía? Cerraba los ojos y los veía. Sentía terror. Me parecía un castigo, una enfermedad mala. Me iba al bar desesperado, con los amigos. Pero ahora los veo aquí, aunque no cierre los ojos, aunque haya gente, aunque beba una copa. Y ahora sé que me va a pasar lo mismo, lo sé. Prométeme que me cuidarás.

–Papá, no te va a pasar nada. Todos te cuidaremos, quédate tranquilo. Yo lo haré. Es el champán, que se sube a la cabeza. Venga papá, una chispita más. ¡Arriba esos corazones, que estás mejor!

Mintió descaradamente. Se sentía miserable por decirle algo tan falso a su padre y por no dejarle hablar. Todos sabían que le quedaba poco, casi nada. Tenía el pie puesto en el otro lado y estaban aterrados. Por eso mentían, se negaban a afrontar la situación. Era como si por no pensar en ello no fuese a pasar.

Dionisio desistió completamente. Su intento de buscar ayuda y apoyo en su hijo había fracasado una vez más. Sus ojos se impregnaron de un brillo húmedo y ardiente, alterado y resignado a la vez. Se estaba muriendo y nadie quería entenderlo. Él necesitaba asegurarse de que iban a hacer lo necesario tras su muerte para que no se quedase dando tumbos por el otro lado. Estaba harto de verlo. Pero no había forma.

Las lágrimas rodaron por sus mejillas sin que pudiera hacer nada por retenerlas o evitarlas, cuando Hugo ya no le prestaba atención, «tocado» por lo que su padre le estaba intentando decir y él se negaba a aceptar. Eso era mucho lío, mucho más de lo que su cabeza estaba dispuesta a afrontar en este momento. Ya tenía él todo bien complicado en esta vida como para tener que ocuparse ahora de la otra.

Hugo daba por sentado que había un más allá y punto. En eso sí creía. Y creía en Dios, sí. Algo así, impreciso, porque lo de Dios era muy complejo. Y el Karma también, que con la historia del Karma te la metían doblada en cuanto te descuidabas. Y los valores. Ya vería cómo manejar esas cosas en su momento. Pero liarse y enredarse con lo desconocido, ¡eso no! Eso no nos correspondía a nosotros. Era siniestro, peligroso y el ser humano demasiado frágil e ignorante.

Él, el innombrable, estaba allá en las alturas mandando, ordenando las cosas a su manera, que no había quien las entendiera. Que lo que decía papá era verdad, que nada es lo que parece y nadie sabe qué es lo que es ni cómo es. Pero él tenía suerte, mucha suerte. Tenía fe. Creía en Dios. Confiaba en que se haría cargo de él cuando dejase esta dimensión y estaba seguro de que haría justicia. Porque su existencia era bastante horrible y dura, no paraba de sufrir y eso tenía que valer algo.

Y del mundo ya ni hablamos. Estaba enfermo, lo habíamos pervertido, llenado de maldad, violencia, dolor. No podía comprender para qué servía un lugar así. Si el hombre estaba hecho a imagen y semejanza de Dios, mejor no pensar en cómo podía ser ese Creador. No fuera a ser que en un momento de desesperación y justa indignación por los millones de calamidades que suceden cada día uno se atreviese a decir, ¡pero qué hijo de la gran...! ¿Cómo puede permitir que pase esto? Yo hubiera ayudado a este hombre o a esta mujer, y yo soy una hormiga. ¿Por qué Él no les ayuda? ¿Por qué ayuda a unos sí y a otros no? ¿Cómo puede ser tan arbitrario e impredecible? ¿En qué anda tan ocupado que todo está patas arriba, cada vez peor?

Le escocía el alma cuando pensaba en estas cosas para las que no tenía respuesta. Se encontraba aprisionado en un hoyo del que no podía escapar, aterrorizado. Pero él era un hombre de fe, creía en Dios y no quería ofenderlo. Solo le faltaba que se enfadara con él. Que la gente dice eso normalmente cuando pasa algo desagradable. «Dios me ha castigado, y quien fuera se lo merecía, por malo». Decididamente era mejor no plantearse el dilema y tratar de afrontar como se pudiera lo que iba viniendo. El mundo era perverso, pavoroso, la gente horrible, no estaba uno seguro en ninguna parte. Lo que tuvieras te lo podían quitar en cualquier momento, tus cosas, la vida, la salud, tu pareja, los hijos. Te lo podía quitar otro ser humano o cualquier desgracia fortuita, que era el pan de cada día en esta tierra tan sumamente inestable e impredecible.

No lo había superado aún. La muerte de su padre seis días después de aquella conversación era un sufrimiento persistente y raro. Parecía que Hugo no lloraba por Dionisio sino por él mismo. Esto no lo podía comprender ni justificar y se sentía necio y egoísta. Un gran peso le agobiaba y le impedía respirar en ocasiones. Le angustiaban la tristeza y el miedo del padre instalados en su corazón, como para no querer irse. Tenía que haber sido valiente y haber hablado con él. Tenía que haberle escuchado. Le parecía que era el peso de su conciencia por el último daño que le había causado a su padre.

Dionisio de joven era encantador, atractivo como Hugo, y celoso, muy celoso con Juana, su mujer, una buena moza de cabello negro y piel de porcelana. Ella tenía el pecho rotundo y piernas esbeltas y fuertes como columnas. En su rostro, de rasgos agraciados y armónicos, sobresalían los brillantes y grandes ojos almendrados, negros como la noche. Su mirada te traspasaba el alma sin que ella lo pretendiera. Es más, lo ignoraba completamente. Se sentía la mujer más corriente e insignificante de la tierra.

Su marido seguía embrujado por la hembra arrebatadora que escondía un alma de niña y siempre temió que se la robaran. Incluso cuando los embarazos constantes y la vida dura la marchitaron. Para él fue la única siempre. Su mujer, la madre de sus hijos, la que recibía y administraba sabiamente su jornal cada mes. La que gobernaba su vida y la vida de la familia. En los asuntos cotidianos Juana era la que mandaba. Ella disponía el orden de la casa, los ires y venires de los hijos, no siempre acertada pero él la respetaba y apoyaba. A cambio, Dionisio era el jefe de la familia. Todos lo sabían, Juana la primera, y no osaba discutir a su marido los asuntos que él consideraba de su sola incumbencia.

Era verdad que Dionisio se sabía internamente culpable porque había amado físicamente a otras mujeres. Su oficio de ferroviario le obligaba a dormir muchas noches fuera de su casa y él era ardiente. Un apuesto ejemplar masculino. Le había hecho el amor a su mujer todas las noches de su vida juntos, menos en las enfermedades, las cuarentenas de los partos y sus pernoctas fuera de su casa obligado por el trabajo. Esa intensa actividad sexual que compartieron fue algo que ella aceptó con agrado, porque su líbido no sufrió ni fue a menos por los avatares de la vida o de la maternidad. Las otras mujeres, que hacían caso omiso de la amplia familia de Dionisio –que para eso eran muy descastadas–, lo buscaban ansiosas por su apostura y su fama de buen amante. Sobre todo las casadas, que en aquellos tiempos se sentían amparadas por su estado y no tenían que defender su virginidad. Él disfrutó del sexo prohibido imaginando que era su mujer la que yacía debajo de él, que era ella a la que amaba como cada noche. Pero se preocupó en extremo de que no naciera ningún hijo fuera de su matrimonio, tal como le había sucedido a su padre, que tuvo varios. Se cuidó mucho de no engendrar bastardos porque pensaba que a los hijos, una vez que vienen al mundo, hay que atenderlos. Por no haber actuado de ese modo, su padre, Julián, vivió amargado los últimos años de su vida por el peso de la culpa y la responsabilidad.

Juana era una mujer fiel a su marido y buena madre de sus hijos, pero con un humor un poco agrio. Había parido 14 veces. Vio morir a un hijo ya nacido y a cinco que traspasaron el umbral de este mundo antes de tiempo mientras los llevaba en su vientre. La gran verdad que nadie conoció jamás, su gran secreto, era que ella se ocupó de que su gestación no llegase a su fin. Lo hizo en un intento desesperado de limitar el tamaño de la familia, que crecía de forma inexorable. Al que se murió por sí solo seguro que le dio pánico vivir con el panorama que se le presentaba, cosa que a ella no le extrañó. A los que Juana ayudó a morir, les debió aterrorizar alcanzar la muerte a manos de su madre, sin piedad ni conciencia. La vida era demasiado dura. Algunos momentos de alegría y distracción junto a un océano de penas. El suyo fue creciendo hasta cotas imposibles, acompañado por la culpa. No podía perdonarse a sí misma.

El sueldo de su marido como empleado del ferrocarril no daba para mucho, lo que la obligaba a trabajar fuera de casa dejando que los hijos mayores se ocuparan de los hermanos pequeños. Su marido, Dionisio, era un hombre de natural bondadoso, un buen mozo malhumorado y ardiente que no perdía el tiempo en consolarla de sus sinsabores. A cambio, él se hacía cargo de su propio sufrimiento. Llevaba su cruz con resignación como si en ningún caso se pudiera hacer otra cosa y se guardaba la angustia para él solo. Únicamente la compartía cada tarde durante un par de horas con la bebida. Justo lo que un buen amante tarda en hacerle bien el amor a su enamorada. Se entregaba tanto a ella que el mundo desaparecía a su alrededor y dejaba de ser consciente de él hasta el día siguiente, cuando se levantaba para ir al trabajo.

En ese lapso llegaba a casa tambaleante y, olvidándose de su natural pacífico y bonachón, increpaba a Juana con sus celos exigentes e infundados, a los que ella no hacía ningún caso. ¿De dónde salía esa personalidad maldita y maltratadora? ¿Quién era quien la tomaba cada día, a veces por la fuerza, y le hacía un hijo tras otro sin pensar más que en su propia satisfacción, mientras le lanzaba palabras soeces e insultos procaces? ¿Quién era ese hombre desesperado? Al día siguiente había desaparecido y ante ella estaba el de siempre, el amante padre y esposo.

Juana tenía la impresión de que había otras mujeres, con las que él tenía encuentros ocasionales cuando andaba fuera de casa. No había notado nada raro, pero ciertas amigas le habían dejado caer en ocasiones algún aviso. No hizo caso. Se sentía más que atendida y era consciente de que alguna hembra en celo y mal cuidada puede perder el pudor. En cualquier caso siempre las hizo responsables a ellas de los «errores» de su marido porque nadie era culpable de la apostura de Dionisio. Su marido era muy guapo.

El dolor de Juana era viejo, lo había absorbido de las entrañas de su madre, Juana también, que nunca la quiso y que también intentó que ella no naciera. Eso lógicamente no lo había visto, pero lo sabía. Siempre lo supo. Su madre en realidad no había querido a ninguno de sus cuatro hijos. Bueno, al tercero, su hermano Amancio, sí. Anheló desde el primer momento a ese hijo varón y de algún modo lo quiso. Tuvieron que nacer sus dos hermanas mayores, con gran decepción materna, antes de que el niño llegara. Pero él se quedó poco, muy poco. Tan solo cinco meses. Nació una madrugada heladora del mes de enero, en la que las calles de Madrid se habían convertido en pistas de patinaje de hielo después de horas de lluvia y una temperatura por debajo de cero grados. Su padre, Damián, salió a por la comadrona y le costó Dios y ayuda volver con ella a la casa después de cuatro horas.

El niño nació débil, morado y asfixiado por la espera, pero consiguieron reanimarlo sumergiéndolo alternativamente en baños de agua caliente y fría. Estuvo una hora desmadejado hasta que lloró débilmente y comenzó a respirar. Vivió agotado y decaído los cinco meses siguientes hasta que un día sus pulmones simplemente se detuvieron. Un 22 de junio, otra vez el día del cumpleaños de Hugo, pero treinta y cinco años antes. A él no le pareció una noticia de buen agüero cuando se enteró. Era una casualidad aterradora. ¿Qué quería decir eso? ¿Qué quería decir que un año después de esa muerte trágica e inasumible para la familia naciese otra niña, a la que Juana puso su nombre, en la misma fecha de defunción de Amancio? ¿Qué era este enredo? ¿Qué significaba esa broma macabra? La abuela Juana no quiso descendencia y Juana, la hija no deseada a la que la madre intentó aniquilar muchas veces antes de nacer, engendró catorce hijos.

Cuando Juana, la abuela, sintió la nueva gravidez, pensó que el hijo volvía a ella arrepentido de su abrupto abandono del seno familiar. Creyó que volvía dolido del desconsuelo de su madre, del que ella no había podido ni sabido reponerse. El genio de Juana, la abuela, salió todo junto. «¡Pues ahora soy yo la que no lo quiero recibir! ¡Fuera!» pensó furiosa. No volvería a pasar por lo mismo. ¡No quería hijos! Nunca los había querido. «¡Te quise a ti, Amancio, pero te quedaste cinco meses y luego te largaste sin más! Me planto aquí. Lo siento».

No hubiera querido tener ninguno, porque tampoco deseaba tener marido. Odiaba que su marido la tocara y su vida fue un suplicio. En su época y en su entorno social, formar una familia no era algo discutible, así que decidió que de ser madre lo sería de un varón. Las hembras solo daban problemas y sufrían mucho.

Pero el hijo no aparecía. En su lugar se presentaron Delia y Pura, sucesivamente. Sintió una profunda desilusión, un sentimiento abrumador de cargar un peso que superaba sus fuerzas. Habría que intentarlo otra vez. ¡Dios mío!, no iba a poder con eso, era demasiado. Volvió a quedarse embarazada y esta vez sí vino él, su hombrecito, pero la abandonó sin darle tiempo a quererle del todo y a fijar las líneas de su rostro en la memoria de su corazón.

Tres meses después de la muerte de Amancio se dio cuenta de que se había vuelto a quedar embarazada. La arrebató la furia. Ya estaba bien de tomaduras de pelo. Él había tenido su oportunidad y la había desperdiciado. Pensaba, con absoluta convicción, que un niño pequeño se muere porque quiere, porque le da la gana y punto, sin tener en cuenta el sufrimiento que causa a los que deja atrás. La cólera le quemaba las entrañas y le hablaba al bebé cargada de razones para que comprendiera lo justo de su sentir. ¡No quería hijos! ¡Tampoco quería sexo! ¡Sobre eso no tenía la más mínima duda! ¡Fuera!

Así que intentó abortarlo por todos los medios a su alcance, pero no hubo forma. Lo hizo a espaldas de todo el mundo, sola, pero el bebé se resistió a abandonar el seno materno al que estaba agarrado con uñas y dientes y nació en su momento. Pero no era Amancio y ¡encima era otra hembra! ¡Era el colmo! La odió doblemente. La llamó Juana como ella para que sufriera como ella; así aprendería por haber venido sin que nadie la hubiese llamado. O que sufriera aún más por no haber querido irse antes de nacer.

La había avisado múltiples veces. No quería que naciera porque a este mundo se viene a sufrir. Testaruda. Mil veces se lo dijo, que no la iba a querer. Que la detestaba. ¡Vete, largo! En ningún momento pensó que fuera niña, si no la hubiera rechazado el doble. Cuando, antes de cortarle el cordón umbilical, la pusieron sobre el vientre de su madre, la criatura abrió de golpe los ojos, negros como la noche, y lanzó a su progenitora una mirada terrible. A Juana se le encogió el corazón porque esa mirada le dijo, «lo sé todo, lo recuerdo todo, jamás podré perdonarte». Y nunca se quisieron la una a la otra. Juana no perdonó a su madre, como no pudo perdonarse a sí misma, porque el peso de su destino la condujo a actuar del mismo modo, aunque con más éxito, sobre sus propios hijos.

El dolor que sentía Hugo cuando pensaba en su padre era el mismo que le partía el corazón cuando pensaba en el tío Hugo, el hermano pequeño de Dionisio al que no llegó a conocer. Murió en plena juventud con tan solo veinticinco años. A él le pusieron Hugo en su memoria. Esa historia la había contado su padre miles de veces. El tío Hugo montaba en bicicleta por la carretera que desde el pueblo llevaba a su casa, cuando volvía de alternar con los amigos en el bar de la plaza. Llevaba unas copas de más y no vio el peligro mortal que se precipitaba hacia él enmascarado en un camión cargado de corderos que iba hacia Madrid.

Según todos, eran como dos gotas de agua, él y el tío Hugo. El mismo físico, el mismo carácter. La misma afición a beber de más y a las mujeres. El mismo encanto. La misma incapacidad de comprometerse. Imaginaba que el dolor por esa muerte temprana y absurda lo había absorbido de su progenitor, Dionisio, que era dos años mayor que el tío Hugo y el quinto hijo de seis. Él admiraba a su hermano Hugo, lo adoraba. Le parecía brillante, ocurrente, lleno de recursos. Lo imaginaba rico en la ciudad. Alguien tan brillante como él no podía ser ajeno al éxito.

Dionisio siempre culpó de la desgraciada muerte de Hugo al alcohol y a la mala suerte. Pensaba que fueron sus excesos con la bebida la causa de su atolondramiento y descuido. A pesar de eso no pudo dejar de beber dos horas cada tarde para intentar amortiguar su propia angustia. De los celos y el éxito con las mujeres de su estirpe masculina tampoco fue capaz de escabullirse, ni pudo evitar sentirse desdichado en este mundo. Era la herencia de sus antepasados.

Cuando cerraba los ojos, veía inmediatamente a su hermano Hugo. La sonrisa amplia y burlona, los ojos chispeantes pero tristes, muy tristes. Y veía a su padre, Julián, y al padre de este, el abuelo Carlos Hugo, celoso y bebedor como los demás. Una pieza. Los nombres del tío y del sobrino venían de él y no parecía que hubiesen heredado de él solo el nombre.

«Siempre están todos aquí. Los siento. Los veo»... ¡Vaya si los sentía!, y sentía su dolor pero no quería pensar en ello. «¿No los ves cuando cierras los ojos?» Eso le decía Dionisio al hijo, para que lo comprendiera. Los veía igual que su padre y su abuelo. Todo el mundo decía que eran brujos porque veían a sus muertos. «¿Es que tú no los ves?», y Hugo desviaba la mirada para no contestar a su padre. Ése era un terreno peligroso en el que no quería entrar.

El tío Hugo bebía para olvidar la culpa existencial de ser la causa de la muerte de su madre, Divina. Ella murió después de parirlo con muchísimo trabajo y un esfuerzo continuado de tres días. Cuando su padre, Julián, pudo llegar a la casa con el médico ya era tarde. Falleció al día siguiente con tan solo treinta años, dejando tras de sí seis niños pequeños y un marido guapo y alocado que había traído varios hijos al mundo con otras mujeres, a los que no había cuidado ni reconocido. Él cargó con la culpa de ese abandono que le amargó los últimos años de su vida.

Divina se cansó de trabajar y esperar un discurrir menos amargo de la existencia, una respuesta diferente a las infidelidades de su marido y al trabajo agotador de la casa, de los críos, que sacaba adelante sin ayuda ninguna. «Es inhumano, —pensó—. La vida no puede ser solamente esto. Si pudiera volver a empezar no traería criaturas al mundo, total para sufrir»... Se murió para olvidar ese sufrimiento para siempre, mientras que su último vástago, el que parió antes de morir, lo cargó sobre sí. El tío Hugo intentaba olvidarlo durante unas horas cada día, cuando bebía hasta quedar inconsciente al acabar el trabajo. Pareció seguir la orden materna y nunca pensó en casarse ni tuvo descendencia. Tampoco tuvo tiempo. El camión de corderos se lo llevó por delante en plena juventud sin darle tiempo a lamentarlo. No tuvo cargas, no tuvo ataduras y todos sus esfuerzos los enfocó en consumir el hartazgo almacenado y guardado por la madre. Pero era demasiado y acabó con él.

Dionisio admiraba a su padre, Julián, el marido de Divina. Era un hombre fuerte y varonil y había sido muy desdichado. Se quedó viudo con treinta y tres años y seis muchachos, el mayor de 11 años y el pequeño de unas horas. Había amado mucho a su mujer pero fue incapaz de hacerla feliz. Su natural ardiente y disfrutador había encontrado en Divina la compañera perfecta durante los primeros años de su vida en común. Ella se entregaba a él en cuerpo y alma y gozaban el uno del otro apasionadamente. Comenzaron a llegar los hijos cada menos de dos años y Divina fue perdiendo las ganas y la salud. La exigencia tiránica e inflexible de cinco niños pequeños y unas tareas domésticas que dependían exclusivamente de ella la agotaron.

Eran tiempos en los que, después del trabajo, había que hacer una visita casi obligada al bar para compartir bromas con los amigos, tomar unos vinos y jugar unas partiditas de dominó mientras las mujeres se quedaban en casa. Bueno, la de Julián y otras muchísimas sí, aunque alguna había que no iba al bar pero lo buscaba a él por las esquinas, con el ansia de acoplarse a su cuerpo ardiendo en los ojos, sin vergüenza ni pudor. La presencia de Julián actuaba como el más potente afrodisíaco al que él no sabía cómo resistirse, aunque luego le royesen las entrañas la culpa y el remordimiento. Ellas no se tomaban el tiempo de pensarlo; su deseo era apagar el fuego que abrasaba sus cuerpos. No importaba que estuviera casado y cargado de chiquillos. No importaba que, como consecuencia de esos ardores, terminaran embarazadas.

Así llegaron al menos cuatro vástagos, reconocibles como descendientes de Dionisio a primera vista por haber heredado del padre los hermosos ojos color uva y el cabello dorado y rizado en suaves ondas como el mar. Pero pudo haber más de fisonomía menos reveladora. Llevaban los apellidos de los maridos de las madres, pero todo el mundo sabía que eran de Julián. Divina también lo sabía y lo soportaba en silencio.

Ella nunca le creyó cuando le explicaba su sufrimiento y la sensación de estar atado a la rueda de un molino que giraba de forma inexorable en una dirección opuesta a la que a él le hubiera gustado dirigirse. Tampoco creyó nunca la intensidad con la que él la amaba. No era fácil de comprender. Él entendía su desconcierto. La forma en que la quería no se compaginaba muy bien con su promiscuidad desordenada. Pareciera que otro gobernara su vida, que los pasos que iba dando fueran fruto de otras voluntades dominantes e intransigentes que hacían que, en ocasiones, sintiera como que alguien lo llevaba de un lado a otro como quien lleva una maleta.

Julián, ya viudo, trabajó hasta el agotamiento para alimentar y sacar adelante a sus seis hijos reconocidos. Las mujeres de media comarca lo amaron y se entregaron a él frenéticamente, pero él nunca volvió a tener una pareja legal ni se volvió a casar. Siempre dijo que Divina lo esperaría para entrar juntos en el paraíso; eso se prometieron en su lecho de muerte y él no pensaba llegar hasta ella atado a otra por lazos matrimoniales. Ese momento se lo reservaba exclusivamente a su esposa. Bueno, tal vez ya no estaría sola ahora, después de la muerte del hijo. Puede que él la estuviera acompañando. Pero la prudencia y la delicadeza no son prerrogativas exclusivas de este lado del velo. Hugo sabría ser discreto y unirse a ellos después de su encuentro soñado. Con la muerte de ese hijo se le vino el mundo encima y ya nunca volvió a ser el que era. Se le murió la mitad del corazón y, con el tiempo, ésa fue la causa de su propia muerte.

¡Qué gracioso! ¡Vaya coincidencia! Julián recordaba con una sonrisa socarrona a su tía Julia, la hermana pequeña de su madre, Rosario. En su honor le habían puesto a él su nombre. Él no la conoció, pero su madre le hablaba de ella con la tristeza de los desamparados. Es curioso que muriese con veinticinco años, soltera y sin hijos, como Hugo, el hijo de Julián, un 17 de diciembre. El mismo día en que Hugo nació muchos años más tarde. Más llamativo aún, pensó Julián, era que la fecha de nacimiento de la tía Julia y la suya propia fuesen casi idénticas, ella un 15 de mayo y él un 17 de mayo, y que Hugo muriese aplastado por los corderos un 16 de mayo, entre las fechas de nacimiento de los dos, como para no quedar mal con ninguno.

Eso sí, la vida de Julián había sido un calvario de amores irreverentes cocidos a fuego lento en las ascuas de un deseo ardiente y agobiante. La de Julia no había conocido el amor romántico, aunque no era mal parecida. Bueno, amó locamente a un hombre veinte años mayor, que le correspondía en la misma medida, pero jamás pudieron disfrutar el uno del otro. Toda la familia se opuso a esa relación por la diferencia de edad. No les dieron una sola oportunidad. La madre de Julián, Rosario, y sus siete hermanas se enfrentaron a él con un encono y una crueldad inimaginable en mujeres de apariencia tan frágil y normal.

Julia no se lo pensó dos veces. Cuando vio que todos los caminos estaban cortados, harta de luchar, se tiró al río crecido por las lluvias un mes helador de diciembre, sin saber ni siquiera nadar. El agua congelada la envolvió con su frío sudario, lo que le hizo perder la conciencia de inmediato y ni siquiera braceó para liberarse del mortal abrazo. Cuando su hermana Rosario, la madre de Julián, que había salido en su persecución, llegó a la orilla, no pudo hacer nada para socorrerla. Todo había terminado. Julia se llevó con ella la paz interior de Rosario y de todas las hermanas.

Hugo se quedó pensativo. Mientras rememoraba la vida de sus ancestros sintió un peso en la espalda, un peso de siglos. Algo que le abrumaba. Por primera vez había analizado detenidamente la historia de su familia. Parecía que todas las desgracias se habían abatido sobre ella generación tras generación. ¿Cómo no había tenido en cuenta eso antes? ¿Cómo puede olvidarse tanta desdicha? ¿Para qué servía todo eso? ¿Cuándo se paraba de sufrir? Mil preguntas se agolpaban en su mente para las que no tenía respuesta. Él pensaba, en realidad, que la historia familiar y la suya personal eran un desastre. Demasiadas desavenencias. Demasiados enfrentamientos. Un sinsentido.

Se miró a sí mismo y sintió una punzada en el corazón. Llevaba años buscando, más bien siglos. Trataba de hallar algo que diera sentido a su existencia. La incertidumbre le daba pavor.

¿Dónde estaba el Hugo que él soñaba con encontrar frente a sí cuando meditaba? ¿A quién pensaba que iba a encontrar? Porque... él se buscaba a sí mismo. ¿O era a Dios? ¿A qué Dios? ¿Dónde estaba Dios? Muy ocupado en multitud de sistemas solares ubicados en galaxias impronunciables y en todos esos universos que parece que existen unos sobre otros vibrando en frecuencias diferentes. En este que él conocía no lo encontraba; lo sentía demasiado lejos y la vida era muy cruel, excesivamente dura e incomprensible. Pero eso sí, él creía en el Altísimo y tenía fe.

Quería desentrañar el misterio con una especie de desesperación en el alma. Con una urgencia que le hacía presentir que ése no era el modo correcto. Lo deseaba más que nada y lo temía al mismo tiempo. Tenía aún innumerables conflictos y frentes abiertos en la vida. ¿Qué pasaría si se descolocaba? ¿Si el proceso se le iba de las manos y se deslizaba hacia lo anormal, hacia lo que la generalidad de la sociedad rechazaba? ¿Y si se convertía en un pirado, un chiflado, si se le «iba la olla»? Quita, quita… mejor no arriesgarse.

Meditar era una actividad que le venía bien, le relajaba y parecía que le hacía pertenecer a un club de gente especial que contaba con miles y miles, tal vez millones de miembros en todo el mundo. Un club exclusivo. Imaginaba que era más consciente y profundo que la mayoría. Eso le hacía sentir bien. Y no comprometía a nada. Luego seguías haciendo lo que te daba la gana. Ya era algo dedicar parte de tu tiempo a mantenerte alejado del discurso racional. Había que concentrarse, ¿en qué? Bueno, eso no le parecía que tuviese demasiada importancia. No había profundizado en el asunto, la verdad. Pero la cuestión era que él meditaba, o lo intentaba. Y sentía que era algo importante, que marcaba la diferencia, aunque no entendiera nada de nada. Naturalmente eso no lo sabían los demás. Ellos debían pensar, «este chico está muy conectado y sabe, sabe cosas que se escapan al común de los mortales». Tenía que procurar que lo siguieran pensando.

En ocasiones, cuando dejaba caer en una conversación un comentario como, «cuando medito por la mañana» o, «porque yo medito, sabes» y los otros le miraban de un modo raro, él se quería ver a sí mismo como importante, transgresor, arriesgado. Pero solo era una fachada. Por dentro él conocía la verdad pura y desnuda. Estaba solo y desvalido, desorientado como un niño perdido en medio de la noche más oscura.

Lo que evitaba por todos los medios era «ver gente» o «ver cosas», algo que era un vicio, un defecto de su familia por línea paterna. O que pasaran cosas raras. Eso le ponía de los nervios. No era de gente «normal».

Le vinieron a la mente esas ocasiones en que le parecía, al acostarse, que su cuerpo se desdoblaba. En que una parte de él se desprendía como si tuviera vida propia. La primera vez casi le dio un infarto. Eran las tres de la mañana. Se dio cuenta de que su cuerpo se agitaba ante la urgencia de ir al baño. La tarde anterior había bebido demasiada cerveza y eso siempre significaba levantarse al menos una vez durante la noche. Lo hizo. Le pareció que caminaba de una forma rara, como si los músculos y los huesos no le pesaran. Miró hacia la cama y vio con horror que su fisicalidad permanecía en ella y que estaba profundamente dormido. Quiso gritar y no pudo. El pánico lo paralizó y pensó, «estoy muerto». Sencillamente muerto. Un estado de agonía invadió su sentir. Deseó con todas sus fuerzas volver al lugar del que había salido. Un golpe seco sobre el colchón, como si hubiera descendido de golpe varios centímetros, lo despertó bañado en sudor frío. Tocó sus miembros. Todo parecía estar bien. Imaginó que había sido un sueño macabro. Decidió que no iba a volver a pasar por eso y aprendió a abortar ese tipo de sueños en cuanto se iniciaban. Él era una persona normal y no estaba para tonterías.

III. Claudia

Claudia se miró en el espejo. Este le devolvió la imagen de una mujer joven y atractiva. Su cuerpo esbelto y bien formado giraba sobre sí mismo con movimientos graciosos y elegantes. Observó su cabello oscuro cayendo hasta la mitad de la espalda, meciéndose sensualmente con cada uno de sus movimientos. La piel clara, los ojos castaños grandes y expresivos. La boca roja de sensuales labios. Los pechos firmes. El vientre plano. Las piernas largas y bien torneadas. Parecía tener menos de los treinta y dos años que acababa de cumplir. Cualquier hombre la desearía nada más mirarla.

Pero no tenía suerte con los hombres. No podía comprenderlo. Se fijaba en hombres guapos y encantadores que, finalmente, no eran capaces de comprometerse. Al principio se entusiasmaban con ella, pero iban pasando las semanas y los meses y todo iba quedando en nada. Con el paso de los años comprobaba que todos ellos tenían ciertos puntos en común. Era algo raro. Observaba las coincidencias y se daba cuenta de que debía existir una especie de hilo conductor que los relacionaba unos con otros de algún modo, pero no entendía cuál era. El caso es que ella seguía sola, admirada y deseada, pero sola.

En ese momento se imaginó a Hugo a su lado. ¡Ay Hugo! Como todos sus novios, era bien parecido, amable, comprensivo, encantador, salvo cuando le arrebataban los celos si bebía más de la cuenta. No llegaba a emborracharse ni tampoco era cosa de todos los días, pero cuando llegaba a ese estado intermedio entre la sobriedad y la borrachera, torcía el gesto. Su rostro traslucía un dolor profundo, una inquietud desesperada. ¿Dónde quedaba guardado su sufrimiento el resto del tiempo?

Daba la impresión de ser alguien alegre y despreocupado, con suerte en el amor y escasa fortuna en los negocios, situación que llevaba con paciencia. Los proyectos que emprendía apenas le daban para ir tirando y le anegaban en un lodazal de sinsabores económicos.

Ella, por el contrario, disfrutaba del desahogo y el bienestar que le proporcionaban su trabajo. Sabía de su valía profesional como arquitecta de jardines y espacios abiertos. A pesar de su juventud tenía su propio despacho con cuatro empleados, aunque ella trabajaba como el que más.

Claudia era feliz atendiendo a la clientela que había ido consolidando gracias a su buen gusto, eficiencia y exigencia en el trabajo. Estuvo a las órdenes de otros hasta los veintiséis años. A esa edad decidió establecerse por su cuenta porque comprendió que tenía posibilidades. Disponía de lo más importante: determinación y talento. El destino le regaló la suerte.

Los comienzos no fueron fáciles. Los primeros proyectos se gestaron en la habitación con derecho a cocina que le alquiló a Marian en el centro de la ciudad. Salieron bien y la fueron recomendando, mientras crecía su prestigio. En seis años pudo alquilar su propia casa y un despacho después, en el que inició su andadura de empresaria con dos colaboradores. Ahora eran cinco en total.

Estaba Graciela, su secretaria, gran amiga y consejera. Tenía cincuenta años y vivía sola, sin ninguna intención de cambiar de estado. Su situación personal era muy complicada pero daría la vida por el proyecto que habían puesto en marcha. Pedro, el contable y administrador, la daría por Graciela, pero era un indeciso, un pesado que había acabado con las pocas intenciones que hubiera albergado ella alguna vez de abandonar la soltería. Esmeralda y Mario eran los diseñadores de los proyectos que Claudia supervisaba y cerraba. Dos magníficos arquitectos a los que se debía una parte importante del éxito de su pequeña empresa. Además, los dos mantenían una relación personal.

Esmeralda era un talento, una mujer inteligentísima con una mente privilegiada. Una luchadora que había superado grandes obstáculos para salir adelante. Mario no le iba a la zaga pero le costaba tomar decisiones; daba la impresión de que sentía un pavor reverencial a comprometerse lo más mínimo con cualquier asunto. Los tres se habían conocido en la universidad y se hicieron buenos amigos. Lo seguían siendo y compartían ratos de ocio, cenas y viajes.

Claudia habló con ellos para que formaran parte de la empresa en cuanto tomó la decisión de instalarse por su cuenta. Tenían tiempo para pensarlo. Iba a comenzar la andadura sola, asumiría todo el riesgo. Cuando viera que la cosa marchaba, que adquiría volumen, les avisaría. Y así lo hizo. Primero contrató a la secretaria, luego al contable y administrador y finalmente formalizó la propuesta a Esmeralda y Mario. Ellos la aceptaron después de pensárselo mucho. Y les estaba muy agradecida por ello ya que se trataba de un proyecto demasiado nuevo. Fue un gran acierto. Todos estaban contentos. Claudia estaba feliz con su equipo.

En el plano profesional todo iba desarrollándose bien y hacía tiempo que Claudia había empeñado parte de su ocio y de su dinero en aprender con gente que le pudiera ayudar a descubrir los secretos del espíritu. La vida no eran solo las relaciones, el trabajo, las parejas y el dinero. Había algo más. El mundo parecía estar cambiando. Ella también y mucho. Había en todos los seres humanos un pasaje secreto que conducía a un espacio lleno de profundidad y misterio que quería abrirse camino en su interior. Era como otra dimensión con sus propias leyes y normas pero que, al mismo tiempo, encajaba a la perfección con la ordinaria. A todos les daba la impresión de que solo existía este último lugar, con sus leyes ordinarias, sus sentidos ordinarios, sus hombres y mujeres ordinarios. Pero atravesando un pequeño puente, se topaba uno con algo extraordinario, lleno de magia y posibilidades.

Lo «ordinario» no puede comprenderse. No se sabe de dónde viene ni a dónde va, para qué sirve ni qué significa, cuál es el objetivo de toda esta inmensa complejidad. A lo «extraordinario» es más difícil llegar pero allí se encuentran las respuestas. La gente que no se plantea su existencia lo niega, porque no puede percibirse. Tienen fundamento para negarlo, pero eso no lo limita ni lo modifica lo más mínimo.

Las primeras llaves que nos conducen a reconocer esa realidad y a abrirnos a ella son las sincronicidades. Podrían ser consideradas como simples e increíbles casualidades pero, en realidad, es la manera de la que se sirve el inconsciente para hacernos prestar atención a los primeros pasos que hay que dar para cruzar el puente mostrando cómo, hechos aparentemente sin ninguna relación entre sí, se combinan produciendo situaciones que, *a priori*, pensamos que jamás podrían acontecer.

Claudia recordó en ese momento su incidente con Katy, su amiga americana. La conoció en la facultad de Arquitectura. Ella había venido a España a mejorar su español haciendo el quinto año de su carrera en una universidad española. Se cayeron muy bien desde el principio y cimentaron una buena amistad. Katy volvió a Estados Unidos, al terminar el curso, a la ciudad de Chicago. Pasados dos años se casó con Gerald, su novio americano. Invitó a Claudia a la boda.

–Vente antes –le dijo–. Acompáñame y ayúdame con los preparativos. –Claudia estaba entonces dando sus primeros pasos como *freelance*. Tenía pocos clientes y mucha ilusión de que su aventura de empresaria independiente fructificara pero aún así decidió ir. Katy la llevó a todas partes, le presentó a sus amigos y la trató como a una reina. Allí conoció a John Graves, amigo de Gerald desde la universidad. Se gustaron de inmediato e iniciaron un idilio que parecía dirigirlos hacia algo más serio y definitivo.

Pasó el tiempo, pasó la boda y se acercaba la fecha de volver a España. Claudia tomaba el avión el sábado siguiente. John le pidió que se quedara con él. Ella no estaba segura de estar lo suficientemente enamorada pero se sentía fascinada por ese hombre. Su gran duda era su proyecto profesional, que le estaba esperando en España. Quedarse con John significaba olvidar todo eso por completo. Dudaba. «Me puedo quedar —pensó—, y cerrarlo sin más. Total, estoy empezando. Puedo iniciar lo mismo aquí. O puedo ir a España, tomarme el tiempo de arreglarlo todo, y volver a Estados Unidos».

John la invitó el viernes anterior a su marcha a cenar en uno de los mejores restaurantes de Chicago. Esa noche ella iba a comunicarle su decisión: se quedaría en EE.UU. Todo iba perfectamente. Él fue atento, educado y encantador. En un momento dado, a Claudia le pareció que la mano derecha de él estaba preparada como para sacar algo del bolsillo interior de la chaqueta. Se le hizo un nudo en el estómago y se levantó, como empujada por un resorte.

—Lo siento —dijo—, tengo que ir al servicio urgentemente.
—Al cerrar la puerta del WC se fijó de inmediato en un mensaje que alguien había escrito a mano, en bolígrafo negro, con las letras bien marcadas sobre la madera marrón de la puerta. Se quedó paralizada cuando lo leyó. Decía exactamente: «Claudia, vuelve a Madrid. Encontrarás la respuesta que buscas». ¿Claudia? ¿Madrid? ¿Quién había podido escribir eso, en español, en un restaurante de Chicago? ¿Qué probabilidades había de que además lo escribiera para una Claudia que vivía o tenía que ir a Madrid? Y si era para ella, ¿qué respuesta encontraría en España? No recordaba haberse hecho ninguna pregunta especial o haberle preguntado algo a alguien que estuviera pendiente de una respuesta. Desde luego no habían escrito eso para ella, solo se trataba una curiosísima coincidencia.

Salió de allí consternada. Al sentarse de nuevo en la mesa ya no era la misma. Algo se había roto que afectaba a su relación con John.

–Me voy mañana, no puedo dilatar más este viaje –dijo abruptamente. –Observó el rostro de él, tenso y demasiado serio. Ella misma se sorprendió de lo que estaba diciendo–. Volveré aquí. Seguro que volveré. Todas las idas tienen vuelta pero ahora tengo que irme, no me queda más remedio.

–Por supuesto que sí –dijo John, pero estaba pálido. Había ocurrido alguna cosa en los cinco últimos minutos que había cambiado completamente la corriente de energía entre él y Claudia, algo que le había pasado completamente inadvertido. Ella no hizo ningún comentario sobre el mensaje del baño. John, por su parte, no hizo ninguna referencia al anillo que llevaba en el bolsillo interior de la chaqueta y que no alcanzó a mostrar.

Claudia volvió a España y retomó su vida y su trabajo. Durante el trayecto en avión decidió que su comportamiento había sido inmaduro. Se había dejado afectar por una circunstancia, una mera casualidad que no debía a tener la más mínima trascendencia en su vida. Dejaría pasar unos días y le daría a John la buena noticia de que iba a volver con él lo antes posible. Quería tener una oportunidad con él.

El martes siguiente a su llegada la llamó su amiga Marian y la invitó a su fiesta de cumpleaños. Sería el viernes.

–No puedes faltar –le dijo–. Sé que no me vas a hacer esa faena.

–Por supuesto, no importa lo cansada que esté, iré, cuenta conmigo. No me lo perdería por nada del mundo.

Y fue. Al llegar a casa de Marian, nada más entrar, vio a Hugo. Resplandecía. O a ella se lo pareció. Y se enamoró al instante de él, nada más verlo.

Ilustración 2. La familia de Claudia

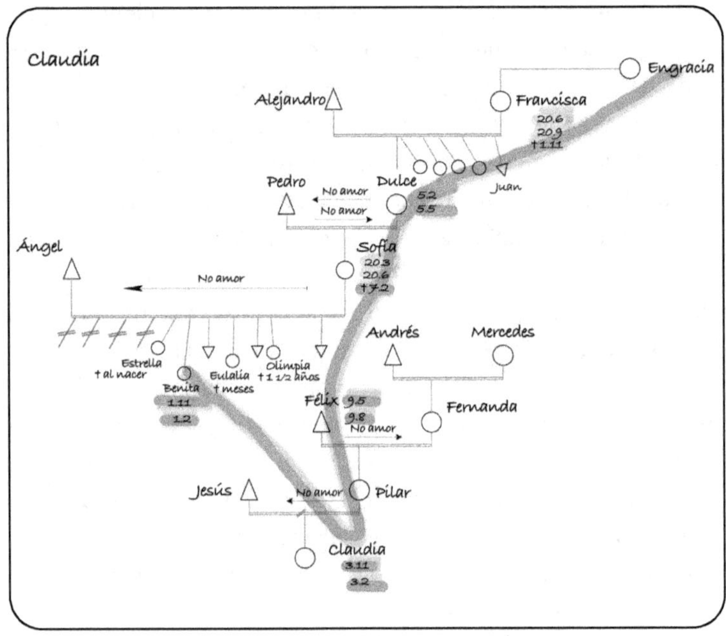

IV. Claudia y la familia de Claudia

Claudia se quedó un rato ensimismada, mirando sin ver a través de la ventana del salón lo que acontecía en la calle ese domingo tristón y desapacible a las cuatro de la tarde. El viento frío y húmedo debía calar hasta los huesos. Ella se sentía segura y protegida en su casa, viendo pasar la vida por debajo de su ventana. La gente caminaba deprisa sujetando las solapas de sus abrigos y chamarras para ocultar la boca y aprovechar el cálido aliento. Tenía la mente en blanco y solo alcanzaba a percibir la sensación de placer de estar en su salón, calentita, sin nada que hacer. Solamente mirar afuera y perder el tiempo.

Sonó el teléfono y la voz profunda de Hugo retumbó en su oído:

–¿Estás lista? Llego en veinte minutos.

–Sí, estoy lista.

«¿Estoy lista para qué? ¿A dónde vamos?» Lo había olvidado. Seguro que él se lo habría dicho mil veces. Luego él se impacientaba y con razón. A ella solo le interesaba acompañarlo, oír su voz, sentir la calidez de su piel sobre la suya y la presión amable y cálida de la mano de él en su mano cuando la agarraba como si fuera una niña díscola a la que hay que arrastrar para llegar a tiempo al colegio.

Hugo era amable y protector. Le transmitía la sensación de ser querida y cuidada. Eran felices cuando estaban juntos. Compartían problemas y confidencias, proyectos y consejos. Pero él no la presentaba como su novia. Decía que una novia era aquélla con la que al menos alguna vez piensas en casarte, aunque luego no lo hagas. Y eso lo piensas porque crees que estás enamorado, que tienes un futuro con el otro. Él decía ser feliz, pero no estaba enamorado. Claudia no entendía nada. No sabía de qué hablaba. Se perdía en esos discursos mentales complicados y retorcidos.

Para ella la realidad era otra y se sentía la mujer más feliz del mundo cuando estaba con él. Disfrutaban y reían haciendo el amor. Se preparaban comiditas el uno al otro y se ayudaban en las encrucijadas laborales. Claudia no pensaba en nadie más y él parecía que tampoco. Además de todo esto, ¿qué era estar enamorado? Es difícil saber que es para alguien estar enamorado. Seguramente que para Hugo enamorarse era sufrir. Eso era lo único que Claudia no le daba, sufrimiento.

La mente de Claudia se hacía cruces y renunciaba a buscar argumentos que solo complicarían las cosas. «Me centro en mí y me doy cuenta —pensaba— de que, a pesar de los inconvenientes, lo he elegido como compañero. Bebe de más en ocasiones y le asaltan unos celos infundados en otras. Generalmente van unidas ambas cosas. Cuando se encela no parece él. Es como si fuera otro, como si algo lo poseyera. Pero le quiero. Su economía está en bancarrota, los problemas se le acumulan uno sobre otro, pero le quiero. Me hace feliz su compañía, su presencia en mi vida me calma y me completa. Puedo imaginarme con él dentro de veinte años sobrellevando juntos las dificultades de la vida. Lo que él piense es cosa suya. Sobre eso no hay nada que yo pueda hacer. Yo solo puedo entregarme al máximo y esperar pacientemente que se abra entre nosotros esa puerta secreta a través de la cual fluye la corriente del amor. Me devano los sesos intentando comprender cómo es posible que en una relación como la nuestra, tan plácida y completa, mi compañero no tenga la certeza de encontrarse ante el amor. ¿Cómo entonces se ama al otro? ¿Cómo sabe uno que está enamorado?»

Claudia fue dejando de oír los ruidos de la calle, de fijarse en el flujo de los vehículos que circulaban y de la gente que iba y venía. Sus ojos se quedaron fijos en un punto y pareció que ahí se abría una puerta dimensional que la condujo a otro lugar, un espacio diferente donde el tiempo no ejercía su ley de hierro.

Vinieron a su mente las mujeres de su familia. Un extraño lazo común las unía. Pensó en Pilar, su madre. Decía de Jesús, el padre de Claudia, lo mismo que Hugo le decía a ella. «Quiero mucho a tu padre pero me casé con él sin estar enamorada. Quedé embarazada de ti siendo soltera y tu padre y yo nos tuvimos que casar. En aquellos tiempos en los que una cosa así era el oprobio y la vergüenza de la familia no había otra salida, no se concebía otra cosa. El hombre tenía que cumplir y reparar la afrenta».

Pilar, con aquella decisión, se sintió aliviada por un lado y oprimida por otro. Le convino encontrar una salida rápida aunque siempre le pesó casarse con quien pensaba que no amaba lo suficiente. Se lo hizo pagar toda la vida a Jesús quien, a su vez, vio el cielo abierto porque se había enamorado de esa mujer y no la sentía ni mínimamente inclinada a haberlo aceptado como marido de otra manera.

Los padres de Pilar pensaban que él era poca cosa para su hija única y adorada. Les parecía que ella podía haber aspirado a algo más, aunque en realidad no era así. No estaba preparada para ser más que una mediana ama de casa, porque no había querido estudiar y la consintieron demasiado. Sus padres no insistieron mucho en lo de los estudios porque en aquella época parecía más provechoso encontrar un buen marido. Pero llegó Jesús, la dejó embarazada, y todo se fue al traste.

Pilar observó la similitud de los celos ocasionales de Jesús con los de su padre cuando bebía más de la cuenta. Siempre había odiado sus escenas y su falta de control y se lo había repetido a Claudia tantas veces que a ella le parecía haberlo visto. Lo vio seguramente, pero no lo recordaba. Discutieron tanto que se separaron definitivamente cuando Claudia tenía tan solo dos años y no volvieron a saber de él. La historia de su familia paterna era un misterio para ella.

En ese preciso instante de su discurso mental Claudia se dio cuenta de que el papel de su madre y el suyo eran idénticos aunque invertidos. Qué curiosa situación. Ella se había enamorado de un hombre que decía no amarla mientras eran felices. Comprendió a su padre en ese momento y reparó en que su madre, que después de separarse había ido saltando de una pareja a otra buscando el amor, no lo encontró en ninguna. Finalmente Pilar desistió del empeño y decidió olvidarse de esperar un compañero sentimental. Estaba muy bien sola y ya había comprendido hacía mucho que era incapaz de amar a nadie.

Claudia seguía mirando la calle sin ver. Podía haber pasado un minuto, cinco o un siglo entero. Había perdido la noción del tiempo. Con los ojos fijos, aparentemente en lo que se movía delante, dejaba que su mente se adentrara en otras realidades. El recuerdo de la historia de sus padres le había abierto definitivamente la puerta a un espacio ignoto y desconocido.

Ahí mismo, ante ella, comenzó a aparecer gente. Iban pasando fugaces, como un río de primavera tumultuoso, hipnotizándola. Por un instante observaba sus rostros y se admiraba porque al mirarlos le parecía saber lo que estaban pensando o sintiendo.

Pudo ver a los padres de su madre, Fernanda y Félix, fallecidos no hacía mucho. En el rostro de Fernanda se podía leer el mensaje angustioso de no haberse sentido bien amada por su esposo. Sabía que su físico no era muy atractivo ni sus modales exquisitos, pero su familia tenía dinero. Se trataba de una fortuna ganada con gran esfuerzo y de forma honrada que, más tarde o más temprano, pasaría a ser suya y de sus hijos, porque sus dos hermanas mayores habían nacido con el síndrome de los niños azules y no se esperaba que vivieran muchos años.

La mayor parte de las tierras de labor del pueblo eran de sus padres, además de varias espléndidas fincas y abundante ganado. Un buen número de vecinos de la comarca trabajaban para Andrés, el padre de Fernanda, quien los gobernaba con acierto y cercanía. Mercedes, su mujer, le ayudaba en todo lo que podía y preparaba unos buenos desayunos con fruta, leche fresca, pan y mantequilla para todos, antes de ir al trabajo.

Después cocinaba enormes ollas de cocido o de otros potajes consistentes, con carne y demás sustancia, para que cuando los agotados trabajadores volviesen de las faenas del campo pudiesen reponer las fuerzas.

Así conoció Fernanda a Félix, que era un jornalero alegre y bien parecido que acudía cada día de una localidad vecina a ganarse el sueldo. Él se casó para huir de la escasez y del ambiente triste y opresivo de su casa. Pensó que teniendo su propia familia podría olvidar las desgracias vividas por sus padres, Ángel y Sofía. Se desposó con Fernanda por interés buscando un acomodo mejor a su vida. La quería, porque era un mozo de buena catadura, pero nunca estuvo realmente enamorado de ella. La respetó y educó a sus hijos con dedicación, aunque ella siempre echó en falta el entusiasmo del amor.

Huyendo de su casa, donde había una unión desigual, Félix fue a encontrar un destino similar al de su propio progenitor. Al contrario que él, Ángel se enamoró locamente de Sofía, pero tampoco la hizo feliz. Ni el padre ni el hijo lo fueron en realidad; uno porque no fue correspondido por su pareja y el otro porque no pudo corresponder como hubiera deseado a la suya.

Ángel era guarnicionero en un pueblo de Castilla, el mejor de la comarca. Recibía más encargos de los que podía atender por su impecable manera de trabajar el cuero, pero no tenía suerte en el amor. Amaba locamente a Sofía, caprichosa y altanera y de mejor familia que él, y eso en los pueblos no se perdona. En cualquier caso, su mujer lo eligió porque era guapo y porque quería fastidiar a su madre, aunque no supiera exactamente por qué la quería fastidiar.

Sofía se dio cuenta, nada más casarse, del error que había cometido. Ángel la quería demasiado pero, sabedor de la falta de entusiasmo de ella por su matrimonio, la martirizaba con sus sospechas infundadas y absurdas. Se había empeñado en casarse con él en contra de la opinión de sus padres, quienes lo consideraban un muchacho con escasos dones y menor posición social. Era apuesto, eso sí, y con una presencia formidable, pero era un simple artesano sin mayor futuro. La niña, en cambio, era un buen partido. Era hija única del terrateniente, el rico del pueblo, quien la desheredó lleno de cólera por su desafortunada elección. Ella pensó que su padre reconsideraría su decisión; ella era su única heredera, pero no le dio tiempo al pobre. De toda su fortuna apenas quedó lo justo para que Angustias, su mujer, fuera tirando.

Angustias causaba en los demás lo que indicaba su nombre, especialmente a su madre, y era muy avara e interesada. Puso sus ojos en Pedro porque la podía sacar de pobre y nunca imaginó que él la dejaría casi en la calle.

Don Pedro, como le llamaban en el pueblo, perdió la cabeza por una *croupière* del Casino de Madrid. La única mujer que ejercía ese oficio, que se supiera en esos tiempos, con la vista de un águila y la determinación de un halcón. Las dos hembras eran aves de presa. Marisa, la *croupière*, era una mujer, más que guapa, «resultona», pero sin ningún escrúpulo. Él se fue jugando lo que poseía. Apostaba una parte para la muchacha y otra para él. Siempre perdía la de él; la de ella ganaba. Él era cada vez más pobre y ella cada vez más rica, pero Don Pedro pensó que el dinero ganado lo disfrutarían juntos. Un día llegó al casino decidido a fugarse con Marisa para siempre, para vivir la vida, para entregarse a su gran amor, y se encontró que su sitio estaba ocupado por Alejandro, un *croupier* de nuevo cuño que no le gustó nada.

—¿Dónde está Marisa? —preguntó airado Don Pedro.

—En París...

—¿En París? ¿Qué hace Marisa en París?

—Vivir la vida con un parisino, Don Pedro. Un millonario de verdad que se ha casado con ella y la está paseando por Europa a todo lujo.

Don Pedro se quedó helado, sin poder reaccionar, al borde de que le diera un cólico miserere. Después de dos horas en un estado casi catatónico se levantó y se marchó sin decir una palabra. Se sentó al volante de su Mercedes último modelo, lo puso en marcha con toda parsimonia porque sus manos casi no le obedecían y enfiló el camino de acceso al casino para salir a la carretera general. Una vez en ella, aceleró la velocidad al máximo y, sin detenerse a pensarlo, se empotró contra el muro del restaurante Bienvenidos al Cielo, que fue la primera pared suficientemente sólida que encontró por delante. Murió casi instantáneamente, diciendo, «¡Angustias, perdóname!»

Angustias, en realidad, se quedó tan a gusto como un perro al que le quitan las pulgas, porque Don Pedro últimamente estaba muy difícil. Decía que ya no la quería, que se había puesto gorda y que le repugnaba su olor. Que se iba de casa. Se estaba gastando los cuartos con alguna pelandusca y con una alegría tan disparatada que dio por hecho que se iban a quedar en la miseria sin que ella lo pudiera evitar. Se veía por momentos como su madre, Francisca, que se vio arrinconada en una esquina de la casa de la hija y dependiendo económicamente de ella. Le daban escalofríos de pensarlo. Por un doble motivo: primero, porque su hija la rechazaba y, segundo, porque cada vez que pensaba en su propia madre se le erizaban los vellos del cuerpo por el peso de la culpa.

Angustias no podía comprender el genio áspero de su hija y el empeño que había puesto en llevar la contraria a sus padres enamorándose de un donnadie sin apellidos ni fortuna. La consideraba la culpable de la muerte de Don Pedro y estaba segura de que, además, quería amargarle la vida. Pensaba que la cólera y la rebeldía de Sofía iban dirigidas contra ella. Era como si se enfureciera y le molestaran cada una de las circunstancias que rodeaban su existencia y su cotidianidad. Ella podía sentir su mirada cargada de desprecio, como algo previo al latigazo cruel de la venganza.

Sofía era igual físicamente que su abuela Francisca, la madre de Angustias. Pero el carácter le venía al revés. Tozuda y levantisca, tenía que hacer siempre su santa voluntad. A Angustias se le ponía la piel de gallina cuando veía en Sofía la mirada de su madre con un matiz desconocido, la furia. En ese momento imaginaba que caía sobre sí toda la culpa que había almacenado a causa de su comportamiento con Francisca y se sentía merecedora del infierno. Siempre pensó que su hija se estaba vengando de ella cuando se casó con Ángel. La sorprendía a veces mirándola con odio aunque nunca conoció a la abuela ni su historia y entonces ni siquiera había nacido. Llegaron al mundo un mismo día de un mes distinto. ¡Un mismo día! Eso debía querer decir algo. Y Ángel, el yerno de Angustias que estaba obsesionado con su esposa, no pudo hacerla feliz. Tampoco era fácil, la verdad, nada fácil, pero puede que eso terminara de agriarle el carácter.

Sofía se quedaba encinta con mirarla pero se le fueron muriendo en el vientre un hijo tras otro. Cuatro seguidos. Era igual físicamente a Francisca, al decir de todos los que la conocieron, pero a la nieta se le morían los hijos mientras la abuela los ayudaba a vivir. El quinto resultó ser una niña que murió al nacer. Le puso por nombre Estrella, porque iluminó su existencia con la esperanza de poder disfrutar plenamente la maternidad. El sueño duró los veinte minutos escasos que Estrella sobrevivió al esfuerzo titánico de atravesar la pelvis demasiado estrecha de su madre. Tras la muerte de la niña, Sofía terminó de hundirse en una depresión profunda y negra que la conectó a lo siniestro y le arrebató las pocas ganas que le quedaban de seguir luchando. Pensó que su empeño era un horror y que solo le servía para sufrir. Hacía tiempo que se había olvidado del significado de las palabras gozo y alegría. Solo quería desaparecer sin hacer ruido y en silencio.

No fue así. Al año justo de este parto desgraciado e inútil, dio a luz a su primer bebé vivo y sano. Fue una niña, Benita. Después nacieron Antonio y Félix, igualmente saludables y fuertes. Tras ellos comenzó de nuevo el rosario de desgracias.

Vino al mundo Olimpia, una preciosa niña rubia que parecía la imagen de la perfección, pero se echó a perder y se fue a los pocos meses. Después Eulalia, enfermiza y falta de peso, que resistió las embestidas de la dama de la guadaña hasta el año y medio, en que se abandonó y se dejó llevar, harta de padecer.

Benita, que al principio parecía un bebé robusto, creció entre innumerables padecimientos mientras que sus hermanos se criaban fuertes como robles. A los diez años, el día de su cumpleaños, sobrevino su desgracia. Tomó alegremente un gran pedazo de tarta, casi la mitad del pastel que habían hecho para festejarla. Se lo comió todo porque le encantaba. Al poco de acabarlo se desplomó casi muerta aquejada de un coma diabético. De todos modos era un día de triste memoria en la historia de la familia, porque su onomástica coincidía con el aciago recuerdo del fallecimiento de la bisabuela Francisca, madre de Angustias y abuela de Sofía.

Angustias nunca pudo superar esta circunstancia. Era un augurio de mala suerte que su nieta naciera el día de la muerte de su madre. Los escalofríos recorrían su cuerpo cuando lo recordaba. Francisca había sido tan... inútil. No quería ni pensarlo. Pero la idea le venía una y otra vez a su cabeza. Ella y sus cuatro hermanas opinaban lo mismo y también su padre. Su hermano Juan no, él era diferente.

Francisca era una mujer sencilla y fuerte que se había ganado la vida llevando un jornal a casa como ama de cría, después del nacimiento de su primera hija. Había amamantado a sus seis hijos, cinco hembras y un varón, y a docenas de bebés de mujeres de la comarca con posibles y sin leche en el pecho para nutrir a la descendencia, o sin ganas de hacerlo para preservar la lozanía y la frescura. Francisca no conocía el significado de la palabra descanso. Trabajaba sin parar y dormía todo seguido el tiempo justo de no desfallecer entre toma y toma del bebé que le tocaba criar. A veces daba de mamar al mismo tiempo al ajeno y al propio.

Los niños fueron creciendo y tuvieron que aprender pronto a llevar a cabo las labores de la casa mientras la madre trabajaba como una mula de carga. Alejandro, su marido, se tuvo que acostumbrar a dormir solo y a calentarse la cama en el invierno crudo y áspero de Castilla con botellas de agua caliente porque su mujer dormía al lado de las criaturas a las que alimentaba. Se consolaba pensando que el jornal de su esposa merecía mucho la pena, en esos tiempos recios de escasez inmemorial en los que llenar la despensa para una familia tan numerosa era una tarea de héroes.

Alejandro se acostumbró a la ausencia de Francisca y al cuidado solícito de su hija mayor, Angustias, que gobernaba con mano de hierro la casa y a sus cinco hermanos a pesar de su corta edad. Todo le parecía poco para él. Ocupó el puesto de la madre sin ningún pudor ni respeto y la fue arrinconando sin miramientos y con la aquiescencia de su padre. Las cosas se fueron girando de tal modo que Francisca se encontró un día sin sitio en su casa. Cuando se fue a dar cuenta, Angustias era el ama y señora y ella un cero a la izquierda porque su hija no le pedía su opinión para nada, como si la casa fuera suya. No le permitía la más simple queja a sus desmanes de hija rebelada. Actuaba con tal firmeza que Francisca terminó por abandonar totalmente su intento de recuperar el espacio perdido. Al principio mantuvo la esperanza de que su marido la ayudaría a poner las cosas en su sitio, pero pronto comprendió que ese camino estaba cerrado. Sus esfuerzos en el lecho conyugal tampoco le sirvieron de nada. La casa tenía otra dueña y sus hijos la trataban como una extraña que, salvo para entregar el jornal, estorbaba.

Terminó por salir también del dormitorio. Alejandro sufría fuertes dolores de espalda que se fueron agravando con los años y el duro trabajo del campo. Para cuando pudo buscar ayuda el daño estaba hecho y ya no podía permitirse el esfuerzo que los débitos matrimoniales exigían. Además Francisca lo agobiaba, aunque fuera paciente y aceptase la situación. Su marido se acostumbró al calor generoso y manso de las botellas de agua caliente que le preparaba Angustias y le pidió a Francisca que saliera de la habitación que consideraba suya, por el mucho tiempo que su esposa había pasado fuera. Le explicó, sin mucho apuro, que las vueltas que ella daba en la cama agravaban sus sufrimientos.

Francisca no opuso resistencia. Tomó sus cosas y ocupó lo que había servido de leñera, debajo de la escalera que subía al primer piso. Era un lugar bastante amplio pero sin luz ni ventilación. Angustias le asignó ese espacio con la excusa de que pasaba una gran parte del tiempo en casas ajenas a causa de su trabajo y de que los dolores de la artritis, que empezaban a inflamarle las rodillas y los tobillos, le impedían subir bien los peldaños que conducían a los dormitorios superiores. Era de esperar que tal inconveniente fuera a peor con el tiempo.

En ese lugar fue languideciendo. Sus hijos y su marido ignoraron el significado de las palabras justicia y compasión, salvo Juan. Pero era demasiado pequeño y no le escuchaban. Nadie parecía acordarse de la persona ni de los derechos de la madre, ni ella los defendió. Cuando se hizo demasiado mayor para trabajar el olvido fue total. Su cuerpo fue enfermando y su alma de niña se fue opacando. Cayó en el estupor de los desheredados de la fortuna que se encierran en sí mismos para protegerse, aislándose del mundo. Diabética, fue perdiendo poco a poco la conciencia, la vista y la movilidad de las extremidades, a fuerza de estar sola en el estrecho espacio sin ventanas y sin luz natural debajo de la escalera.

Un día apareció su hijo Juan y le dijo, «vamos mamá, te vas de aquí». Tomó en sus brazos sin mucho esfuerzo el esquelético cuerpo de su madre, un montoncito de huesos arropados por el cuero de la piel y la sacó de la casa sin llevarse ninguna de sus escasas pertenencias. Juan llevaba tiempo tratando de hacer eso, pues no podía comprender racionalmente la inquina de su familia hacia la madre. Ellos le impedían, cada vez que lo intentaba, entrar en la casa para verla. Esta vez aprovechó que estaban todos en el patio con ocasión de la matanza del cerdo, acontecimiento anual de gran relevancia en el pueblo. Se encontraban muy ocupados y divertidos elaborando los chorizos, morcillas y jamones que servirían para alimentar a la familia durante el invierno.

Cuando se fueron a dar cuenta, ya era tarde. Hizo caso omiso de las protestas violentas y airadas de sus hermanas y de su padre. Juan salía por la puerta principal con Francisca en brazos y no consiguieron hacerle retroceder. Actuó ante varios testigos que lo acompañaban, para que nadie pudiera decir que se llevó de la casa familiar algo más que el agotado, liviano y entristecido cuerpo de su madre. La acomodó lo más delicadamente que pudo en el carro relleno con paja que había llevado consigo para transportarla con el menor daño posible, y se marchó sin decir palabra.

Francisca mantenía los ojos cerrados. No habría podido afrontar la luz del sol de golpe después de tanto tiempo. Aun así los ojos le ardían. Había pensado morir en su rincón, tal como había vivido. Y no sabía si hubiera sido mejor. Le agradecía a Juan su esfuerzo pero se había dejado avasallar, hundir y maltratar toda la vida en su casa porque creía firmemente que no merecía otra cosa. Al principio intentó luchar pero luego se dio cuenta de que una parte de su ser aceptaba lo inaceptable como si fuera una expiación necesaria. Como si estuviera cumpliendo una condena justificada y ejemplar. Nunca había hecho daño conscientemente a nadie. ¿De dónde venía este sentimiento de no merecer nada más que el maltrato y el oprobio de los suyos, hasta la muerte?

Pensó en las historias que se contaban de su propia abuela, Engracia, a la que no conoció y que jamás había contado a nadie. Ése era su secreto. El secreto pavoroso que desde la muerte de la abuela todo el mundo ocultaba y que nadie volvió a querer recordar. La abuela era un mal bicho, lo decía hasta su madre, y un mal recuerdo para los viejos del lugar que se santiguaban cuando pronunciaban su nombre como si hablaran del diablo. Murió vieja, blasfemando, cuando un mal viento derribó el techo de su establo. Una de las vigas verticales que lo sostenía estaba debilitada por la carcoma y cedió, precipitando el techo sobre ella. Recibió un golpe brutal en la cabeza y su cuerpo quedó aprisionado por las vigas que cayeron al suelo, aunque ella estaba todavía viva.

Así resistió cinco días completos, maldiciendo su mala suerte y al mundo entero, que era un sindiós. Al sexto día subió a verla su hija, extrañada de que no hubiera bajado al pueblo a su puesto del mercado para vender sus quesos y las hierbas que recogía en el monte. Las usaba para tratar diferentes males y deshacer los entuertos que estorbaban a la gente lo mismo daba que fuera un embarazo inoportuno o de soltera, un marido o un vecino que daba problemas. Dios sabe a cuánta gente quitó de en medio con sus pócimas, porque venían de toda la comarca para pedírselas. «Dame el dinero y si te he visto no me acuerdo». Pensaba que eliminar a un ser humano no era un delito. Todos eran despreciables, una basura. Venir a este mundo era cosa de tontos, no valía la pena. Así que abortar un embarazo era el mayor favor que podías hacerle a alguien. Los padres inconscientes que copulaban sin criterio también merecían la muerte, en su opinión. Pero se contenía y no lo decía en voz alta porque los del mundo eran demasiados para una persona sola y estaban ciegos.

Se arrepentía de haber tenido hijos, pero cuando era joven no veía las cosas tan claras. Dejó vivir a dos, Leandro y Tomasa, y siempre lamentó no haberse deshecho de ellos a tiempo como hizo con los demás. Sin embargo a su marido lo mandó al otro mundo sin la menor consideración. Cuando ambos tenían cuarenta años, harta de quedar encinta y tener que deshacerse de los hijos como podía, le preparó una tisana de flores a la que le añadió un veneno natural y fulminante que no dejaba rastro. Después de eso no se volvió a dejar tocar por ningún varón.

Cuando Tomasa, que la temía como al demonio, llegó a su lado, pensó que estaba muerta, tal y como la vio de ensangrentada y desfigurada. «¡Madre, madre!», gritó. Al principio no hubo respuesta pero, como quien hace un esfuerzo supremo para volver a un lugar del que ha partido hace tiempo, la anciana comenzó a abrir los ojos. A la hija le espantó esa mirada que era de puro odio. Su madre la miró un largo rato, buscando internamente las fuerzas para decir lo que quería decir. Finalmente, con torpeza al principio, dijo fieramente:

—¡Me voy al infierno pero no me voy a ir sola, vendré a por vosotros, os llevaré conmigo uno a uno! ¡Desgraciados!

Y expiró. Tomasa quedó aterrada. Salió corriendo despavorida de la casa de su madre, tropezándose con las vallas y las piedras del camino que no veía en su atropellada carrera.

—¡Socorro, socorro! —gritó por las calles al llegar al pueblo, —¡necesito ayuda! ¡Por Dios Santo! —A sus gritos desgarradores se congregaron algunos vecinos.

—¿Qué te pasa, mujer? ¿A qué vienen esas voces?

—¡Mi madre se muere! Bueno, creo que se ha muerto, se le ha caído el techo encima. No puedo mover las vigas sola. Necesito ayuda.

Nadie se movió ni dijo una palabra de consuelo o condolencia. Un silencio opresor se cernió sobre los congregados.

La vieja no gozaba de muchas simpatías entre los vecinos aunque utilizasen sus servicios cuando les convenía. Le tenían pavor. Alguien fue a buscar al alcalde y al alguacil. Formaron una cuadrilla de hombres para ir a buscarla y darle cristiana sepultura. (Sobre esto último habría que ver lo que opinaba el cura, ya que ambos se odiaban sin ningún disimulo y se consideraban el diablo encarnado el uno al otro. Pero había que ir).

Cuando se iban acercando al lugar, a media legua más o menos, observaron una columna de humo negro que se elevaba hacia el cielo. «¿Qué es eso? ¿Es el monte?» Corrieron, aproximándose a la escena lo más deprisa que pudieron y contemplaron horrorizados toda la casa y las construcciones adyacentes ardiendo en medio de un fuego violento y devorador. No había tormenta, ni rayos, ni truenos. ¿Quién lo había encendido o qué lo había provocado? Se quedaron mirando como alelados, mientras el aire se impregnaba de una negrura oscura como la noche que lo llenaba todo, amenazante. Daba la impresión de que se resistía a ascender y a diluirse en el éter. Es como si desde su interior la vieja les gritase furiosamente: «idos todos de aquí, fuera, ¡no os necesito!» Sintieron una sensación opresiva en la boca del estómago. Era miedo. Esto era cosa del diablo, seguro. Se había llevado con él al infierno a su hija predilecta.

Francisca, mientras rememoraba todo esto en su interior se dio cuenta de que estaba pagando viejas cuentas. Se había dedicado a dar vida alimentando a los hijos de otras. Muchos de esos niños hubieran muerto sin su sana y abundante leche de matrona. A lo largo de su vida no podía contar las criaturas que había alimentado, además de las seis suyas, como queriendo reparar los desmanes de la abuela. Pero llevaba sobre sí la carga de la culpa, corrosiva como la sosa cáustica, que le carcomía el corazón. La de la abuela se añadía a la suya propia de no haber cuidado suficientemente a sus hijos por atender las necesidades de los demás, saldando así viejas cuentas. El peso era tan grande que aceptó el castigo que le impuso la vida dejándose masacrar por los suyos.

Sentía el dolor que había causado su antepasada como una presencia viva que martirizaba su cuerpo y su alma. Todos los miembros le dolían. Cualquier roce laceraba su piel. Los ojos, enceguecidos, le ardían con la luz del sol y pensó que no sobreviviría al traslado. Su hijo la acomodó en un cuarto limpio y luminoso pero los primeros días tuvo que recurrir a vendarle los ojos con un pañuelo amplio y oscuro para evitar que le dañase la luz y mantener la habitación en penumbra. Se dio cuenta, en medio de su confusión y su letargo, de que ya no se podía hacer nada. Agradecía enormemente a su hijo Juan sus esfuerzos por remediar su estado, pero ya era tarde para eso porque no le quedaban ganas de vivir ni fuerzas para recuperarse. Se fue dejando morir sin una queja. Le dio tiempo a comprender que su sufrimiento no era ajeno al de su madre ni al de su abuela. Tampoco lo era al de sus hijos ni lo sería al de los nietos. Se le hacía evidente pero no le encontraba pleno sentido. Parecía ser una ley aparejada a la vida. Había visto innumerables veces cómo actuaba de forma silenciosa e implacable en las familias con las que había convivido cuando ejercía la noble profesión de ama de cría.

Se murió sin hacer ruido, igual que había vivido. Lo hizo mientras dormía, una inquietante noche del primero de noviembre, el día de Todos los Santos. Su hijo la encontró por la mañana acurrucada sobre sí misma, como un bebé preparado para abandonar el seno materno y llegar a una nueva y desconocida realidad.

Benita, la hija de Sofía, escogió para nacer el mismo día en que su bisabuela decidió cruzar el umbral entre los mundos, el primero de noviembre. Después de su primer coma diabético, el día de su décimo cumpleaños, fue sorteando las dificultades de su enfermedad de la mejor forma que pudo, aunque no era fácil. Desde que nació todo le resultó complicado. Enfermiza y frágil, sentía el reproche mudo de su madre por su endeblez y falta de fuerzas. Ya nació triste, con la impresión de que un enorme peso la aplastaba y no la dejaba respirar. La vida le parecía insoportable y contribuía bastante a reafirmar esta percepción el hecho de que sus padres discutiesen con tanta frecuencia, a causa de las exigencias de papá y los desplantes de mamá. El ambiente era irrespirable. Se ahogaba literalmente. Sentía un tumultuoso deseo de escapar, de huir de esa casa donde estar tenso o triste era lo natural. No había unión familiar, como no la había habido en casa de los abuelos ni de los bisabuelos y unos a otros se iban transmitiendo este regalo, generación tras generación.

Cuando cumplió los dieciocho años le dijo «sí quiero», al primer muchacho que la pretendió sin pensárselo dos veces. El que luego fue su marido estaba dispuesto a casarse rápidamente. Tenía el porvenir resuelto. Como decía su madre, «búscate alguien que venga con los papeles debajo del brazo». Él vino con esos papeles, veinte años más y una afición a la bebida y a explotar por los celos que le recordaban en todo a su padre. ¡No podía comprenderlo! ¡Si había huido siempre de eso, precisamente! ¡Cómo no se dio cuenta a tiempo! Cuando lo comprendió ya era tarde.

Se casaron cuando Benita tenía diecinueve años y a los veinte estaba a punto de parir a su primer hijo. Su marido, histérico por los celos, le prohibió ir al médico para que este cuidara su diabetes durante el embarazo. Dijo que las mujeres de su familia habían dado a luz toda la vida sin necesidad de tantas tonterías, sin que un extraño tuviese que revisar sus partes íntimas para que éstas pudieran traer chicos al mundo. Ella obedeció la orden tajante del esposo, pero no pudo superar el esfuerzo del parto. El bebé era demasiado grande y no había forma de sacarlo. Todo su cuerpo de diabética comenzó a alterarse por la lucha continuada y la imposibilidad de alimentarse correctamente. Murió al día siguiente del parto, agotada, dejando en este mundo un marido desconsolado pero firme en su determinación de que se había hecho lo correcto, y un bebé de cinco kilos y seis dedos en los pies.

Claudia estaba viendo pasar ante sus ojos la vida de los miembros de su familia, hasta cinco generaciones atrás. Las imágenes fluían ágilmente como si estuvieran huyendo de una prisión largamente cerrada a cal y canto. Comprendía sin palabras. Es como si las historias y la información brotasen de su ser sin que le costara ningún trabajo. Se iba viendo reflejada en todas aquellas mujeres. Eran como versiones diferentes de ella misma. Las virtudes y los defectos iban apareciendo y ocultándose según iba conviniendo al papel que tocaba ejecutar. Podía reconocer parte de su sufrimiento como propio. Los patrones de conducta le resultaban comunes y muy familiares.

Le impresionó darse cuenta de que lo que conformaba su propia historia, lo que formaba su día a día, no eran tanto acontecimientos extraños impuestos por las circunstancias, sino hechos que encajaban con una forma de sentir el mundo y la vida de las personas de todo su linaje. Comprendió que esa forma de no ser amadas ni apreciadas por sus parejas se correspondía con un pensamiento real y secreto que albergaba en el pequeño universo de su corazón: «Castígame, no me ames, no merezco el amor». O, «la vida es un valle de lágrimas lleno de dolor», «no soy confiable, no me ames, no merezco perdón».

Reconoció esta forma de ver el mundo y las relaciones, como formando parte de la realidad de las personas que acababan de desfilar ante sus ojos. Ése era su propio universo, lo llevaba en la sangre. Estaba inscrito en su ADN. Su cuerpo, cada una de sus células, actuaba como las cuerdas de un violín bien afinado que entraban en resonancia con frecuencias vibratorias similares liberadas en el entorno.

Pero, ¿por qué repetir lo que hacía daño? ¿Para qué revivir lo que hacía sufrir? No tenía la respuesta a esas preguntas y a otros cientos de ellas que se agolpaban en su mente. ¿Qué sentido tenía esta existencia? ¿Qué significado tiene para nosotros pasar por esta experiencia? Todos padeciendo las mismas penas, generación tras generación. Nadie aprende de nadie, no somos capaces de escarmentar en cabeza ajena y da la impresión de que el dolor ya vivido no sirve para nada. Nunca se acaba y, por el contrario, sigue creciendo y creciendo. La gente tropieza, una vez tras otra en la misma piedra.

En los varones que había visto aparecer ante sí reconocía las virtudes y los defectos de los hombres que habían sido algo en su vida, desde su padre a Hugo. Este último era como un reflejo de su padre, de su tío, de su abuelo. Imaginaba que las vidas de la gente se entrelazaban unas con otras como las palabras de un inmenso crucigrama. Un rompecabezas trágico en el que reconocía las piezas sueltas pero no encontraba el hilo conductor ni su significado. Un puzzle que transmitía su mensaje mecánicamente a través de generaciones sin que nadie lo hubiera podido resolver.

Todas estas afinidades tenían otros llamativos puntos en común. Las fechas de nacimiento y de fallecimiento. Se dio cuenta de que había nacido dos días más tarde que Benita, el tres de noviembre, cuyo cumpleaños coincidía, el día uno del mismo mes, con el fallecimiento de su abuela Francisca. Y no estaba tirada en una esquina oscura de la casa como la tatarabuela, pero sí se había visto arrinconada por las circunstancias y por el hecho de encontrar hombres que decían no amarla, que no la valoraban y no se comprometían. Daba igual lo que hiciera. En cambio le iba muy bien en el trabajo, se ganaba bien el sustento, como su antepasada.

¿Cuál era el sentido de todo esto? ¿Qué era lo que no alcanzaba a comprender? Sí, la verdad es que no entendía nada de nada.

Sonó el timbre del portero automático. Lo tocaban insistentemente. No lo oyó hasta ese instante.

Salió abruptamente de su ensoñación, como si volviera de un viaje intergaláctico que la había dejado agotada. Miró el reloj. Habían pasado ¡25 minutos! No era posible. ¡Parecía haber vivido varias vidas! Se aproximó al interfono y preguntó quién era, atontada todavía. Era Hugo. No recordaba a qué venía. Oyó su voz que le decía, «te espero abajo, tengo el coche en doble fila. Date prisa. Vamos tarde».

Claudia estaba arreglada. Fue a la cocina a beber un poco de agua para salir de su marasmo. Se puso el abrigo, cogió su bolso y bajó lo más rápido que pudo.

—¿Estás preparada? —le dijo él—. Hoy es un gran día, cariño. ¡Vamos allá! En ocasiones se reciben buenas noticias.

V. El encuentro de Hugo y Claudia

Claudia conoció a Hugo dos años antes en la fiesta de cumpleaños de Marian. No pensaba ir. Era viernes y la semana había sido pesada y estresante. Estaba recién llegada de los Estados Unidos, donde había dejado sin resolver su historia con John Graves y le torturaba pensar que tal vez había desperdiciado su gran oportunidad. Su cabeza daba vueltas y más vueltas buscando el modo de volver y reanudar la relación tan bruscamente interrumpida. Marian insistió, «no me puedes fallar, si faltas tú será para mí un vacío importante». Y fue a la fiesta de su amiga.

Llegó un poco tarde; todo el mundo parecía estar allí. Estaba lleno de gente desconocida pero se fijó en Hugo nada más entrar. Le impactó. Nunca había sentido algo así al conocer a otro ser humano. Sus ojos quedaron prendidos de su hermosa boca de dientes perfectos, de su amplia sonrisa y del halo de fuerza y serenidad que parecía envolverlo. Marian estaba junto a él así que se acercó al grupo cuando su amiga la invitó a hacerlo agitando los brazos. Los presentó. Claudia percibió algo extraño cuando ella pronunció su nombre: Hugo. Ambos se estremecieron al mirarse y el chispazo de una corriente eléctrica recorrió sus cuerpos cuando se rozaron las mejillas al ser presentados. «Hola, ¿qué tal?» «Muy bien, ¿y tú?»

Su frente se llenó con la extraña sensación de quedarse hueca, como si hubiera recibido un golpe sordo. Los sonidos llegaban amortiguados. ¿Qué estaba pasando? Era un nombre corriente y Hugo era atractivo, pero no para perder el sentido. La mirada de él se clavó en los ojos y en la boca de ella sucesivamente. Se distrajo allí lo justo y acertó a decir, «encantado». Todo pareció diluirse a su alrededor y pasaron a ser interesantes solamente ellos y los lugares comunes sobre los que hablaban. Lo que sucedía en torno suyo quedó relegado a un papel secundario «¿Vives en Madrid?» «Sí». «¿Desde cuando?» «Desde siempre». «¿Estás casada?» «No». «¿Separada?» «Tampoco». «¿Tienes novio?» «Estoy sola».

No se separaron en toda la noche. Estaban ensimismados en sentirse, ya que desde el primer momento lo que les rodeaba dejó de tener importancia. Claudia hablaba mecánicamente con unos y otros mientras una extraña fuerza parasitaba sus sentidos. Le parecía que «aquello» estaba poseyendo su cuerpo y su mente. Los sonidos llegaban amortiguados a su cabeza, como cuando oímos debajo del agua. En un momento dado Hugo le dijo, «¿nos vamos?» «Por supuesto» contestó ella. Bebieron juntos la última copa, para dar a entender que no estaban siendo arrastrados por la prisa ni la urgencia. Se despidieron de los presentes. Fueron dejando atrás el escenario de su encuentro, el bullicio de las conversaciones, como si no fuera posible hacer otra cosa en ese momento, como si no hubiera más opción.

Ante la puerta abierta del ascensor se miraron intensamente. Al cerrarse este, se abrazaron frenéticamente, se besaron con pasión haciendo el amor con sus lenguas, como si esa acción fuera el mensaje cifrado que estaban esperando. Perdieron la noción del tiempo. Cuando el ascensor se detuvo cuatro pisos más abajo podía haber pasado un año, un siglo, o una eternidad. Aquello que les estrujaba las entrañas era algo desconocido, un impulso incontrolado jamás experimentado antes. De ser así, podrían haberlo distinguido al instante entre un millón de sensaciones. Esa energía parecía generarse fuera, pero al mismo tiempo era algo propio, que había estado dormido y que al despertar completaba de algún modo su plano interior.

Llegaron a la casa de Hugo casi sin hablar. Asemejaban dos autómatas que estuvieran ejecutando un programa prefijado, pero siendo al mismo tiempo totalmente conscientes de cada gesto, de cada palabra, de cada movimiento. Se desvistieron el uno al otro, con cuidado, y se amaron durante toda la noche para saciar una sed apremiante y desatendida desde hacía muchos, muchos, años atrás. A su ansia le dieron cuidado y locura, pasión y ternura, delicadeza y sensibilidad, como si se conociesen de toda la vida.

Amanecieron agotados a las once de la mañana del día siguiente, sobrecogidos aún por la experiencia. No tenían nada que decirse, no se conocían, no confiaban el uno en el otro ni sabían nada del otro.

Claudia saltó de la cama y se dirigió a la ducha. Necesitaba espabilarse y recomponerse. Había sido un encuentro alucinante con un desconocido. Hubiera podido ser un pervertido o cualquier otra cosa, ¡qué sabía ella! Estaba loca fiándose de uno cualquiera que encontraba en la casa de una amiga. El agua caliente limpiaba su piel mientras su cabeza buscaba un poco de serenidad. Se vistió despacio, imaginando lo que iba a decir cuando saliera del baño. «¿Nos volveremos a ver?» o, «ha sido fantástico, ¿verdad?» Tal vez..., «ha sido un regalo encontrarte, ¡quién me lo iba a decir a mí!» O cualquier otra trivialidad que diera pie a un encuentro posterior, algo que definiera la experiencia como definitivamente asombrosa y única, con méritos suficientes como para ser repetida. Pero, ¿quién era Hugo? Nadie para ella en realidad. Poca cosa, por lo que él le había contado. Seguramente una persona que llega a tu vida un instante para desaparecer después. Tenía que poner los pies en el suelo. Ser sensata. Se había equivocado muchas veces en su vida; estaría bien no volver a caer en el mismo error esta vez. Iba a irse tranquilamente a su casa y aquí no ha pasado nada. Ya se vería, si acaso, más adelante. Ya tenía suficientes complicaciones.

Salió del baño con una actitud ligera y desenfadada, como si supiera sin ningún género de dudas lo que quería hacer. El cabello mojado le goteaba sobre la espalda, sobre los hombros, empapándole el vestido que se le pegaba a la piel y mostraba la tersura de sus senos con el pezón erizado al contacto con el agua. Hugo se volvió y la miró como si fuera una aparición.

«¡Dios, cómo le gustaba esta criatura! ¡Qué mujer tan bonita!» Pero inmediatamente instaló en su consciente el programa bien conocido de, «¡me es indiferente, es una amante única, una mujer encantadora, pero no me interesa lo más mínimo! Mejor cada uno en su casa».

Se miraron y se dieron las gracias. «Ha sido precioso, hasta pronto». Un ligero beso de despedida y Claudia se fue hacia la puerta. Esperaba en secreto un, «¡espera, dame tu teléfono o algo para localizarte!» Nada. La abrió y se volvió para lanzarle con la mirada un último adiós. Hugo la volvió a encontrar divina. La puerta se cerró tras ella dejándolos separados, uno a cada lado de la misma y diferente realidad que los había unido.

Nada más salir del edificio, decepcionada mientras se dirigía corriendo hacia su coche, un recuerdo se abrió paso en su mente con fuerza y la hizo detenerse. Pensó en Chicago, en John y en el mensaje que encontró en español en el lavabo de señoras: «Claudia, cuando vuelvas a Madrid, encontrarás la respuesta que estás buscando». En ese instante entendió de golpe que la noche anterior se había enamorado de Hugo nada más verlo y que hizo lo correcto al no quedarse con John, porque a él no lo amaba ni nunca lo hubiera amado de este modo.

Pasaron cuatro semanas sin noticias. La llamó un miércoles. «¿Nos vemos?» «Sí, desde luego». Ninguna excusa, ningún argumento de distracción. Claudia había estado en un sinvivir al mismo tiempo que tranquila y confiada, como si no le cupiese la más mínima duda acerca de lo que iba a suceder. Ese hombre iba a ser para ella. Lo sabía. Estaba segura. Pero el camino para llegar a él iba a ser impredecible y difícil. Captaba entre los dos un mar de afinidades y coincidencias que no imaginaba de dónde podían provenir pues eran dos perfectos desconocidos.

Volvieron a encontrarse, volvieron a hacerse el amor, volvieron a sentirse unidos como si nunca hubieran estado separados. De nuevo fueron felices lejos de la tiranía de la mente y el intelecto. Otra vez sus cuerpos se fundieron en un encuentro apasionado y entregado. Se reprodujo la maravilla. Y vuelta a desaparecer. Al cabo de un lapso de tiempo, que cada vez se fue haciendo más corto, Hugo llamaba y se encontraban como si tal cosa, como si se hubieran visto el día anterior o hacía una hora. Claudia tenía la impagable virtud de no hacerle reproches ni quejarse. Simplemente tomaba lo que él le daba, sin exigir nada más. De todos modos eso ya lo había hecho antes y le había ido fatal. Agotaba todas sus relaciones una tras otra.

Pasó un año entre idas y venidas. Un día Hugo dijo, como si no fuera algo de lo más trascendente para ambos:

—Estoy en una encrucijada. Me haces feliz, Claudia, mucho. Es una sensación extraña. Eres la primera mujer que me hace sentir así. Soy otro estando contigo. Haciendo el amor, hablando o compartiendo cualquier cosa. Pero siento un impulso interno más fuerte que yo mismo que me hace apartarme de ti con la intención de no volver a verte. Cada vez que nos separamos me digo internamente: ésta será la última vez, no voy a alargar esta situación inútilmente. No amo a esta mujer. ¿No? ¿Cómo sé que no? ¿Por qué hago esto? Eres la única de tu género que he encontrado, incluyendo a mi madre y hermanas, que no me ha hecho daño. Todas las mujeres de mi vida me han hecho sufrir. Las parejas de las que me he enamorado me han dado motivos de sobra para que las acabase abandonando. Menos tú que te entregas totalmente, simplemente, sencillamente. Y eres muy linda. Preciosa. ¿Por qué me parece que no estoy enamorado? ¿Qué me pasa? No sé lo que me pasa, pero esto es lo que hay. Creo que no te amo.

Al llegar a este punto a Hugo le llegaba el dolor. Su cuerpo se tensaba y sus tripas se retorcían en un nudo imposible causándole un daño sordo y desgarrador. Daba la impresión de que un puño de hierro las agarraba con fuerza y tiraba de ellas, dejándolo sin respiración. «Ahí tengo algo malo, seguro, algo muy malo. Si no, ¿qué podría lastimarme tanto?» Buscó ayuda médica. Le hicieron pruebas, radiografías, análisis. Nada.

–Usted no tiene nada físico, amigo mío –le dijo el doctor.

–Y mi dolor, ¿qué hago con él? –gritó Hugo desesperado.

–Tranquilícese, relájese. Tómese unos días de descanso, será el estrés.

Claudia escuchaba resignada esta letanía sin decir nada, aunque no le sorprendió lo más mínimo. No hacía falta ser un lince para darse cuenta de que algo extraño estaba sucediendo. Por lo que tardaba en llamarla después de cada encuentro era fácil deducir que había algo que lo bloqueaba o le impedía normalizar la relación y darle un nombre. Pensó en algo peor todavía. Que estaba casado, que tenía novia formal para casarse o que estaba separado con una caterva de chiquillos. Si era dichoso con ella y le parecía que no la amaba, eso podía tener arreglo. Se dijo que iba a ser sensata. Amaba a ese hombre. Todo su cuerpo vibraba alocado cuando él la tocaba. Sabía escucharla y comprenderla. Era encantador. Lo quería para ella.

Si él se empecinaba en su postura, agotaría la experiencia hasta que no diera más de sí y le abriría internamente la puerta de la libertad para que él hiciera o decidiera lo que le pareciera oportuno. Ella iba a mantenerse en el presente. Ahora se veían y eran felices. El premio lo obtenía en cada uno de sus encuentros, en los que ninguna de las contradictorias disquisiciones mentales de Hugo tenía importancia. Puede que no hubiera una próxima vez. Muy bien, en ese momento estaría preparada para afrontar lo que viniera, el sentimiento de fracaso, de abandono o de pérdida. O tal vez no. Tal vez lo asumiría con la misma naturalidad con la que asumía su compañía. A ella no le debía nada. Él le daba cada vez que se veían lo mismo o más de lo que le daba ella. Estaban en paz, sin cuentas pendientes y, por fortuna, había aprendido mucho de sus otras relaciones frustradas. El miedo al fracaso y a que no se cumplieran las expectativas lo arruinaba todo. No disfrutaba de la experiencia y al final se quedaba igualmente sola. Esta vez no le iba a pasar eso. Estaba decidida a vivirlo de otro modo.

VI. Hugo y Diana

Diana lo miró profunda e intensamente mientras una ligerísima sonrisa se dibujaba en su rostro y enarcaba a las cejas. Parecía conocer algo, o mejor, muchas cosas que él ignoraba.

–¿Loco? ¿Por qué crees que estás loco?

–Mi mundo interior se ha descolocado completamente. Creo que he perdido la razón.

–Para haber perdido el juicio me pareces muy juicioso –bromeó Diana jugando con las palabras–. En principio, si lo hubieras perdido serías el último en reconocerlo, no el primero. ¿A qué le llamas tú perder la razón? A ver... explícame qué te pasa y desde cuándo.

Hugo le daba vueltas nerviosamente al bolígrafo de plata que tenía en su mano derecha, con el que había rellenado su ficha de paciente nuevo, sin decidirse a empezar a hablar. No sabía por dónde iniciar su relato.

–Todo este lío, a lo grande, empezó hace tres años. Después de la muerte de mi padre. Desde entonces estoy en un sinvivir, no puedo superarlo y, además... –carraspeó Hugo nerviosamente–, veo cosas que no son normales y que me dan pavor. Y lo peor, empecé a oír voces. Estoy desequilibrado, eso es lo que pasa. Y no me extraña mucho –continuó–. Tenía que suceder. Esta enfermedad viene de lejos y afecta a todos los hombres de mi familia, por la línea de mi padre.

–¿Cómo es eso? Cuéntame qué ves.

–Mi padre veía gente, y su padre, su abuelo y su bisabuelo. A todos los hombres de su familia, como te digo, desde que mi padre tenía memoria, les pasaba. Cuando digo ver gente, hablo de ver gente muerta. Familiares que ya se han ido. Yo antes percibía algo de vez en cuando, a mi abuelo, a mi tía, de noche y en la oscuridad. Ahora los veo en todas partes, a todas horas, con luz y sin luz. Y a gente desconocida también. Al abrir la puerta de un armario, al entrar en la ducha. Es pavoroso.

—¿Por eso crees que estás loco?

—Sí. Es una enfermedad, o eso creo. De todos mis hermanos, que somos muchos, me ha tocado la china a mí. Me da pánico ir al psiquiatra porque me va a medicar y mis amigos me pondrán el marchamo de tarado sin saber siquiera lo que me pasa. Pero lo mío es todavía peor que lo de mis antepasados. Yo oigo una voz dentro de mi cabeza, que parece razonar por su cuenta y que me sorprende muchas veces. No tengo constancia de que ellos la oyeran.

—Y..., ¿te dice cosas desagradables, te induce a tirarte por un puente o a hacer daño a los demás?

—No, no, nada de eso. ¡Menos mal! Pero habla cuando le da la gana, porque si yo pregunto no responde normalmente. Es bastante sensata, pero me aterra igual. Me he informado, Diana. Eso se llama «esquizofrenia». Estoy en pánico. Me pregunto si puedes ayudarme. Quizás no haya nadie que pueda ayudarme y evitar que esto vaya de mal en peor.

—¿Qué te dice esa voz?

—Nada en particular. Me avisa de cosas que van a suceder, ¡y suceden!, pero en otras ocasiones ocurre todo lo contrario de lo que me indica. Así que desconfío absolutamente de ella. Es amable. Me asombra el hecho de que guarde un silencio obstinado cuando sufro o cuando pregunto.

—¿Cuando sufres?

—Sí, cuando me encuentro en un pozo negro que no sé de dónde sale. Estoy bien y de repente me encuentro en el pozo. O al revés.

—Bueno, Hugo, vamos a ir por partes. Además de eso que me cuentas, ¿hay algo más?

—¿Te parece poco?

—No, no me parece poco —dijo Diana—. Pero es importante para mí conocer toda la situación. No quiero sorpresas.

—Sí, hay algo más. Sueño que salgo de mi cuerpo. Una vez creía ir al baño a media noche. Me sentí raro y me volví hacia la cama. Me horroricé. Yo estaba allí, profundamente dormido. Pensé que estaba muerto y me dio pavor. Quise moverme y no pude hacerlo durante un buen rato hasta que me di cuenta de que lo que me contenía y flotaba no respondía al movimiento por la acción, sino por el pensamiento y la intención porque pensé, «voy a ir hacia allí ahora» y ocurrió instantáneamente. Tenía que pensarlo, desearlo y sucedía. Deseé con toda la fuerza de mi miedo volver al lugar del que había salido. Retorné a la cama al instante y caí en ella como si hubiera estado suspendido cinco centímetros por encima del colchón, con un golpe seco. La angustia no me dejaba respirar y un sudor frío empapaba mi cuerpo. Lo pasé fatal.

—¿Te ha ocurrido más veces? ¿Sigues experimentando ese fenómeno?

—¡No, gracias a Dios! Podría hacerlo, pero he aprendido a abortarlo. Yo quiero ser una persona normal —casi gritó Hugo—. No quiero truquitos de gente rara en mi vida.

—Ya veo... Estaría bien que dejaras de utilizar esos conceptos absolutos que tienen la virtud de encerrar las situaciones, vivencias y comportamientos en categorías difíciles de manejar. Bueno y malo. Normal y anormal. Loco y cuerdo... Será más fácil si solo describes los hechos. ¿Qué más hay?

—Hummm —Hugo dudó y se mantuvo pensando despacio lo que quería decir—. Tengo la impresión de que oigo pensar a la gente.

—Ya..., ¿me oyes pensar a mí?

—No, a ti no. Y me extraña, pero no.

—¿Por qué crees tú que no puedes oírme a mí?

—No lo sé, la verdad. No tengo ni idea. Tampoco se produce ese fenómeno el cien por cien de las veces —dijo impacientándose.

—No me oyes pensar porque he vaciado mi mente de cualquier pensamiento, para oírte a ti sin juzgarte. Para solo escucharte y entenderte.

—Ah, ¿cuando no oigo pensar a alguien es porque ha vaciado la mente?

—No siempre. Hay gente que simplemente está bloqueada y no puede pensar. Puede que entonces sientas barullo o no sientas nada.

—¡Sí, es cierto! Hay veces que siento barullo.

—¡Vaya! No vas a estar tan loco, después de todo. ¿Qué más hay, Hugo?

—Estoy en un pozo negro de angustia —dijo él desolado.

Los ojos se le pusieron vidriosos. De nuevo rodaron las lágrimas por sus mejillas.

—¿Qué te duele?

—El alma, Diana —dijo llorando—. Yo no imaginaba que el alma pudiera desgarrarse de ese modo. Es como una desolación. Una negrura desesperada que viene y va.

—¿Que viene y va?

—Sí. Parece que estoy en un pozo profundo y, de repente, dejo de estarlo.

—¿Estás deprimido? ¿Eso quieres decir?

—No es eso exactamente. Nunca he estado deprimido antes pero creo que esto no es depresión. No veo las cosas negras, ni el mundo es horrible, ni insufrible ni insoportable. Tampoco yo me lo parezco. Soy un tío corriente, creo yo.

—Un poco loco pero normal —bromeó Diana.

—Bueno, sí. Cuando estoy con gente desaparece la sensación de dolor anímico, todo se calma y creo recuperar el equilibrio. Es un sentimiento fuerte e intenso, acompañado de la impresión de estar encerrado en un lugar pequeño y oscuro, angustioso, del que no se puede salir. Lloro desesperado porque no puedo aguantar tanto sufrimiento, que viene como de dentro. Por eso busco estar siempre en compañía. Me espanta estar solo. Y lo peor es que busco en mi historia personal y no encuentro ningún motivo para estar en este estado. Quiero pensar que todo esto algún día cesará. Pero va a más.

—¿Qué es lo que va a más?

—Todo va a más. Me parece como que el día a día se me deshace entre las manos. A veces tengo espacios en los que ocurre que ese estado que te describo se va y yo me hago la ilusión de que es para no volver. Pero es una ilusión. Siempre vuelve después de la tregua.

Diana se quedó pensativa. Dirigió una mirada intensa a Hugo. Parecía entrar dentro de él como un bálsamo que curase las heridas. El mensaje que él recibió fue de completa tranquilidad.

—No debes preocuparte Hugo. Ocúpate. Tienes que hacer lo que no estás haciendo y algunas cosas más. Eso es todo.

—¿Que no debo preocuparme? Estoy hecho trizas.

—Estás así porque te resistes con todas tus fuerzas a un proceso que, por otro lado, es natural en el ser humano. Y más en estos tiempos. Estás aplicando la fuerza en la dirección incorrecta. El sufrimiento que te causa está en proporción directa a tu miedo.

—Un proceso... ¿De qué hablas?

—El proceso del desarrollo del Ser Interno. Hay miles de personas ahora pasando por lo mismo que tú. Los humanos están evolucionando y ese desarrollo no es un acto volitivo. No importa que se quiera o no. Se llega a un punto en que ocurre y hay que estar preparados para hacerse cargo de los cambios. Porque todo va a ser diferente, al tiempo que parecerá que se mantiene como estaba. Es una transformación de dentro a fuera. No lo diriges tú, lo manejan tus niveles superiores de conciencia.

–¿Mis niveles superiores de conciencia? ¿De qué me estás hablando? –dijo Hugo mientras pensaba internamente que había ido a ver a otra loca.

–Sí. Tus niveles superiores de conciencia. A través de ellos tomas contacto con tus ancestros, con todos los que han sido antes que tú y con las memorias de sus historias personales que han quedado inscritas en tu ADN. ¿Puedes hacerte una idea de todas las calamidades que han padecido tus antepasados? ¿La cantidad de asuntos sin resolver que ellos han dejado atrás? Eso es lo que tú estás sintiendo y que no puedes asimilar.

»Y es posible que todas esas memorias de dolor entren, a su vez, en resonancia con el sufrimiento del inconsciente colectivo, con el del planeta, y que percibas el dolor de la Humanidad. Cuando hablas con otras personas te distraes y te desconectas, pero cuando te quedas solo vuelves a entrar en resonancia. Y si sufres, eso significa que no te has fortalecido bastante y que todavía estás lleno de miedo. El miedo es la llave que abre la puerta para que este mecanismo se desencadene.

»También puedes estar resonando con tareas inconclusas de tus vidas pasadas. Y percibes todo eso, que de algún modo está presente en tu experiencia, para que puedas solucionarlo. Cerrar viejas cuentas y empezar con algo nuevo.

–Pero eso no está demostrado...

–¿No está demostrado que tú eres el fruto de miles de generaciones que te han precedido? Nadie puede negar eso.

–Eso desde luego que no. Yo no hablaba de eso.

–Ah, ¿no? ¿Pues de qué hablabas?

–Me refería a haber sido en otra ocasión romano o egipcio. Son tonterías. Allá donde miras te encuentras uno que ha sido romano, egipcio, guerrero de la Edad Media o discípulo de Jesús. Y si no es Jesús es San Pedro, María Magdalena o la Virgen María. Lo oigo a todas horas.

–Bueno, cada uno de esos personajes representa un nivel de frecuencia vibratoria, por lo tanto un determinado nivel de desarrollo. Cuando alcanzamos ese nivel de vibración podemos percibirlo y, tal vez erróneamente, interpretarlo como que hemos sido ese personaje. Pero si no lo fuimos, al menos puede querer decir que hemos alcanzado ese nivel. Tampoco estaría mal. Tú tienes millones de datos codificados en tu ADN esperando a ser descifrados. Cuando los vayas descodificando, crecerás como humano.

–Podría ir creciendo con lo que yo fuera aprendiendo, sin llevarme sustos de muerte con estos cambios brutales.

–¿Vas a despreciar el esfuerzo que miles de personas han hecho a lo largo de los siglos para que tú puedas ser quien eres en el siglo XXI? Si ellos no hubiesen hecho ese trabajo, si no se hubieran sacrificado por ti y por mí, seguiríamos en la Prehistoria, sin comprender nada de nada.

–No sería para tanto, creo yo. Y tampoco comprendemos mucho...

–Pues parece que crees mal. Aprender es una oportunidad extraordinaria. Un don que Dios otorga a todas las criaturas vivientes, pero especialmente al ser humano. Hemos desarrollado el intelecto enormemente a lo largo de los siglos y el cuerpo emocional también. La mente práctica y las emociones básicas. Pero eso se ha conseguido con la experiencia, a veces dura y terrible, de millones de criaturas. Una generación detrás de otra se ha entregado a lo largo de los milenios para conseguirlo. Lucha tras lucha, muerte tras muerte, dolor tras dolor. Los humanos han soportado lo insoportable. Lo han hecho de todas las formas posibles diferentes razas, en todos los ambientes, en todas las culturas, en múltiples tradiciones para, entre todos, dar un paso adelante en firme.

–Tengo la impresión, Diana, de que no hemos avanzado mucho.

–Afirmas eso porque en realidad no sabes lo que dices. Aunque no lo parezca hemos avanzado mucho. Y ahora estamos con los síntomas del crecimiento. Cuando un niño va a crecer le duele el cuerpo, le da fiebre, se enferma… Luego se levanta de la cama más alto y más fuerte. Lo mismo le está pasando a la Humanidad.

—Esa está aún peor que yo Diana. No me lo niegues.

—Tiene que ascender. Será su forma de avanzar y mostrar su desarrollo.

—Ya estamos con lo de la ascensión. Todos con la misma cantinela. ¿Vamos a cambiar de dimensión o qué? ¿Vamos a desaparecer? ¿Se va a ir todo al garete?

—De dimensión interna sí vamos a cambiar. Estamos elevando nuestro nivel de comprensión y de conciencia. Es algo que hacemos entre todos, incluidos los que parece que no hacen nada o que, directamente, están estorbando. Todos. Y no están estorbando. Hacen su parte del trabajo aunque nos resulte difícil de entender.

—¡Dios mío! Parece que me hablas de otro mundo, Diana. ¿Se trata de eso? ¿Me estás explicando las leyes imperantes en otro espacio, en otro tiempo, entre otra gente?

—No Hugo. Te hablo de ti. Y de mí. Y de tu planeta que es el mío, de ése que han creado los millones y millones de seres que han pasado, pasan y pasarán por él.

VII. Esmeralda

Esmeralda estaba de los nervios. Hoy más que nunca. Caminaba por la calle como una autómata, moviendo a derecha e izquierda su esbelto cuerpo para no tropezar, ni rozar siguiera, a los otros viandantes. El centro de Madrid estaba abarrotado. Se encontraban en los días previos a la Navidad y no se podía dar un paso sin tropezar con alguien.

La gente se volvía para mirarla con admiración. Un cuerpo espléndido y un caminar poderoso y elegante. Su rostro anguloso no se podía decir que fuera precioso, pero sí muy interesante. Su ascendencia brasileña hacía que se desprendiera de ella un halo de sensualidad que sorprendía a todo el que se la cruzaba por la calle. A pesar de estar casi al final de diciembre y de que estaba atardeciendo, llevaba puestas las gafas de sol. Así podía llorar a gusto mientras decidía qué hacer con su corta e intensa vida de poco más de treinta años.

Lloraba de rabia. ¿Por qué quería a un hombre como Mario? Un indeciso patológico. ¡Con la cantidad de candidatos que había en el mundo! Se conocieron en la universidad y en seguida se hicieron amigos. La amistad fue fácil porque él era encantador y la hacía reír muchísimo, la mimaba, la cuidaba y se ayudaban mutuamente con los estudios. A los dos años se dieron cuenta de que eran el uno para el otro e iniciaron una relación más seria. Y ahí empezaron las dificultades.

Mario era inteligente, inteligentísimo y sensible, pero ella tenía la impresión de que le daba terror tomar decisiones y dar órdenes. Habían discutido esa tarde como tantas. Siempre por lo mismo. Ella quería irse a vivir con él. Mejor dicho, que él se fuera a su casa. Pero él no daba el paso. Vivía con su madre, viuda, y temía dejarla sola. La madre estaba agarrada al hijo como una lapa. Era el único soltero de los cuatro que había tenido y le daba miedo quedarse sola después de enviudar. Y a él le angustiaba que le ocurriera una desgracia si él se iba. No podría reponerse de la culpa. Mario le propuso que se fuera con él a la casa de su madre, que era muy grande y había sitio de sobra para todos. Pero compartir piso los tres juntos era impensable, por ahí no iba a pasar.

¡Qué desperdicio, Dios mío! Tantas capacidades que Dios le había dado y se encontraba atascada en una historia que parecía no tener salida. Había llegado el momento de tomar una decisión. La vida es muy compleja y el que se arriesga tiene la sartén por el mango. Eso era lo que siempre le decía su madre, que sabía muchísimo de eso porque su poder de actuar con firmeza la había salvado. Y eso es lo que estaba haciendo. Había llegado a la conclusión de que era mejor tirarlo todo por la borda, el trabajo y la relación con Mario. Ya estaba hasta el último pelo de tantas dudas y vacilaciones.

Su madre y ella llevaban luchando la una contra la otra desde que tenía memoria. Ser la hija de una niña de trece años no es lo más sencillo del mundo. A esa edad una quiere ir a la escuela, jugar con muñecas, empezar a pensar en los chicos, hacer tonterías con las amigas y no tener responsabilidades. Lo podía comprender muy bien. La carga de su madre había sido enorme. Pero la suya no lo había sido menos.

Tuvo que pelear por la vida desde que estaba en el vientre de su madre. Se encontraba a punto del hartazgo. Por un lado era consciente de que en esa lucha se estaba fortaleciendo. Había entendido cosas muy importantes sobre la existencia en este planeta que ahora ya no recordaba. Por otro, quería descansar de una vez de tanta batalla. Sabía que era una gran mujer. Tenía memoria fotográfica y una inteligencia penetrante, sutil e intuitiva, que era la envidia de todos aquellos con los que había compartido aula de estudios. Sus profesores le decían siempre que podría estudiar lo que quisiera pero no contaban con el empeño de su madre de que su vida discurriera por otros derroteros. Le costó muchísimo esfuerzo conseguirlo.

Su historia no había sido convencional en nada. Empezó con los peores presagios y todo parecía apuntar a que, si estaba empezando mal, iba a terminar peor. El acontecer de las mujeres de su familia era una sucesión de experiencias dramáticas y alienantes. Su madre se lo había dicho muchas veces. «Tú, Esmeralda, te tendrás que aguantar con lo que te toque, que no va a ser mucho porque no tenemos nada. ¿Crees que eres hija de una reina?» No, sabía que no era la hija de una reina. Pero aunque su madre no fuera reina, a ella se lo parecía. Era muy guapa.

Esmeralda sabía lo que quería. Seguiría a su Guía interna para no desviarse del camino. Tenía un trabajo que hacer y pensaba llevarlo a cabo por encima de todo. Una parte consistía en llegar a crear una familia. Tener su casa, su marido y sus hijos. Un hogar donde brillaran el amor y el respeto, que es lo que a ella le había faltado. Eso era parte de los nuevos modelos que el género humano, o una parte de él, estaba modelando para la Nueva Humanidad. Ella lo haría. Había sentido a Mario como su compañero, no le cabía duda, pero se topaba con un muro cada vez que intentaba que la relación prosperase.

Lahurt se lo había dicho antes de irse y dejarla bajo la guía de Vannet. «No pierdas de vista lo importante. Busca siempre las respuestas en tu interior porque lo que vas a ver fuera puede confundirte». Y eso es lo que había hecho mientras afrontaba las dificultades que se le iban presentando. Tenía que tener cuidado. Apenas recordaba a Lahurt y Vannet se estaba desvaneciendo. Ellos la habían avisado. «Te quedará la Guía interna pero pensarás que estás sola. Sé fuerte y sigue siempre adelante».

No conoció a su padre y hasta bien mayor no se enteró de las circunstancias que rodearon su nacimiento. Nunca hubo en su casa para ella una figura paterna o materna convencionales.

Miguel había sido lo más parecido a un padre que había llegado a experimentar. A partir de desaparecer él de su existencia, todo fue un caos.

No quería pensar más en eso. Lo veía todo muy complicado y se daba cuenta de que tenía otras cosas que le preocupaban. Era necesario ocuparse de su relación con Mario, por ejemplo. Hoy por hoy parecía destruida. Aniquilada. Pero en su interior algo le decía que aún no había acabado y que tenía que buscar la solución correcta. Dar el asunto por terminado no parecía ser lo que convenía. Se podían explorar otras vías que les condujesen a terrenos menos ásperos.

Se fue calmando poco a poco. En lugar de caminar precipitadamente por las calles entró en una cafetería agradable y recoleta. Encontró, de milagro porque estaba atestada a esa hora de la tarde, una pequeña mesa al lado de un gran ventanal que daba a la calle. Desde ese lugar se veía a la gente caminar apresuradamente y también un pequeño espacio de tierra rodeado de un seto, con juegos infantiles. Necesitaba pensar. Buscar soluciones creativas. Pidió un café con leche y un croissant para justificar que había ocupado una mesa estando todo tan lleno. Imaginó a Mario sentado enfrente, mirándola. No tenía que gritarle, ni forzarle, ni empujarle. Todo eso lo haría retroceder. La última discusión que habían tenido había pasado a mayores, hasta que ella le dijo, «se acabó». Pero ella no deseaba bajo ningún concepto que se acabara nada.

En ese momento observó a dos madres acompañadas de sus hijos, de cuatro o cinco años, sentadas en un banco del pequeño jardín con muchas bolsas y paquetes. Uno de los críos se dirigió a uno de los juegos infantiles, donde había varias filas de varillas de hierro en las que se ensartaban cuadrados de madera giratorios con letras en las cuatro caras frontales. El niño comenzó a jugar dando manotazos y haciéndolos girar rápidamente. Después de golpearlos unas cuantas veces a lo loco volvió junto a su madre. En ese momento Esmeralda leyó la palabra que se había compuesto cuando los cuadrados dejaron de girar. Decía: H-A-B-L-A-R. ¿Hablar? Se quedó perpleja. ¿Cómo se podía haber formado esa palabra si el niño había dado manotazos a tontas y a locas? ¿Era un mensaje? ¿De quién? ¿Con quién tenía que hablar? ¿Con Mario? Mientras buscaba la respuesta el niño volvió al juego, manoteó de nuevo arbitrariamente y con toda rapidez los cuadrados, mientras su madre le gritaba impaciente, «Álvaro, Álvaro, ven inmediatamente aquí. Me tienes loca». Tomó al niño de la mano dando un tirón y se lo llevó de allí cargando todos sus paquetes. En ese momento Esmeralda volvió a mirar, y nuevamente había algo escrito: M-A-D-R-E. ¿Madre? ¿Se estaba volviendo loca o qué? ¿Tenía que hablar con la suya o con la de Mario? ¿Con la Madre Divina? ¿Con quién?

Ante ella apareció al instante la imagen de Paula. Imaginó que sonreía de medio lado, como si estuviera satisfecha con el cariz que estaban tomando las cosas. Creyó oír que le susurraba, «lo siento, lo estás perdiendo. Yo conozco muy bien a mi hijo, lo comprendo mejor que nadie en este mundo. Sé cómo sostenerlo y apoyarlo. Darle valor para afrontar las cosas. Será difícil que me dé la espalda. Porque yo sé cómo hacerle feliz».

Solo con pensar eso se le descompuso el cuerpo. Un profundo malestar se adueñó de ella y le pareció que ante una actitud tan cínica no se sentía preparada para hacer algo de provecho. ¿Era una intuición o una presuposición? ¿Se lo estaba inventando? «¡Te lo estás inventando!», se dijo. «¡Si te lo inventas estás acusando injustamente a una persona!» ¿O no era una invención? «Estoy bloqueada, –pensó– no voy a saber cómo resolver esto». Decidió no precipitarse, dejar la mente en blanco y sosegarse. Miró la calle, miró a la gente, se fijó en cosas intranscendentes, como el color de los abrigos o la forma de los zapatos. Dejó que pasara el tiempo. Volvió a asombrarse ante la última palabra escrita en el juego infantil que permanecía allí, las dos sílabas separadas por un espacio en blanco, mirándola desde la calle. Entonces comprendió lo que tenía que hacer. Iría a hablar con la madre de Mario. Pondría las cartas sobre la mesa porque si no, podía entrar en el juego de las suposiciones infundadas. Se presentaría en su casa, sin previo aviso. Eso es lo que haría, en ese mismo instante.

Ilustración 3. La familia de Esmeralda

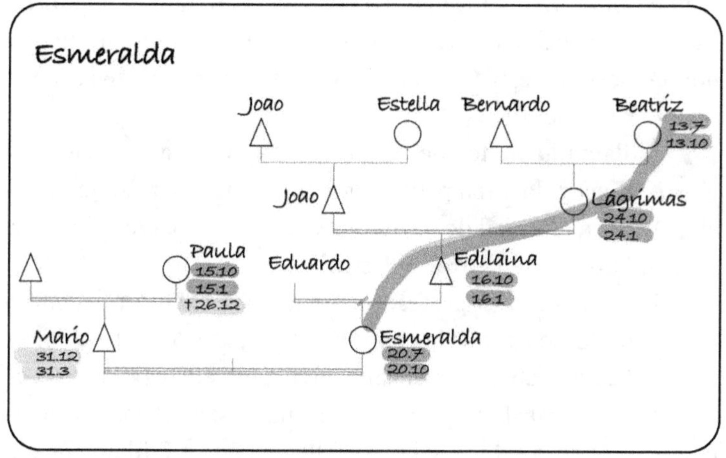

VIII. Esmeralda y la familia de Esmeralda

Esmeralda había sufrido desde el mismo momento en que se intentó acomodar en el vientre de su madre, cuando ésta tenía tan solo trece años. Sí, trece años. Y un juncal y voluptuoso cuerpo moreno, de caderas y pechos bien torneados, propios de una mujer de dieciocho. Los ojos, de un color verde esmeralda que su hija había heredado y eran la razón de su nombre, estaban enmarcados por un cabello abundante, brillante, suavemente ondulado, que despedía destellos rojizos con la caricia del sol.

Una belleza. Edilaina era una auténtica preciosidad. Lo decía todo el mundo. Demasiado bonita para ser tan rematadamente pobre. Acabaría mal, como puta o amante de algún ricachón. Así suelen acabar las mujeres hermosas que no tienen dónde caerse muertas. Y ella no tenía nada de nada, aparte de la belleza y la juventud.

Edilaina había tenido la oportunidad de ir a la escuela en el país de acogida de su padre, algo impensable para su madre o su abuela en el Brasil de los tiempos que les había tocado vivir. Pero ahí mismo comenzó su desdicha.

Don Eduardo, el profesor de matemáticas, tutor del curso y director del colegio, se la comía con los ojos en cuanto ponía el pie en el aula. Hablaba, enseñaba, vivía para ella y por ella, acosado por su devastadora locura. Un día desgraciado, sin saber cómo hacer para estar a solas con ella, le pidió a Edilaina que lo esperara después de la clase para hablar de la nota de su último examen, que no había ido bien. Cuando todos los demás hubieron salido, el profesor comenzó a preguntarle cuáles eran sus problemas y dónde estaban sus dificultades. Mientras hablaban el colegio se fue quedando vacío. José, el bedel, tocó ligeramente la puerta para que Don Eduardo supiera que él se iba, que no había nadie salvo ellos y que tendría que cerrar las puertas. A José le gustaba dejarlo todo cerrado y asegurado, pero ya no podía esperar más. Le aguardaban en su casa para tareas urgentes. «No hay problema –dijo el director–, yo me encargo».

Alcanzaron a oír el sonido de la puerta principal al cerrarse. Edilaina percibió en ese momento algo que la hizo sentir rara. Comenzó a inquietarse. Algo no iba bien. No había terminado de pensar esto cuando Don Eduardo se precipitó sobre ella y la abrazó frenéticamente hasta hacerle daño. Los labios de él buscaron su boca en un beso desordenado y lascivo. Sintió repugnancia. A ella le parecía un viejo aunque él tenía únicamente 30 años. El profesor la besaba con ansia mientras repetía como un loco, «¡solo serás para mí!, ¡solo serás para mí!» Una y otra vez.

Después de que el hombre le arrancara la ropa como un salvaje, allí mismo, aullando como poseído, la penetró una y otra vez hasta que un compasivo desmayo se llevó su consciencia de este mundo. Perdió el conocimiento al mismo tiempo que Don Eduardo le aniquilaba la inocencia, la virginidad y la posibilidad de vivir de un modo diferente del que le iba a tocar en suerte después de su despreciable agresión.

Cuando volvió en sí estaba sola, herida, desnuda y tirada en medio de la nada, apenas protegida por una ligera manta raída y polvorienta. No recordaba cómo había llegado hasta allí ni cuándo. Era noche cerrada. El frío del recién estrenado otoño, aunque no era helador, había entumecido sus músculos ya maltrechos por la paliza y la agresión. Quiso moverse. No lo consiguió. Le dolía todo el cuerpo de una forma atroz, como si la hubieran apaleado con una maza. Una sensación indescriptible en los genitales, como si la atravesara un hierro candente, la hizo plegarse poco a poco sobre sí hasta alcanzar la posición fetal en un intento tardío e inútil de protegerlos un poco. Salvo por ese pequeño y trabajoso movimiento, le parecía que estaba muerta. Tal vez estaba muerta o muriéndose. Su cabeza estaba embotada, hueca, no podía pensar ni sentir nada que no fuera aquel dolor, ni siquiera podía llorar.

Se abandonó sobre la tierra seca y áspera. Un sopor profundo que le pareció de muerte la invadió. «Mejor así –pensó–, morirse es la solución. Puede que dentro de un rato me encuentre en un lugar menos miserable que este». Todo era horrible en ese momento. Prefería morirse. Lo real comenzó a desvanecerse. Imágenes de mujeres desconocidas desfilaban ante sus ojos vertiginosamente y una pregunta quedó suspendida en un rincón de su conciencia. Pero... ¿habría que volver a empezar todo desde el principio? ¿De dónde salía esa pregunta? ¿Quién la hacía? Casi no había terminado de formularla cuando el desmayo la volvió a sacar de esta realidad.

Flotó sin norte. Sin dirección. Estaba sola. No percibía sonidos ni sensaciones. Se sintió aspirada de golpe hacia arriba, o eso le pareció. A su alrededor se movía ondulante un elástico y brillante cordón de plata. Comprendió que atravesaba el universo. Había estrellas y planetas. Y gentes de diferentes tamaños y formas. Oyó cómo alguien hablaba en una lengua que no podía comprender. Subía y subía hasta que llegó a un espacio completamente blanco. Todo era blanco allí. Una sensación de pura tranquili.... Se interrumpió porque le daba la impresión de que tiraban de ella para obligarla a deshacer el camino andado. Descendió vertiginosamente mientras gritaba sin poder emitir sonido alguno, «¡no!, ¡no!» De nuevo todo se hizo oscuridad.

Se oían voces lejanas, pasos precipitados, el jadeo de un animal. Sí, jadeaba un perro. Alguien muy nervioso daba indicaciones a otros para que pudiesen dar con un lugar difícil de encontrar. «Creo que está muerta», oyó como desde muy lejos. Le pareció percibir el ruido de un golpeteo rítmico, como de aire que llegaba a presión y escapaba sibilante por un tubo estrecho. Fue pasando el tiempo y se dio cuenta de que ese sonido se producía en su propia cabeza. Era el ritmo de su pulso sanguíneo. La luz penetraba apenas por dos pequeñísimas ranuras situadas ante ella. Eran sus párpados tratando de abrirse pero algo se lo impedía. «¡Está viva! ¡Está viva!» dijeron.

Una mano compasiva alivió su angustia y la hinchazón de su cara pasándole un paño ligeramente húmedo y vertiendo unas gotas de líquido sobre sus labios tumefactos. «¡Dejadme ir, dejadme ir!», gritó ella mentalmente sin acertar a que el sonido saliera de su boca. Todo se volvió azul. Un azul eléctrico intenso la rodeaba. No sentía el cuerpo.

En ese espacio azul vio que estaba su madre, Lágrimas «¡Vaya con el nombre!», le dio tiempo a exclamar, mientras su progenitora la miraba con sus inmensos y tristes ojos. «¿Cómo puedo estar viendo a mamá si está muerta? ¡Murió hace ocho años!», se extrañó. Lágrimas lloraba con desconsuelo. «Creí, mi pequeña, que tú ibas a librarte», dijo entre sollozos. «Mamá, mamá, ayúdame, llévame contigo», dijo Edilaina... y el azul se volvió definitivamente negro.

Joao, el padre de Edilaina, había salido de Brasil, su país natal, ocho años antes cuando la niña tenía solo cinco. Huía de la miseria y la desesperación. Su mujer, Lágrimas, se le acababa de morir de un infarto con tan solo veintiséis años, después de haber derramado muchas más lágrimas que la virgen de su nombre. No pudo soportar el lastre de tantas penas en el alma.

Beatriz, la madre de Lágrimas, le puso ese nombre cuando decidió en el último minuto dejarla vivir. Tenía la edad maldita de las mujeres de la línea materna de Esmeralda, trece años, cuando concibió a Lágrimas. Pensó en deshacerse del bebé; estaba decidida porque se había criado prácticamente en la calle y su hijo tendría que hacer lo mismo. No quería someterlo a un destino tan miserable. Cambió de opinión el día que oyó a un niño de la calle cantar como un ruiseñor. Se quedó absorta escuchando la armonía de su voz, su melodiosa sonoridad y pensó que tal vez llevaba en su vientre a alguien con un don que le podría permitir sobresalir entre los demás. ¿Cómo saberlo? Tendría que arriesgarse. Los dos tendrían que hacerlo. Habló con su bebé y le explicó detenidamente su decisión.

–Si eres varón te llamaré Dolor y si eres mujer te llamaré Lágrimas. Puede que Dios te haya dotado de un don fuera de lo ordinario, algo que conmueva al mundo o a otros seres humanos y yo no soy nadie para negarte una oportunidad. Voy a poder ayudarte poco. No tengo nada. Será mejor que te prepares desde este momento para salir adelante como puedas.

Cuando nació el bebé resultó ser niña y la llamó Lágrimas. No se apreciaba que poseyera un don especial. Su madre se fue convenciendo de ello poco a poco y aceptó que había traído al mundo un bebé corriente. La fue criando como pudo y en cuanto la niña fue capaz de andar con un poco de desenvoltura pasaba horas en la calle, como había hecho su madre, mientras Beatriz se buscaba la vida a salto de mata. Lágrimas tenía que pedir dinero a los que pasaban; cuanto mejor aspecto tuvieran mejor. Su madre le explicó que no era necesario decir nada, solo poner cara de hambre y extender la mano.

Cuando comenzó a hablar, Lágrimas desarrolló una curiosa habilidad. Llamaba a cada persona por su nombre de pila sin que nadie se lo hubiera dicho ni ella lo hubiera oído antes. Y nunca se equivocó. El impacto que causaba en el interpelado era tal que casi ninguno se resistía a darle unas monedas, con lo que Beatriz tuvo dos satisfacciones: que Lágrimas poseyera un don extraordinario por el que había merecido la pena salvarle la vida y conseguir algo de dinero extra con el que remediar su miseria.

Misteriosamente y a los ocho años, el don de Lágrimas desapareció lo mismo que había venido, de pronto y sin avisar. Pero para entonces Beatriz había aprendido a estar orgullosa de ella misma por tomar decisiones acertadas, y de Lágrimas por poseer un don.

Hasta ese momento la niña no había hecho honor a su nombre. Su calvario empezó a los nueve años, cuando Beatriz tenía veinte y un novio que le daba unas palizas de muerte y abusaba de la hija. La madre se dio cuenta de lo que pasaba pero pensó que dejándole hacer evitaría los golpes porque un día, se dijo, iba a matarla. Lágrimas aguantó hasta que conoció a Joao. A los once años y medio, un día en que el novio de su madre la fue a buscar a su cama, se plantó delante de él con un cuchillo de cocina más grande que ella en la mano y sin pensárselo dos veces le dijo: «si me tocas te rajo como a un pescado, de arriba a abajo». Lo dijo con tal determinación que el hombre salió del cuarto jurando vengarse. No tuvo ocasión, porque Lágrimas se fue de su casa para siempre en compañía de Joao, del que no se separó hasta que se fue al otro lado del velo para no volver.

Se tuvo que ir sola un radiante día de primavera. Bueno, sola no, la acompañó el hijo que gestaba en su vientre. Dejó atrás a los otros cinco que Joao y ella habían tenido desde que se fueron a vivir juntos y tres que parió muertos. A los doce años él la hizo suya, sin pedirle permiso a nadie. Subieron juntos las escaleras del cielo durante tres meses, hasta el momento en que a Lágrimas no le volvió a aparecer el periodo que acababa de estrenar tres meses atrás, precisamente. Estaba embarazada.

A partir de ese momento todo fue una cadena de sinsabores. Estaban en la miseria. Él tenía solamente dieciséis años, cuatro más que su mujer y poco que ofrecer para ganarse la vida y subsistir en el barrio de favelas donde estaba su vivienda. El mismo que había dado cobijo a los padres de ambos. A través de un amigo encontró un trabajo de limpiacoches. Eso les permitió alquilar un pequeño espacio con el suelo de tierra apisonada, con paredes de algo un poco más consistente que el cartón y tejado de hojalata.

Bernardo, el fiel amigo de Joao desde que tenía memoria, dejó que lo acompañara en su carricoche de tres ruedas con el que recogía cajas vacías y lo que se encontrara, patrullando la ciudad de día y de noche. Así él podría ir haciéndose con lo que otros abandonaban en plena calle. Un colchón derrengado, un somier viejo, una cómoda a la que le faltaba una pata, una mesa y unas sillas destruidas que habría que arreglar. Vasos, cubiertos, platos de diferentes formas y colores. Ollas y sartenes abrasadas por el uso y otros múltiples y diferentes cachivaches. Entre estos había un cuadro del Sagrado Corazón de Jesús, moldeado en latón, con una mano que sobresalía en gesto de bendecir que Joao se llevó porque el Cristo no estuviera tirado a la intemperie. Con eso intentaron pensar que tenían un hogar.

Edilaina no sabía dónde se encontraba, todo estaba negro. Ningún ruido de nuevo. Ninguna voz. «Me da lo mismo», se dijo. Recordaba haber visto antes todo blanco. Ahora negro. Era un juego de su mente, seguro. El fruto del terror que había pasado. No tenía miedo, ahora que había decidido que morirse era lo mejor. Esperó pacientemente. Imaginó que la muerte era no pensar, no sentir, no desear y desaparecer para siempre. Y estaba pensando, aunque no sentía el cuerpo. Ése ya lo había dejado atrás, seguro. Y esperó.

Comenzó a ver un punto luminoso. Eso es lo que le pareció, un pequeño punto de luz. Deseó acercarse y, sin más dilación, eso que flotaba sin forma y sin consistencia, que le parecía ser ella cuando pensaba, tomaba decisiones o argumentaba pero que había dejado de tener cuerpo, se acercó a lo que brillaba. No era un punto, era una abertura. Detrás todo resplandecía. Vislumbró unas figuras que se movían dentro. Se detuvo, ¿qué era eso? No quería hablar con nadie ni dilatar su desaparición completa de todo lo que significara relacionarse o sentir. Decidió que volvería hacia atrás, hacia la oscuridad silenciosa y compasiva que había dejado a su espalda. No pudo. Avanzaba sin detenerse hacia el resplandor. Alcanzó el umbral y...

Se despertó en la cama de un hospital veinte días más tarde de la brutal agresión. Comenzó a distinguir bultos que se movían y una voz transida de espanto que medio gritaba, «¿quién habrá sido el salvaje que le ha hecho esto a esta pobre niña?» Veía borroso. Estaba yendo de un lado al otro del velo de la vida hacía mucho, mucho tiempo. Una eternidad. Cuando venía a este lado se volvía a ir, espantada de pensar siquiera en pisarlo. Estaba mejor muerta, no lo dudaba. Al otro lado había encontrado quien la comprendía y le explicaba el por qué de las cosas. Bueno, no del todo, porque le repetían insistentemente, «¡tienes que volver!, ¡tienes que volver!», sin darle una razón. «¿Por qué tengo que volver? ¿Para qué? Ya que he dado este paso me quedo aquí».

Había visto a su madre. Había visto a su gente. Había comprendido multitud de cosas con la ayuda de maestros y guías. Los sueños la ayudaron a entender las razones que había para tener que vivir una vida como la suya, más lo que le quedaba. Al parecer estaba buscando su segundo Samadhi, para lo cual había aceptado, tras experimentar el primero, vivir tres vidas como mujer abusada, violada o maltratada hasta poder vivirlo desde el amor. Sin juicio.

Su cabeza estaba creando un espejismo imaginario para sobrevivir, pensó. Porque a ella todo aquello le parecía un sueño, fantástico eso sí, e instructivo. Jamás se lo diría a nadie. De todos modos no iba a tener que preocuparse, porque cada vez que se aproximaba a la realidad, olvidaba todo casi por completo. No quería hacerlo, había entendido cosas que necesitaba recordar, pero no sabía cómo mantener todo eso en su memoria. Intentó recordar la palabra rara, Shama... ¿qué?

De pronto oyó nuevamente, «¡tienes que volver!», ¡tienes que volver! Se lo repitió, esta vez con firmeza, la figura vestida de blanco que la estuvo acompañando de acá para allá las varias veces que fue de un lado a otro, durante su tiempo de coma. «Hay un trabajo muy importante que debes hacer. Es vital. Vas a ser madre y esa niña que llevas en tu seno tiene que nacer a toda costa».

Recuperó definitivamente la conciencia tumbada en la cama del hospital, magullada y dolorida. En principio no recordaba nada. Poco a poco rescató la memoria de su trágica y ordinaria experiencia con Don Eduardo y prácticamente olvidó la extraordinaria vivida al otro lado. Su padre tardó en ir a verla una semana. En el momento en que despertó nadie la acompañaba, estaba sola. Y casi mejor, porque cuando llegó su padre el encuentro no fue suave. Él estaba enfadado por haber sido ella la causa de tanto revuelo y la maldijo ya que, a su entender, solo le daba problemas. Bastante difíciles eran las cosas para él como para que encima fuera ella a complicarlas.

—Eso te pasa por ir provocando. Todas las mujeres son unas putas. Y así acabarás tú —sentenció.

—¿Quién te ha hecho esto? —preguntó Joao.

—Don Eduardo —respondió Edilaina cuando pudo expresarse con alguna claridad. Joao se quedó perplejo.

¿Don Eduardo? —No es posible niña, no sabes lo que dices. Mientes para ocultar la verdad, al verdadero culpable. Eres una rematada mentirosa —le gritó.

A Joao se le hundió el suelo debajo de los pies. Don Eduardo era un hombre de bien. No podía tratarse de él. Él le había proporcionado su puesto de trabajo como arreglatodo y jardinero del colegio en el que Don Eduardo era profesor de matemáticas y director. Un trabajo que le estaba permitiendo vivir con dignidad.

—¡No! Mientes. Te lo vuelvo a decir, eres una mentirosa. —Se giró sobre sus talones y salió de la habitación mientras ella lloraba, consternada y confundida.

Al poco rato volvió a entrar. Se dirigió a su hija con el dedo índice de la mano derecha apuntando directamente a su cara.

—¡Escúchame bien! —dijo—. ¡Ni se te ocurra decírselo a nadie, te lo prohíbo! ¡Te mato a palos si dices una palabra, redomada mentirosa! No sabes quién ha sido y punto. —Y ella nada dijo. Por mucho que le preguntaron no consiguieron oírle el metal de voz. Insistió en que había perdido la memoria por la paliza. Eso dijo. No recordaba nada de nada. Eso es lo que le habían ordenado decir.

Al mes la enviaron a su casa. No se encontraba bien, no podía ni levantarse de la silla sin que el mundo entero diera vueltas a su alrededor. Terminaba vomitando hasta la primera papilla. Se fue quedando delgaducha y desmejorada, sin fuerzas para nada. A los cuatro meses iba de mal en peor. Se dirigió a la iglesia del barrio. Decían que el párroco, Don León, ayudaba a los menesterosos sin preguntar. Había médicos y enfermeras de los servicios de voluntariado que pasaban consulta una vez a la semana, gratuitamente, para los que carecían de recursos económicos. Medio cayéndose fue a ver a Don León. En cuanto él la vio, pidió el apoyo de dos voluntarios para que la ayudasen a llegar al pequeño cuarto que servía de consultorio. Llamaron al doctor Villarreal. Él la tendió en la camilla y la reconoció detenidamente, poniendo sumo cuidado en no lastimarla. Le preguntó y le preguntó. Ella contó la historia de su maltrato sin delatar al autor. Al cabo de media hora el médico le soltó la bomba, «estás embarazada». Le pareció que una maza le golpeaba la cabeza y el alma. Vomitó. Estaba casi de cinco meses. No había vuelta atrás.

Regresó a su casa, tambaleándose. Se pasó tres días llorando, dándole vueltas a cuál sería la forma más sencilla y más rápida de morir. No se le ocurría ninguna que no le diera un miedo atroz más que seguir adelante con el embarazo. Entonces concluyó que lo mejor sería deshacerse del bebé, no importaban los meses de los que estuviera embarazada. Ahora no podía pararse a considerar eso. ¿Cómo iba a decírselo a su padre?

Hizo todo lo que pudo para conseguirlo. Preguntó a las abuelas por las hierbas abortivas, se golpeó el vientre, saltó, corrió, se montó en los coches de choque de las ferias, se introdujo cosas por la vagina. Todo fue inútil. El bebé estaba bien enraizado y decidido a vivir. Tuvo que hablar con su padre. Joao palideció y tragó saliva. En esta ocasión enderezó un poco el trato inhumano que había dado a su hija en el hospital. «Habrá que afrontarlo –dijo entre dientes–. Te ayudaremos entre todos. Somos una familia». Pero tal como lo dijo, Edilaina aceptó la cruda realidad de que iba a estar sola.

Su hermana mayor, Lisa, comentó simplemente que donde cabían seis cabían siete. Había que ser prácticos. Pero también dijo que todos los mayores tenían que trabajar y que tendría que apañárselas sola gran parte del tiempo. La fecha del nacimiento se echó encima y llegó la hora de que recibieran al bebé en el mundo. Fue una niña. Preciosa. Le puso por nombre Esmeralda por el color de los ojos materno y con la esperanza de que lo heredara. Cuando volvió del paritorio con la niña sobre el vientre le dijo, sin abrazarla y sin compasión en la voz mientras la chiquilla la miraba tan intensamente que daba escalofríos:

—¿Para qué has venido aquí? He intentado avisarte de mil maneras. Este sitio es un horror. Tienes que saber que has venido a sufrir; nuestra vida es para salir corriendo, no para quedarse. Vuélvete en cuanto puedas, todavía estás a tiempo.

La criatura hizo caso omiso y por toda respuesta comenzó a reptar sobre el vientre de su madre. Siguiendo un impulso ancestral y primitivo se esforzó hasta alcanzar el rotundo pecho, mientras Edilaina la miraba sin saber qué hacer, ni cómo reaccionar. La bebé succionó fuertemente con los labios y chupó fieramente, sabiendo que en su determinación le iba la vida. Ella recordaba aún para qué había venido, cuál era su propósito. Tenía que conectarse a esta existencia antes de olvidar.

Esa niña nació con la inteligencia de los desheredados y las habilidades de los desposeídos, que saben que su vida o su muerte no le interesa a nadie. Si quieren salir adelante tienen que ser listos y aprender a valerse por sí mismos desde pequeños. Su realidad es tan cruel que el hecho de que un niño muera carece de importancia. Comía con ansia cada vez que tenía ocasión, dormía lo más que podía y lloraba lo justo, no fueran a deshacerse de ella tirándola al vertedero. No sabía lo que era el vertedero pero debía de ser un sitio malo porque los adultos lo decían mucho cuando se quejaban a gritos de los viejos y de los críos. Ella pertenecía al grupo de los pequeños. Tenía que tener cuidado. En su cabeza oía hablar a mamá aunque estuviera callada. Sabía que estaba triste, que se quería morir y que deseaba ardientemente que se muriera ella también para quedarse libre. Quería que sucediera de forma natural y espontánea porque no se atrevía a matarla. Su hija le parecía una carga insoportable.

–Voy a vivir –se dijo Esmeralda–. He venido aquí porque tengo un trabajo importante que hacer. Lo recuerdo perfectamente. Lo veo. Lo siento. Lo voy a llevar a cabo por encima de todo.

A pesar de que ponía toda la fuerza de su intención en gritarlo, se daba cuenta de que su madre no recibía su mensaje. De su boca salían sonidos ininteligibles. No sabía cómo remediar eso. Tenía la idea clara pero no la podía transmitir. De todos modos comprendió que su madre no la habría entendido en ningún caso.

Menos mal que a su lado estaba Lahurt, su Maestro del nivel diez. Él le decía en todo momento qué convenía y qué no. Si no hubiera estado él habría estado perdida. Este nivel de la materia es demasiado complejo y despiadado. Lahurt la tenía bien avisada de las leyes que imperaban en este lugar, salvaje y magnífico al mismo tiempo. Se las recordaba cada día, porque las más importantes eran la ley del Amor y la ley del Olvido.

Ella había nacido con la misión de mantener alerta su memoria y alcanzar a llevar a cabo el trabajo que se le había encomendado, resistiéndose a la ley del Olvido y manteniéndose firme en la ley del Amor. La del Amor era la primera en importancia, en realidad era LA LEY. Entraba dentro de lo posible que olvidara en algún momento este propósito por necesidades del Plan. Sería el tiempo justo y necesario, pero recuperaría después esas memorias. Lahurt se lo había asegurado. Ese tiempo iba a ser duro, pero indispensable. Él estaría con ella hasta los tres años, los más difíciles. Luego, en su momento, vendrían otros a sustituirle para seguir instruyéndola y que el esfuerzo diera su fruto.

Su madre estaba bloqueada. Se lo decía Lahurt. Cuando la miraba podía ver un cerco de color negro a su alrededor, que se hacía más negro aún cuando mamá la miraba de vuelta. En sus ojos, Esmeralda veía la furia y el enfado al mismo tiempo que unos rayos rojos y negros como puñales se desprendían de su cuerpo. Gritaba para que su madre soltara todo eso. Era peligroso. Tenía miedo de que lo que cargaba le hiciera daño. Pero ella no comprendía nada, se enfurecía todavía más y le daba empujones en la cuna mientras decía, «¡niña, cállate ya, no te soporto!» Optó por callar y dormir lo más posible. Parecía que cuando hacía eso, en contra de todo lo esperable, su madre se tranquilizaba. Porque lloraba todo el tiempo mientras decía, «¿qué va a ser de mí?, ¿qué va a ser de mí?»

«Es urgente que aprendas a comunicarte con los mayores —decidió—, antes de que mamá haga un disparate». Lahurt la apremiaba todo el tiempo a que pusiera mucha atención, no era tan difícil. Al año hablaba perfectamente y a los tres había aprendido a leer sola y a escribir como lo haría un niño de seis o siete años. Le hubiera gustado que mamá le diese su aprobación, que admirase su esfuerzo y capacidad, pero eso la tenía sin cuidado.

Tenía otras cosas en las que pensar. Muchas preocupaciones. Lo decía cada vez que tenía ocasión. Nunca pudo volver a la escuela; tenía que cuidarla a ella y, además, el abuelo Joao no la hubiese dejado. Don Eduardo no volvió a dar señales de vida y al año siguiente pidió el traslado y se fue como director a otro colegio. No apareció nunca más ni se interesó de ningún modo por ella. Nadie la ayudó.

En su casa le daban de comer, pero Edilaina tuvo que recurrir a los servicios sociales para conseguir ropa y ayudas para la niña porque carecía absolutamente de recursos económicos. Únicamente su hermano Bernardo le daba algún dinero esporádicamente. Joao decía que mejor que no tuviera dinero porque así se dedicaría completamente a lo que ahora era lo más importante: cuidar de la niña. Con dinero se compraría ropa y zapatos, se arreglaría el pelo y las uñas y volvería locos a los hombres. Entonces le darían dinero por sus favores y se acabaría conformando con ejercer el oficio más viejo del mundo. Con una desgracia ya habían tenido bastante. Joao no estaba dispuesto a eso, aunque se temía lo peor.

Esmeralda fue creciendo y su madre, recuperada de su experiencia traumática y del parto, cada día estaba más bonita. Con dieciséis años era una mujer hecha y derecha. Los hombres la miraban con deseo y recibía constantemente propuestas para salir a comer o ir al cine. Edilaina no las aceptaba porque no pensaba alternar con muertos de hambre, con gente sin oficio ni beneficio que no pudieran sacarla de pobre. De eso ya tenía suficiente. Y en su barrio sabía que no iba a encontrar otro tipo de posibilidades.

Cuando Esmeralda cumplió tres años le concedieron una plaza gratuita en la guardería estatal porque pudieron comprobar que la madre era pobre de solemnidad, menor de edad y soltera, tras haber sido violada de un modo salvaje por un desconocido. A partir de ese momento Edilaina dispuso de unas horas de tiempo libre. La sensación de libertad que tenía debía ser la misma que podía experimentar alguien recién salido de la cárcel después de haber cumplido tres años y un día de condena. Buscó trabajo de inmediato. Pero no tenía muchas posibilidades, la verdad. Tal vez limpiando por horas.

De nuevo recurrió a Don León. Fue a la parroquia para ver si él sabía de alguien que necesitase una asistenta. El cura no conocía a nadie pero la avisaría si le llegaba una solicitud de algún feligrés. A veces recurrían a él buscando personas de confianza. Entretanto visitó las tiendas y los negocios de la zona, dejando avisos para trabajar como empleada a tiempo parcial. Era un asunto complicado porque cuando Esmeralda salía de la guardería tenía que ocuparse de su hija. Pasó un mes sin que ninguno de sus esfuerzos diera resultado.

Al cabo de ese tiempo la llamaron del restaurante Jacobo e Hijos, un local de medio pelo donde se comía buena comida casera, sencilla, pero hecha con cariño por el mismo Jacobo. Sus dos hijos, Leandro y Mauro, servían las comidas y tomaban las comandas. Necesitaban a alguien que lavara los platos a la hora de la comida y de la cena para sustituir a Pepa la Granjera. La llamaban así porque había vivido hasta los veinticinco años en la granja de su padre cuidando de la huerta y los animales. Hasta que un día se puso el mundo por montera y se fue a la ciudad siguiendo a un novio que buscaba nuevos aires y más fortuna. Dejó a su padre, dejó a los animales y el novio la dejó después a ella sin ninguna consideración. Entonces buscó un trabajo para valerse por sí misma y salir adelante. Lo encontró en el restaurante Jacobo e Hijos. Ahora, veinticinco años después, soltera y sin compromiso, volvía a su pueblo para ocuparse de la granja. Su padre había muerto y no había nadie para hacerse cargo de ella.

Joao y la familia se comprometieron a cuidar a Esmeralda por las noches y Edilaina aceptó el puesto. Por fin iba a tener su propio dinero. Comenzó su tarea con entusiasmo, pero pronto sospechó que iba a tener problemas. Los dos hermanos la rondaban. Leandro estaba soltero y Mauro casado y con hijos, pero esa circunstancia no parecía importar demasiado. Mauro la buscaba descaradamente. Hasta que la encontró. Le prometió el oro y el moro, dejar a su familia, tener un piso propio, sacarla del barrio. Pero no hizo nada de eso. La tomaba con frenesí cada vez que tenía ocasión en un pequeño piso que alquiló para poder verla a solas. Perdió la cabeza. La agobiaba. Comenzó a tener celos infundados de todo y de todos, hasta que llegó el primer empujón, la primera bofetada, la primera paliza. Edilaina tuvo el valor de abandonarlo después de dos años de que él empezara a darle aquella mala vida.

Tuvo que dejar también el restaurante Jacobo e Hijos y volvió a iniciar el calvario de buscar trabajo. Esta vez Don León tenía algo para ella. Miguel, uno de los arquitectos que supervisaba las obras de restauración de su parroquia, considerada como un edificio singular, le había dicho que buscaba a alguien para cuidar a su madre, Doña Estrella, que tenía ochenta y cinco años y había perdido la movilidad de las piernas después de haber pasado un mes en el hospital tras un accidente vascular cerebral. Necesitaba una persona que la acompañara todo el día y se ocupase de sus cosas, porque la casa ya disponía de servicio para la limpieza.

Edilaina estaba a punto de cumplir veinte años y Esmeralda tenía casi seis. Si aceptaba ese trabajo no podía irse sin la niña. Su familia no lo consentiría. Así que habló con Don Miguel y le explicó su situación. «No hay problema –le dijo él–, puedes venirte a casa con la cría».

Así lo hizo. Se trasladaron a casa de Don Miguel y Doña Estrella un sofocante lunes del mes de julio. Iban a disponer de dos habitaciones, una para ella y otra para la chiquilla. Se sintió como una reina el día en que visitaba por primera vez su nuevo palacio. Parecía que la suerte cambiaba para ella y que se le iba arreglando todo. Se despidió de la casa de su padre, buscó un nuevo colegio para Esmeralda y se trasladó al hogar de Doña Estrella con sus escasas posesiones materiales.

Se hizo cargo de la señora, que estaba muy delicada, cuidándola con esmero y rogando al cielo que la mantuviera viva la mayor cantidad de tiempo posible. Doña Estrella la adoraba y todo parecía marchar perfectamente hasta que Don Miguel comenzó a cambiar de actitud. Al principio se mantuvo distante, como si las nuevas inquilinas de la casa no le interesaran lo más mínimo. Luego, poco a poco, comenzó a preocuparse por sus problemas y necesidades. Más adelante comenzó a rozar a Edilaina como por accidente, una mano aquí y otra allá. Hasta que llegó el día en que todo se precipitó.

Esperó a que Edilaina acostara a su madre, que la niña estuviera dormida y que ella terminara con los últimos arreglos en la cocina. Cuando pasó por el salón para desearle buenas noches, él le dijo sin más preámbulos: «me vuelves loco, llevo una semana sin dormir, ven aquí». Y se la llevó sigilosamente al dormitorio y le hizo el amor como si se fuera a acabar el mundo. De nuevo estaba Edilaina comprometida en una relación desigual en la que su amante caía fascinado por su apariencia y su sensualidad sin ninguna intención de formalizar la relación ni mucho menos hacerse cargo de ella y de la niña para siempre, que era lo que necesitaba.

A los dos años y medio de estar en la casa murió Doña Estrella. Ya no había razón ante la familia y los amigos de Don Miguel para que siguieran viviendo con él. Tenían que irse. Pero él no quería perderla; su físico incomparable y sus habilidades amatorias lo tenían embrujado. Sin pensárselo dos veces ni considerar las consecuencias, les compró una casita de dos habitaciones, que puso a nombre de Edilaina como regalo por su entrega. La amuebló de forma sencilla pero elegante y en un tiempo récord estaba todo dispuesto para que ellas se trasladaran a vivir allí.

A Edilaina le parecía imposible tener su propia casa y su dinero sin la obligación de dejarse los puños lavando platos o fregando suelos. Don Miguel se hacía cargo de todos los gastos. No tenía problema con el dinero y era generoso. Sus ingresos como arquitecto eran abundantes y había recibido una fortuna de su madre. Edilaina tenía veintitrés años, Esmeralda nueve y Miguel cuarenta. Parecía que disfrutaban de un buen acuerdo conveniente para todos.

Imperceptiblemente al principio, los gustos de Don Miguel en sus relaciones íntimas fueron cambiando. Empezó por morderla hasta hacerle daño y dejar la marca de los dientes sobre la piel o por pellizcarle hasta hacerla sangrar. Nadie veía esas erosiones porque estaba sola en casa, no había peligro. Él fue haciendo sugerencias y proponiendo novedades que terminaban por dejar a Edilaina marcada y maltrecha. No le gustaba nada el cariz que estaban tomando las cosas pero Don Miguel le repetía con insistencia que había que renovarse o morir. Era un suplicio que ella consideró necesario soportar para no perder el sustento.

Así fueron pasando los días durante los siguientes cuatro años hasta que, sin previo aviso, él anunció que se casaba. Edilaina se sintió desfallecer. No tenía que preocuparse, no iba a cambiar nada, explicó Don Miguel, todo seguiría igual. Se iba a celebrar un matrimonio de compromiso, cosas de familia. En principio se podría haber entendido de ese modo pero el asunto marchó luego por otros derroteros. Ya nada volvió a ser igual. Don Miguel empezó a tener hijos y cada vez menos libertad para visitarlas. Le resultaba más y más complicado encontrar tiempo para ellas y daba la impresión de estar muy agobiado y sobrecargado. A Edilaina le preocupaba que él se estuviera cansando de esa situación tan ajetreada o que encontrara en su mujer la complacencia que le faltaba a ella ante la tortura. Pero, por desgracia, al hombre no le dio tiempo para aburrirse de su doble vida ni a ella de comprobar sus sospechas. Un infarto fulminante acabó con él, con el acuerdo entre ambos y con la tranquilidad de madre e hija.

El mundo se le vino encima, ¡qué iba a hacer ahora! Tenía veintiocho años, una niña de catorce y ninguna capacidad para mantener el ritmo de vida que había llevado hasta entonces. A lo largo de los últimos seis años guardó algunos de los recursos de los que había dispuesto, gracias a la generosidad de su amante, pero éstos no durarían mucho. Tenía que espabilarse.

Empezó a relacionarse con diferentes hombres. Le facilitaba mucho las cosas ser bonita y disponer de casa propia. Comenzó con relaciones cortas que mantenía hasta que le había sacado un pellizco al que caía en sus redes para dejarle luego e iniciar otra relación. Terminó por quedar con los hombres en su casa y tener sexo por dinero. Al final la profecía de su padre se había cumplido; Joao se había salido con la suya.

La vida de Esmeralda a partir de ese momento se convirtió en un infierno.

IX. Hugo y Diana II

–A ver Diana, no empecemos... –protestó Hugo.

–¿Qué es lo que quieres?, ¿que te dé una pastilla? ¿Eso es lo que quieres? Entonces has venido al lugar equivocado.

–No, no quiero una pastilla, pero tampoco despegar los pies del suelo. Los pies, bien plantados en la tierra están mejor.

–Cierto –dijo Diana–. Tienes que plantar los pies bien firmes en el suelo y poner la cabeza en el cielo.

–Ya..., ¿y eso qué significa?

–¿Te suena lo de dar a Dios lo que es de Dios y al César lo que es del César? Tienes que esforzarte en comprender tu realidad. Tu realidad no es solo material.

–Pues sí, pero...

–¿Has oído hablar de los «chacras»?

–Sí claro. ¡Cómo no!

–Pues hay un nivel de conciencia que corresponde a cada chacra.

–Por supuesto. Eso lo sé.

–Cada uno de tus cuerpos está conectado a un chacra. Y todos ellos deberían estar conectados entre sí, de forma que la energía fluya de arriba abajo, sin interferencias ni bloqueos. Somos como una matrioska viviente. Una matrioska –aclaró– es una muñequita rusa que lleva dentro otras, hasta siete. ¿Las conoces?

–Las conozco, desde luego.

–Cuando hablamos de los pies nos referimos al cuerpo físico conectado con el primer chacra. Tienen que estar bien plantados en el suelo. Pero tú eres algo más que tu cuerpo físico, ¿estamos de acuerdo, no? En tu coronilla está el séptimo chacra, conectado con los niveles superiores de conciencia; por eso la cabeza debe estar bien conectada con el cielo. Es una forma de hablar. Cielo, lo de arriba, lo divino...

—Sí, estamos de acuerdo.

—Supongo que puedes reconocer sin esfuerzo, aparte de tu cuerpo físico, tu cuerpo mental y el emocional. Con uno actúas, con el otro piensas y con el tercero sientes. ¿Sí o no?

—Sí, eso creo.

—Quiero decir que tu cuerpo mental piensa, pero no puede cambiar por la fuerza ni al emocional ni al físico. El emocional siente, al margen de que el mental quiera o no. Y el físico flaquea o se enferma por mucho que la mente le diga, «¡tira, tira, no te vengas abajo!, ¡no me quiero enfermar, ni morir, ni quedar inútil!» Y de los superiores, los de luz, ya ni hablamos.

—Pues sí, mejor.

—Y cada uno, por decirlo así, tiene sus leyes. Se organizan y funcionan por su cuenta. Lo más normal, por desgracia, es que vayan cada uno por su lado, a su aire. Si tienes suerte, porque puede que se tengan declarada la guerra.

—Yo no creo tenerme declarada la guerra. Para nada. Yo reflexiono y...

—Uhmm, estás muy armónico y te conoces muy bien, ¿no? Debe ser por eso por lo que tienes pánico de lo que ves y te crees que estás loco.

—Eso es diferente —protestó—, eso es una circunstancia anormal.

—Hasta ahora nos hemos hecho cargo, más o menos, de esos niveles que te mencionaba antes, los inferiores, pero los otros, los superiores, es como si no nos pertenecieran. Ignorábamos casi todo de ellos. Era un objetivo inalcanzable, lleno de trampas, que nos causaba terror.

—Pero el hombre siempre ha puesto su mirada en lo superior, en lo divino, en Dios. Todos los pueblos, hasta los más primitivos, tienen sus dioses y sus creencias, su religión —dijo Hugo.

—Sí, cierto —respondió Diana—. Pero todo ese mundo, toda esa espiritualidad venía de fuera. Nuestros cuerpos superiores, los del espíritu, buscaban con ansia ese contacto, esa conexión de cualquier forma a su alcance. El que creía y tenía fe se relacionaba con un Dios al que podía sentir cercano o lejano, lleno de alegría o de enfado, justo, justiciero o injusto directamente. Cada uno tenía su propia visión, muy parecida por cierto a los patrones mentales, el sistema de creencias y las emociones del inconsciente de cada individuo.

—Hombre, no sé, visto así...

—Dios era como un producto de consumo: yo puedo comprar la idea o no comprarla. Si la compro te modelo como a mí me dé la gana, para eso soy yo quien te pienso. Y si te descuidas y me das la lata o me haces la vida muy difícil, no te compro y, entonces, lo siento Dios pero no existes. Lo siento muchísimo pero no puedo permitir que existas. No cabes en mi casa. ¡Fuera!

—Diana, yo creo en Dios.

—No lo dudo. Pero lo que sí parece es que no crees en ti mismo. Y en cualquier caso, ¿en qué Dios crees?

Hugo se quedó pensativo.

—En un Dios todopoderoso, inabarcable, incognoscible, perfecto...

—¿Ama? —preguntó Diana.

—Pues naturalmente que ama. Aunque a veces debe estar distraído, porque mira cómo está el mundo. No sé cómo puede permitir tanta calamidad. Creo en Dios pero no lo comprendo.

—¿No decías que era incognoscible? —arguyó Diana.

—Sí, pero Él es perfecto y tendría que saber hacer las cosas para que le entendiéramos.

—Parece que piensas en un Dios que está fuera de ti. Que ordena y manda y al que hay que aguantarle los caprichos, las veleidades y las tonterías que se le ocurren para entretenerse, ¿no?

—Tanto como eso no, pero cuando se mira lo que pasa alrededor, ésa es a veces la impresión.

—¿Tú amas? —le preguntó de improviso ella.

—Naturalmente.

—¿Seguro? Amar es no juzgar a nadie ni juzgarte a ti. Nunca. Es respetarte, considerarte, valorarte, apoyarte. Así es como ama Dios. Dios es amor.

—Pues la verdad, a veces no lo parece. Quiero decir, que nos ame de ese modo.

—No te lo parece a ti, que juzgas y que no amas.

—No te entiendo Diana.

—Ya veo.

—¡Yo me amo! Por supuesto —protestó Hugo—. Me preocupo de mí todo el rato y...

—Preocuparse no es amar, Hugo. Hablo de respeto y aceptación.

Se quedaron callados. Pensativos. Diana rompió el silencio y dijo:

—Si tú amaras incondicionalmente a toda criatura viviente, ¿dañarías a alguien a propósito?

—No, de ninguna manera.

—Si todos, absolutamente todos los seres humanos, amaran incondicionalmente a toda criatura viviente, ¿harían daño a alguien a propósito?

—No. Pero no entiendo...

—Luego la falta de amor no está en Dios, está en nosotros. ¿No crees? Por eso existen esos disparates.

Hugo se quedó pensando y finalmente dijo:

—Pues sí..., seguro. Eso parece cristalino.

X. Mario

Mario no sabía ni a dónde dirigirse. Caminaba erguido, con la cabeza alta, como si supiera dónde quería ir. En realidad no tenía ni idea. Le pasaba en este momento lo mismo de siempre. Era alguien encantador para todo el mundo pero había algo que a él, personalmente, le amargaba la vida. La presión de tener que decidir lo agobiaba. Cualquier pequeña cosa se convertía en una compleja encrucijada. Parecía saber lo que quería hasta el momento en que tenía que tirar para adelante y dar el primer paso. Entonces, un enorme abanico de posibilidades se abría ante sus ojos, acompañado del terror de equivocarse de opción. Nunca llegaban a su mente situaciones positivas y agradables como resultado de su decisión. Todo lo que imaginaba eran conflictos y catástrofes.

Su vida era un calvario de vacilaciones. Recordaba esa lucha al tener que elegir desde que tenía uso de razón. Su padre y sus hermanos se desesperaban con él. Su madre era la única que parecía comprenderle. Lo apoyaba, decidía y le decía que no tenía que preocuparse, que siempre estaría a su lado para ayudarle a tomar las decisiones que tanto le costaban. Su madre le amaba y nunca lo abandonaría. Y él era «un niño muy bueno y nunca dejaría a mamá solita, ¿verdad?», le repetía en múltiples ocasiones. «Sí —respondía Mario—, nunca te dejaré solita mamá».

Creció con un temor reverencial a quedarse solo y tener que enfrentarse al bullicio desenfrenado de su mente cuando tenía que optar por una única opción. Le agotaba proponiéndole posibilidades contrapuestas y dispares para resolver una misma cosa hasta dejarlo exhausto. Visitó a psicólogos y terapeutas pero no consiguió mucho.

Pasó como pudo la etapa del colegio y tuvo que afrontar el paso por la universidad y la elección de carrera. Llegó a la conclusión, después de mucho esfuerzo y con la inestimable ayuda de su madre, de que para él sería más adecuado un trabajo que pudiera hacer solo, evitando superiores que le exigiesen o subordinados que dependieran de él. Se decidió por la arquitectura y se especializó en el diseño de jardines y espacios exteriores, donde el punto fuerte era su imaginación y su creatividad, de las que estaba bien dotado. No le costó demasiado sacar su carrera adelante con excelentes calificaciones. Disponía de una buena memoria, no le faltaba inteligencia ni capacidad de síntesis, y estaba bien dotado para asimilar los temas más abstractos. No suponía para él ningún problema estudiar cualquier tipo de materia; su conflicto era tomar decisiones que de alguna forma le comprometieran o que pudieran tener consecuencias graves para otros.

Estaba empeñado en controlarlo todo. Sopesar todas las posibilidades sin despreciar ninguna. No transigía con hacer las cosas a la ligera, deprisa y corriendo, porque le invadía la angustia y se veía literalmente en el borde de un abismo sin fondo en el que cualquier paso era un presagio de catástrofe para él. De esas desgracias que conducen a la muerte de alguien.

Él confiaba en lo que se puede ver y tocar. Para dar un paso adelante necesitaba sentir un suelo firme bajo los pies. No confiaba en la gente que se dejaba guiar en sus acciones por los impulsos alocados de su corazón o de la intuición, impresiones no comprobables que tomaban como un acto de fe.

Ésa era una de las cosas que le preocupaban de Esmeralda. Ella decía ser todo intuición, creía en lo que de repente llegaba a su cabeza y lo ejecutaba sin pensar. Solía tomar las decisiones acertadas a pesar de esa loca precipitación, pero Mario estaba seguro de que era únicamente una cuestión de suerte. Él no era consciente de haber sentido cosas así ni parecidas. No percibía nada que no fuera lo que sus ojos podían ver y su inteligencia medir y clasificar para evitar errores trágicos.

Era escandalosamente patente en Mario su terror a que sus propuestas afectaran trágicamente a otra persona o a él mismo. Ése era su gran problema.

Ilustración 4. La familia de Mario

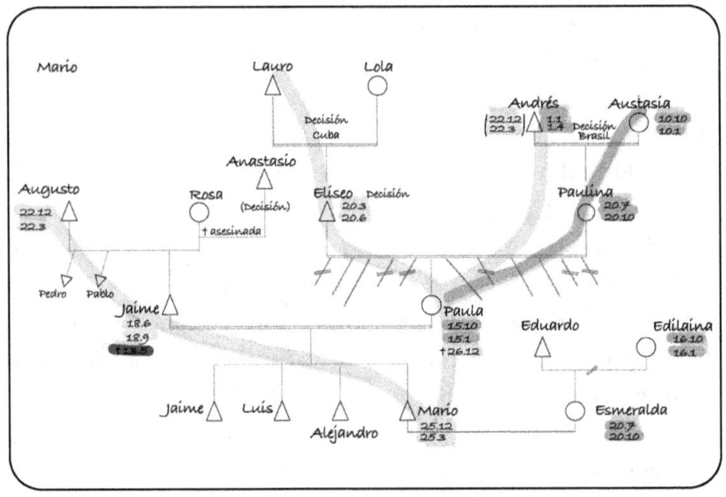

XI. Mario y la familia de Mario

Muchas veces había pensado, cuando la angustia y las pesadillas lo acosaban, en los hombres y en las mujeres de su familia. Todos, los de ambos sexos, tanto por la vía materna como por la paterna, habían soportado pesados fardos. Las desgracias se heredan. Era muy obvio.

Sus padres, Jaime y Paula, habían sido buenos con él, solo que Jaime hacía un poco la vida por su cuenta y Paula se apegaba demasiado a los hijos, todos varones. Especialmente a él, el más pequeño, que parecía que se lo estaba reservando para que le diera el último caldito. En los pueblos de España era tradición, en algunos lugares, que la hija más pequeña se quedase para vestir santos y cuidar a los progenitores hasta su muerte. Aunque esa costumbre ya estaba desapareciendo, su madre aún la tenía muy presente. Pero no tuvo hembras y él era el pequeño.

Paula era exigente y trabajadora. Lo había heredado de Paulina, su madre. Se enorgullecía de haber tenido suerte con los hijos, cuatro varones fuertes y sanos. No había perdido ninguno, ni siquiera se le había malogrado un embarazo. Paulina no corrió la misma suerte. Tuvo doce hijos de los que salieron adelante seis y murieron otros seis. Su vida fue una lucha con los contratiempos y la escasez.

Se casó con el abuelo Eliseo siendo muy joven, nada más volver sus padres, Andrés y Anastasia, de Brasil con ella y sus dos hermanas. Retornaron con el rabo entre las piernas porque consideraron fracasado su intento de hacer fortuna. Allá nacieron las tres chiquillas pero no lograron salir adelante; les engulló el monstruo de la pobreza que les arrebató lo poco que se habían llevado para allá. Les quedaban en el pueblo algunas tierras no aptas para el cultivo que no daban para comer. Llegaron con menos de lo que tenían al partir, con la esperanza de que los socorriera la familia. Pero no los ayudaron tanto como esperaban, por no decir nada.

Paulina conoció a Eliseo en la verbena de San Antonio una tarde de verano en que se acercó a Las Vistillas para celebrar la fiesta del santo, al que si se lo pides bien te busca novio. Pidió uno guapo y que la sacara de pobre. Y conoció a Eliseo, que era lo primero pero que no le podía dar lo segundo. Era igual o más pobre que ella. Eliseo había vivido en Cuba con sus padres, Lauro y Lola, y se habían vuelto a España por las mismas razones que Paulina y los suyos. No lograron salir de la miseria.

A pesar de ese inconveniente, Eliseo y Paulina se enamoraron y decidieron casarse. Tal vez entre los dos podrían hacer algo al respecto. Buscaron una humilde casita en los arrabales de Madrid para vivir y empezaron su aventura juntos después de pasar por el altar. Él era vidriero, un artista, había aprendido el oficio en Cuba. Ella costurera. Trabajaban los dos a destajo y los hijos empezaron a llegar. Tenían ya dos cuando alguien denunció a Eliseo en el Ministerio de la Gobernación.

En aquellos tiempos era obligado hacer el servicio militar y convocaban a filas cuando el mozo llegaba a cierta edad. El año en que la quinta de Eliseo fue convocada, él estaba en Cuba y, cuando volvió a España, se le había pasado la edad aunque era muy joven. El que no se presentaba a filas voluntariamente al volver del extranjero era duramente castigado y una ley exoneraba del servicio militar a aquéllos que denunciasen a los que se habían librado por una circunstancia como ésa u otra parecida. Fueron a buscarlo a su casa y se lo llevaron esposado ante el desconsuelo de su mujer y sus hijos.

Paulina movió Roma con Santiago para conseguir ver al marido. La enviaron de un lugar a otro hasta que llegó a un despacho del gobierno militar en el que le informaron de que su marido había sido deportado al Norte de África para servir al ejército en el conflicto bélico que España mantenía contra Marruecos desde hacía dos años, una guerra cruenta y salvaje. El mundo se le vino encima. Le explicaron que ése era el castigo por deserción. «¡Tengo dos niños pequeños! –protestó Paulina–. ¿Hay algo que se pueda hacer?» Le explicaron que era posible rescatarlo por cien mil reales. Si aportaba esa cantidad, su marido volvería a casa.

Paulina no se arredró. Movilizó a la familia. Ante tal emergencia, sus padres y los de Eliseo se aprestaron a vender lo poco que tenían para rescatar al hijo y yerno. Algunas tierras de los respectivos pueblos podrían servir para el rescate. Antes de irse fuera de España esas tierras no valían nada, pero las cosas estaban cambiando y se usaban como coto de caza para los señores ricos de Madrid. Las vendieron por debajo de su valor debido a la urgencia y Paulina se presentó ante la autoridad competente para reclamar a su marido en un tiempo récord. El funcionario no daba crédito y la miraba con los ojos desorbitados. «¿Cómo ha podido juntar el dinero?» «Con coraje, con mucho coraje», respondió Paulina.

Le preguntó al funcionario qué garantía tenía ella, después de entregar el dinero, de que le devolvieran al marido. Tenía que arriesgarse, le dijeron. Si en el ínterin lo mataban, el dinero no se lo iban a devolver. Y ella asumió el riesgo. Al cabo de treinta días les llegó un aviso y fueron a recibir a Eliseo a la estación de Atocha, toda la familia en procesión, como una *troupe* de gitanos.

A partir de ese momento siguieron llegando hijos, pues no había perdido Eliseo el empuje para engendrarlos, pero sí le habían abandonado la alegría y las ganas de trabajar. Se quedó atascado en la idea de que no merecía la pena esforzarse porque la vida te lo quita todo en un instante sin pedirte permiso. Y, además, que decidiera otro. Él había optado por volver a la península con sus padres y esa decisión casi le costó la vida. Cada día recordaba con espanto la carnicería de esa guerra salvaje en la que los hombres se apuñalaban unos a otros con las bayonetas porque la mayor parte del tiempo no disponían de munición para disparar los rifles y cómo mutilaban a los muertos sin ningún respeto. Era un milagro que hubiera conseguido salir vivo.

Paulina, harta de calamidades y de un marido paralizado por el miedo, llegó a pensar que habría sido mejor dejarlo en el Norte de África defendiendo a la Patria y haber montado algún negocio para dar de comer a los hijos con el dinero que emplearon en rescatarlo. Ella era una luchadora y le habría sacado más partido.

Por el lado de su padre, Jaime, la cosa no había sido más fácil. El abuelo Augusto y la abuela Rosa se habían criado en el campo. Cada uno en un pueblo de la provincia de León y próximos entre sí, donde los fríos y las nieves invernales eran pavorosas y duraban muchos meses. Augusto era terrateniente. Tenía muchas tierras pero no tenía dinero en efectivo ni ganas de hacerlo. No le gustaba trabajar el campo y buscaba jornaleros que sacasen la faena adelante para que los gobernara Rosa. Rosa también tenía tierras heredadas de sus padres pero la misma escasez de liquidez. Cuando se conocieron él tenía treinta y dos años y ella la mitad, dieciséis, pero ya era una mujer decidida y emprendedora dispuesta a luchar por sus cosas y a sacarle rendimiento a lo que poseían. Se casaron un día de finales de primavera que debería haber sido cálido y luminoso. No fue así. Grises y amenazadoras nubes cerraron el cielo por completo impidiendo que se colase entre ellas ni un solo rayo de sol. Hacía frío. Un viento helado y desapacible bajaba de las montañas como un mal presagio.

Comenzaron su vida juntos y pusieron en práctica el acuerdo nunca expresado en voz alta de que ella se ocuparía de los jornaleros y él del ganado. Eso a Augusto sí le gustaba. Era un talento para la compra y la venta de animales y sobre eso sabía más que nadie. Sabía tanto y era tan hábil, que todo el mundo le pedía su opinión y su consejo. Disponía de una memoria elefantiásica, fotográfica, que le permitía recordar todas las operaciones que se hacían en las ferias de compra-venta de ganado y elaborar complejos cálculos en un instante, de modo que asesoraba a cualquiera que se lo pidiese sobre cuántas pesetas eran tantos reales y lo contrario. Llevaba cuenta mental de todas las transacciones que se habían hecho en la feria, de los animales vendidos, a cuánto, a quién y en qué condiciones.

Adoraba a los animales con los que comerciaba y los conocía mejor que a sí mismo. Sabía nada más mirarlos cómo estaban de salud o de ánimo y de qué pie cojeaban. Nadie podía engañarlo en este aspecto y ni lo intentaban porque nunca se dejó sorprender. Los cuidaba y los limpiaba. Obligaba a todos los que trabajaban con ellos a tratarlos con esmero. Jaime, el padre de Mario, ayudaba en las tareas del campo en su primera juventud mientras estuvo en el pueblo. Le tocaba arar con los bueyes. Una vez que volvía de arar, terminada la jornada, se encontró con su padre, Augusto. Este observó a los bueyes jadeantes y sudando a chorros por el esfuerzo. Se volvió hacia el hijo y le soltó un pescozón de María Santísima por haberlos agotado de aquella manera y no haber procedido a lavarlos y refrescarlos después del trabajo. Le ordenó que lo hiciera de inmediato con el agua de la alberca. Así lo hizo Jaime. Los dejó frescos y lozanos, comiendo hierba verde y jugosa mucho antes de que él pudiera hacer lo mismo con su maltrecho cuerpo. A su padre, que él se atendiera después de los bueyes parecía no importarle lo más mínimo. En el trato con sus animales Augusto era exquisito, pero no tenía el mismo comportamiento con las personas.

Rosa murió joven, antes de tiempo, de una muerte atroz. Corría el año 1937 y España estaba en guerra. Un buen día llegó una carta del Ministerio del Ejército llamando a filas a Jaime, su hijo mayor, que había alcanzado la edad reglamentaria. Todo fueron llantos y lamentos pero no se pudo hacer nada. Jaime tuvo que irse al frente como tantos otros jóvenes. Rosa se quedó sola a cargo de la casa y de los jornaleros con los hijos pequeños porque Augusto andaba por las ferias de ganado de España haciendo sus negocios y luciendo sus habilidades.

Una tarde negra del mes de septiembre, Rosa oyó jaleo en el patio de la casa. Se asomó por la ventana y comprobó de dónde venía el alboroto. Sus hijos, Pedro y Pablo, de dieciséis y catorce años respectivamente, discutían acaloradamente con Atanasio, el vecino cuya propiedad lindaba con la suya por la parte Norte. La discusión iba subiendo de tono y Rosa decidió salir a poner paz. Hacía tiempo que el propietario de las tierras vecinas se quejaba, sin razón, del trazado de las lindes de los sembrados de coles. Mil veces se lo había explicado ella mostrándole las escrituras de propiedad, pero él no entraba en razón. Se dirigió a Atanasio interponiéndose entre él y sus hijos. Les dijo a todos: «¡ya está bien! Gritando no se llega a ninguna parte. ¿Qué es lo que está pasando...?» No le dio tiempo a más. Al volverse hacia su vecino observó como algo que este agarraba con las dos manos en lo alto de la cabeza se precipitaba vertiginosamente hacia la suya. Atanasio le descargó un golpe mortal con el azadón que, sin embargo, no la mató en ese instante porque la trayectoria se desvió un poco en el último momento. Después salió corriendo despavorido hacia el monte. En aquellos tiempos de guerra nadie hizo nada para detenerlo y meterlo en prisión.

Rosa quedó tendida en el suelo, exánime, mientras se formaba un gran charco de sangre. Todos empezaron a gritar y fueron a buscar a Don Alfonso, el médico, que cortó la hemorragia e hizo las primeras curas. Dictaminó que estaba muy grave. La llevaron a León y la ingresaron en el hospital. Iba muy malherida y se dieron cuenta de que poco iban a poder hacer por ella. Allá quedó sola. Los hijos permanecieron en la hacienda ocupándose de los asuntos que hasta ese momento había cuidado ella. Vivió un mes. Un mes angustioso en el que llamaba a su hijo Jaime y a su marido, de día y de noche. Los contratiempos de la guerra impidieron por completo que pudieran hacerles llegar algún aviso efectivo y que alcanzasen a despedirla a tiempo. Quedó totalmente abandonada a su suerte y no volvió a ver a ninguno de los suyos.

Cuando el hijo se enteró de los hechos y las circunstancias de la muerte de Rosa se dejó arrebatar por la cólera. El odio se instaló en su pecho y se quedó ahí. Brotó violentamente la siguiente vez que tuvieron que avanzar sobre el enemigo. Sus demonios salieron todos juntos y llevó a cabo una acción cruel y despiadada de la que se arrepintió toda su vida. Nadie se enteró jamás de qué fue lo que hizo, amparado por la aparente impunidad de la guerra en lo que a dar muerte a cualquier ser vivo se refiere, pero él perdió la tranquilidad para siempre y se llevó el secreto a la tumba. En los momentos en los que el desasosiego y la ansiedad lo desbarataban, si le preguntaban, «¿qué te pasa?, ¿qué te inquieta?», él decía con un tono misterioso y reprobatorio, «en la guerra hice algo muy malo, muy malo, algo horrible», y corría a esconderse en alguno de sus lugares secretos para no ver a nadie, ni que le molestaran o le preguntaran más.

XII. El encuentro de Esmeralda y Mario

Esa tarde una vez más había discutido con Esmeralda. «Dios mío, qué carácter». Pero adoraba a esa mujer. La amó desde el mismo instante en que la conoció cuando estaban en la universidad, en la Facultad de Arquitectura. Lo aceptó como algo natural desde el primer instante. Ella le sorprendió siempre por su inteligencia y su determinación y decidió que sería para él. Lo difícil fue decírselo y averiguar si ella sentía lo mismo.

Compartieron estudios y ocio durante dos años, amenos y divertidos. Hasta un día en que preparaban juntos un examen de cálculo de resistencia de materiales en casa de Mario. Estaban solos. Su madre se había ido a pasar unos días con Juan, el hijo mayor. Esmeralda estaba preciosa. A él le parecía bellísima, con sus maravillosos ojos color esmeralda. Y, de pronto, se encontró besándola apasionadamente. Se encendieron como dos antorchas y terminaron en la cama de Mario haciendo el amor. Para él fue algo impresionante, sorprendente. Ella era muy joven, ¿cómo podía saber todo eso sobre el amor? ¿De dónde había sacado esa destreza, esa habilidad para transportarlo al séptimo cielo? Era lo que le faltaba para estar completamente seguro de que estaba loco por ella. Se lo dijo. Se quedó de piedra cuando ella afirmó rotunda que le correspondía, que también estaba loca por él. Y ahí comenzó la andadura de ambos como pareja.

Habían discutido muchas veces y siempre por lo mismo, pero la de ese día había sido una discusión de campeonato. La definitiva, le parecía a él. Esmeralda quería casarse o al menos que se fueran a vivir juntos. Ya hacía tiempo que lo compartían todo pero al final del día se iban cada uno a su casa. Bueno, no siempre. Mario se quedaba muchas noches e incluso varios días seguidos en la casa de ella, pero no se trasladaba del todo. Siempre volvía a la de su madre con uno u otro pretexto. «Mamá no se encuentra bien. Tengo que acompañar a mamá a esto o a aquello. Mamá está sola, muy sola después de la muerte de papá. No creo que le quede mucho a mamá, no le quiero dar este disgusto».

No creía que Esmeralda cediera esta vez. Le había dado un ultimátum. «O yo o tu madre, así de simple». ¿Por qué le hacía elegir entre ella y su madre? Él no estaba enamorado de su madre, lo estaba de ella, totalmente enamorado. Pero ella afirmaba lo contrario. Se lo gritó en el acaloramiento de la discusión. «Tú eres un anormal, que pareces el marido de su madre, no el hijo. O peor, eres un crío, un bebé que necesita cada día la teta de mamá. No crecerás nunca, no serás un hombre capaz de tomar sus propias decisiones y encargarse de su vida. Lárgate de la mía, vete, déjame en paz. ¡Te detesto!» le gritó.

¡Cómo podía decirle eso! Él soñaba con vivir su vida junto a ella, en vivir solo para ella, tener hijos y formar su propia familia. Aunque se daba cuenta de que tenía razón en lo de su incapacidad de decidirse a dejar a su madre sola. Había una razón que nunca le había contado, que nunca jamás le había contado a nadie. Más de una vez se había planteado muy en serio hablar con su madre y decirle, como quien no quiere la cosa, «mamá me traslado a casa de Esmeralda. Llevamos varios años juntos y me voy a vivir con ella». Pero solo con pensarlo el infierno se desataba en su interior. Una inquietud indescriptible, cargada de miedo y angustia, lo anegaba. No podía dormir. Las pesadillas lo asolaban durante la noche, pues veía morir a su madre de todas las formas posibles, siempre por su causa, e imaginaba cómo todos le culpaban a él sin misericordia. Incluso su padre, que volvía del otro mundo para echarle en cara su miserable egoísmo. Se despertaba gritando de terror, como si todos los demonios del infierno lo persiguieran.

Se sentía atrapado en un callejón sin salida. ¿Qué podía hacer para recuperar a Esmeralda? No le parecía que le quedase ninguna opción.

Caminó y caminó por las calles de Madrid hasta que se encontró en las vallas de un inmenso jardín. Tuvo que mirarlo bien para situarse porque había perdido por completo la conciencia de dónde se encontraba. «¡Ah sí!, estoy delante del Parque del Retiro». Buscó la puerta de entrada y paseó por sus avenidas un poco más tranquilo. Llegó al Palacio de Cristal y después al lago. La gente montaba en las barquitas a esa hora del día a pesar del frío. Se sentó en un banco a mirar cómo iban de acá para allá.

Al cabo de un rato le pareció que alguien se sentaba a su lado, pero no le prestó ninguna atención. No estaba para atender a nadie ni para conversaciones. Pasó media hora. Comenzaba a anochecer. En invierno anochece pronto. Una mano huesuda, llena de nudos en las articulaciones, se posó en su brazo izquierdo presionando mientras preguntaba:

—Joven, ¿sabe usted qué hora es ya?

Mario hizo un esfuerzo para salir de su ensimismamiento y mirar el reloj.

—Las seis y media —dijo mecánicamente.

—¡Vaya! Se me ha hecho tarde. Es hora de ir volviendo a casa —oyó decir a su lado.

Mario miró a su izquierda y vio a una señora. Tenía por lo menos noventa años. Como poco. Era como una pavesita, como un gorrioncillo. Puros huesecillos arropados por la piel y por un elegante abrigo de mohair beige que se le había quedado grande. Tenía el cabello blanco como la nieve, perfectamente arreglado. A través del escote de solapa del abrigo vio —porque era imposible no verlo— una enorme esmeralda rodeada de brillantes que pendía de su cuello ensartada en un cordón rojo de cuero finamente trabajado. De inmediato pensó en los ojos de su novia. Imaginó que le miraban fijamente.

«Esta señora está loca –pensó distraído–. Salir a la calle con semejante joya de esmeraldas y brillantes. Cualquier amigo de lo ajeno podía darle un tirón y arrebatárselo en un instante, dejándola maltrecha de paso». Iba a advertírselo cuando ella dijo:

–Aquí llevo conmigo a mi amor, colgado de mi cuello. Jamás nos hemos separado. ¿Es hermoso, verdad? Gracias a él, no conozco lo que es la soledad. La vida es un instante y él ya me espera. Solo nos separa este montón de huesos que aún sostiene el cuero de mi piel pero ya estoy preparada para partir, ha llegado el momento. ¿Está usted enamorado, joven?

Sin esperar respuesta continuó:

–Yo no he dejado nunca de estarlo. Ha sido un regalo del cielo, ¿sabe? Los seres humanos hablan del amor pero muy pocos llegan a experimentarlo. Es un don divino. La mayor parte de lo que la gente llama amor son sucedáneos llenos de egoísmo y avaricia. El gozo del verdadero amor se da, para empezar, en el mismo hecho de experimentarlo, de sentir esa sensación sublime que deja fuera todo lo demás. En saber que el otro te acepta tal como eres, con todas tus imperfecciones y que no tienes que preocuparte por nada. Ni siquiera de que no se quede contigo toda la vida porque el verdadero amor es generoso y está preparado para aceptar las libres decisiones del otro, o porque sabe que tiene compromisos adquiridos que le impiden entregarse a ti, o porque deja de amarte y te das cuenta de que ha encontrado el amor en Dios sabe quién y por qué razón o, aunque cueste aceptarlo, nuestro amado decide que su tiempo en este mundo se ha acabado, que se ha cumplido su hora, y debe partir. Así tu amado se siente libre, sin ataduras, sin presiones y puede quedarse a tu lado incondicionalmente.

Guardó silencio, pensativa, y dijo:

–Carlos se me fue hace veinte años. Tenía setenta. Para mí estaba en plena juventud, teníamos una hermosa vida para vivir juntos, años por delante, la economía resuelta y sin obligaciones. Habíamos vivido separados, cada uno nuestra vida, hasta dos años antes. Los dos casados, yo sin hijos y él con tres. Relaciones normales con el amor ordinario.

»Nos conocimos con treinta y cuatro años en un congreso internacional de cirugía cardíaca; los dos ejercíamos esa profesión. Nos enamoramos al instante. Vivimos dos días irrepetibles con sus noches, sintiendo lo que nunca imaginamos que se pudiera sentir. «Te amo —me dijo—, como jamás pensé que se podía amar a una mujer. Y porque te amo te dejo ir. Quiero criar a mis hijos. Los siento como un regalo de Dios y no quiero perderme su crianza. Cuando me quede libre volveré a buscarte y lo comprenderé si eres tú la que en ese momento no puedes seguirme».

»Me buscó treinta y cuatro años después. Su mujer había muerto un año antes después de sufrir una larga enfermedad. Yo llevaba viuda siete años. Nos encontramos con la misma naturalidad y la misma pasión que dejamos pendiente treinta y cuatro años atrás. Nunca nos volvimos a separar hasta que una fuerza mayor lo arrebató de mi lado. Celebrábamos el aniversario de nuestro reencuentro. Tres años justos. Me regaló esta esmeralda. Decía que representaba nuestro corazón y el amor que nos embargaba. Un infarto, qué ironía, truncó nuestros planes de seguir disfrutando juntos de la vida.

La dama guardó silencio. Se había hecho de noche. Los dos se quedaron ensimismados mirando las luces de las farolas que se mecían suavemente en su reflejo del agua, negra como el carbón. Mario comenzó a llorar quedamente. Las lágrimas rodaban por su rostro dejando salir la tensión del día. Sin secárselas dijo en voz alta:

—¡Es usted providencial! ¡Qué suerte haberla encontrado! No voy a desperdiciar mi oportunidad. —Se volvió hacia ella con una sonrisa amplia que le iluminaba la cara.

—Usted me ha dado... —se calló de golpe. El lado izquierdo del asiento estaba vacío. No había ni rastro de la anciana dama en los alrededores ni por las avenidas. ¿Qué había pasado? ¿Había sido una alucinación? Estaba solo, completamente solo. Bueno, solo no. La hermosa esmeralda, rodeada de brillantes que pendía del cordón rojo finamente trabajado, reposaba sobre la madera carcomida del banco en el que se encontraba sentado.

Sintió un escalofrío que le recorrió toda la espalda. La miró a contraluz y volvió a ver en ella los ojos verdes de su novia. Esto era un mensaje, un mensaje positivo. Iba a buscarla. Iba a suplicarle que lo perdonase. Le pediría ayuda para superar sus terrores, sus pesadillas y angustias porque iba a dejar a su madre. Se acabó. Lo tenía completamente decidido. Puso la mano sobre la esmeralda y no dudó de que la habían dejado ahí para él, quien fuera la había dejado ahí pensando en él. Le pareció que su mano comenzaba a palpitar y una potente corriente de calor se establecía entre la piedra preciosa y su piel. La tomó delicadamente, la guardó en su bolsillo y envió un mensaje interno de inmensa gratitud a la elegante dama que se había sentado a su lado, hubiera sido real o fruto de su imaginación. Se sintió, por primera vez después de mucho tiempo, reconfortado y fortalecido.

Empezaba su nueva vida. No tuvo que hacer ningún esfuerzo para aceptarlo.

XIII. Esmeralda y Paula

Esmeralda pagó la cuenta de lo que había pedido, que se quedó sobre la mesa sin tocar. No tenía apetito. Recogió sus cosas y salió a la calle. El tropel de gente que caminaba por las aceras había disminuido mucho pero aún estaban llenas. Buscó su coche y se encaminó a la dirección de Paula, la madre de Mario. Le pensaba decir... No, no, se lo pensó mejor, no iba a imaginar qué le iba a decir cuando llegara. Ponía todo el asunto en las manos de sus guías para que todo saliera de la mejor forma posible, la más acertada y oportuna. «¡Ahí os quiero ver! —les dijo internamente—, al ciento por ciento conmigo. Esto es vital para mí».

Al llegar al portal aprovechó que alguien salía para entrar. Subió en el ascensor y tocó el timbre de la puerta. Le pareció que caminaban con pasos leves y miraban por la mirilla para cerciorarse de quién era el que llamaba. Al cabo de un rato la puerta comenzó a abrirse despacio. Doña Paula asomó la cabeza. Al ver que se trataba de Esmeralda le franqueó la entrada y dijo:

—Hola hija, me había asustado; a estas horas no suele venir nadie a casa. Pasa por favor, aunque te advierto que Mario no está.

—Sé que no está —respondió Esmeralda—, pero no vengo a verlo a él sino a usted.

—¿A mí? Pero hija..., ¿te pasa algo? Pasa al salón, nos pondremos cómodas.

Se acomodaron una enfrente de la otra, cada una en un sillón del tresillo Doña Paula dijo:

—Pues... tú dirás.

—Hoy he discutido con Mario. Hemos tenido una terrible pelea. Prácticamente hemos roto. Estoy destrozada.

—Ya, en las parejas esas cosas son normales. Pero igual que se discute se arregla uno.

—Esas cosas son normales pero nuestra discusión no ha sido normal. Nos hemos gritado y nos hemos llamado de todo. Hemos roto. Pero yo amo a Mario y no quiero terminar así.

—Me parece bien, hija, pero yo en eso no puedo intervenir.

—Sé que usted no puede intervenir en eso. Lo tiene que decidir él. Pero usted sí puede hacer su parte.

—¿Mi parte? ¿Qué parte?

—La parte de liberar emocionalmente a su hijo. Usted alimenta su pánico a dejarla sola y que le ocurra una desgracia. Desconozco qué tipo de *shock* ha vivido Mario que le hace aterrorizarse ante esa eventualidad.

—¿Que yo libere a mi hijo? ¡Pero qué dices!

Doña Paula enrojeció violentamente, pero mantuvo la compostura.

—Yo no lo tengo atado a nada. Él hace lo que quiere hacer.

—Usted sabe muy bien que él no hace lo que quiere hacer. Usted ya ha vivido su propia vida, una vida larga y llena de bastante buena suerte. Ha disfrutado de su casa, su marido y sus hijos. Es un egoísmo intolerable que quiera retenerlo, cuidarlo y mimarlo como a un niñito. Ser indispensable para él, para que se quede a su lado para siempre. Usted no es su mujer, usted es su madre. Y una madre cría a los hijos para que éstos vuelvan al mundo fuertes y bien enseñados, para que eso fructifique en la educación correcta de nuevas criaturas.

—No sabes lo que dices...

—Sé perfectamente lo que digo. Y usted también lo sabe. Ésta es una discusión inútil, como todas las discusiones, porque sabemos perfectamente por qué discutimos pero discutimos porque no estamos dispuestas a hacer lo necesario para que cese la discusión.

—No tengo por qué aguantar tu agresividad...

Doña Paula hizo ademán de ponerse de pie, como dando por terminada la conversación.

—Sí tiene...

—¿Sí tengo? ¿Quién te crees que eres?

—Soy alguien que sabe que la última vez que visitó usted las urgencias de un hospital fue una historia inventada.

—¿Cómo te atreves? —gritó la mujer mientras su rostro volvía a enrojecer de cólera.

—Lo sé muy bien, Doña Paula. Usted contó con pelos y señales cómo fue atendida en las urgencias del Hospital Ramón y Cajal el día 15 de mayo de 2014. Opresión en el corazón, peligro de angina de pecho. Todo falso. Tengo una íntima amiga que trabaja en las urgencias de ese hospital y estaba ese día a la hora indicada por usted en su turno de trabajo. No existe su entrada en urgencias, ni ese expediente. Usted no estuvo nunca allí. ¿Cuántas veces le ha hecho eso a Mario, Doña Paula?

—No voy a contestar a esa vil acusación. Todo es mentira.

—Muy bien. Usted no va a responder a esa vil acusación. Todo es mentira. Pero ahora vamos a esperar las dos a que llegue Mario. Estará a punto. Vamos a ver qué dice y qué hace. Si viene a mí, si me pide perdón para arreglar las cosas o si, por el contrario, se alinea con usted y con sus enfermedades. Si va hacia usted yo lo respetaré. No diré una palabra, me marcharé para no volver y nadie sabrá jamás nada de lo que le acabo de decir. Pero si viene hacia mí, será usted la que no dirá una palabra, no argumentará nada y le dejará actuar libremente. Si todo sucede de este modo, estaremos las dos de acuerdo en que se trata de una acusación vil y que, por lo tanto, todo es mentira. Jamás volveré a mencionarle esto a nadie. Jamás. Lo juro.

Guardaron silencio. Doña Paula apoyó la cabeza sobre el respaldo del sillón y lloró con desconsuelo, pero sin hacer ruido. Y esperaron... Eran las nueve y media de la noche. Esperaron mucho, más de nueve horas. A las siete de la mañana sonó la llave en la cerradura de la puerta de entrada. El corazón les dio un vuelco a las dos. Se sentaron muy tiesas, cada una en su sillón, observándose la una a la otra. Ambas miraron a Mario cuando este entró en el salón.

De pronto Doña Paula se levantó y se dirigió a su hijo exclamando, «¡hijo, has llorado!», al observar sus ojos rojos e hinchados. Mario dijo, «hola mamá», pero la apartó de él con suavidad y siguió su camino hacia Esmeralda, mientras decía a su madre en voz alta, «no es nada mamá, estoy bien, muy bien». Se arrodilló ante su novia mirándola con infinito amor. Y ella entendió que la amaba y que había hecho su elección.

XIV. Hugo y Diana III

—Hugo, ¿crees que estás solo en este mundo, ¿que tienes que hacer la guerra por tu cuenta para salir adelante como puedas?

—Pues sí. Si uno no se espabila para salir adelante nadie lo va a hacer por ti.

—Tú no estás solo, Hugo.

—¿No? ¿Y quién me acompaña? ¿Ves tú a alguien? Estoy más solo que la una, Diana. Llevo una vida de lucha y sufrimiento y no veo a nadie echándome una mano.

—Tú ves a alguien, ves a muchos y no los quieres ver.

—Eso no es nada útil. Son alucinaciones que no me ayudan en nada.

—¿Eso crees tú?

—Sí, eso creo. Por eso vine a verte.

—Escúchame. Si una célula de tu dedo meñique del pie derecho pudiera pensar, ¿crees que pensaría que tiene algo que ver con una célula de tu cerebro? ¿O del hígado? ¿Crees que puede tener idea de que existe un páncreas, un intestino, un sistema circulatorio?

—Pues imagino que no. ¿Cómo va a tener idea de todo eso? —dijo Hugo impaciente—. Nunca he oído a nadie que argumente este tipo de cosas. Una célula es una célula y ya está.

—Esa célula está inmersa en un tejido que la nutre y la alimenta, rodeada de vasos sanguíneos que transportan ese alimento, pero puede que eso lo encuentre normal y no lo valore ni le dé importancia. Puede que se nutra con la misma inconsciencia con la que tú respiras el aire del que vives, sin darle mayor valor. Si la célula pensara puede que creyera que está sola de solemnidad. O puede, por el contrario, que supiera que hay otras compañeras alrededor pero que van a su aire y no se comunican para nada. O puede que no. Que resulte que ocurriera todo lo contrario y que fuera totalmente consciente de su posición, de su papel y de que forma parte de un conjunto más grande que puede hacer grandes cosas.

–¿Cómo una célula va a saber todo eso, por Dios? Me estás confundiendo.

–Como es arriba es abajo, como es adentro es afuera y como es a lo grande es a lo pequeño.

–¿Qué quieres decir con eso?

–Quiero decir algo que es bastante obvio aunque tú no lo veas. Todos y cada uno de nosotros formamos parte de algo mucho más grande, como la célula de tu dedo meñique. Nadie está solo ni trabaja para él solo. Con tu pequeña mente lo ignoras. Con tu mente superior lo sabes pero el problema es poner a ambas mentes en contacto. A veces esa toma de conciencia sucede de forma suave y natural y otras parece que sobreviene un cataclismo. Hay muchos patrones mentales y creencias que dejan de servirnos y eso puede asustarnos y hacernos sentir inseguros.

–Eso, ¿me lo puedes demostrar de algún modo?

–No.

Diana se rió de buena gana

–Ni aunque pudiera hacerlo lo haría. Eso tienes que ir descubriéndolo tú. Me limito a darte opciones, a abrirte puertas.

–Te entiendo. Escucho lo que me dices, pero no lo comprendo demasiado bien.

–Normal. Tienes que asimilarlo poco a poco porque, además, aplicas a lo que digo una fuerte resistencia en contra. Tienes miedo. Te asusta entenderlo y tener que cambiar tu forma de ver las cosas. ¿O no?

–Sí, Diana. Me asusta que lo que pienso de la realidad que me rodea se tambalee, que el suelo se mueva bajo mis pies y se me venga todo encima.

–Es natural. Habrá que tener paciencia.

XV. Hugo y Diana IV. Los ancestros

Hugo se fue tranquilizando paulatinamente. Las visitas semanales a Diana le fueron aclarando las cosas. Delante de él se iba abriendo todo un universo de nuevas opciones y posibilidades.

Pero hubo algo en concreto que cambió definitivamente su forma de ver las cosas, de comprender el por qué y el para qué de nuestra existencia.

Un día, Diana le preguntó:

–¿Qué sabes de los que han sido antes que tú en tu familia, de tus ancestros?

–¿A qué te refieres?

–Me refiero no solo a tus padres y a tus abuelos. A los bisabuelos, los tatarabuelos y a todas esas historias familiares asociadas a desgracias. Situaciones en las que la muerte suele estar presente de una forma trágica y las que se consideran tan horribles que todo el mundo calla y está prohibido hablar de ellas. Las ruinas. Las traiciones. Los fracasos. Los grandes secretos familiares.

–Hay algunas historias curiosas. Demasiado sufrimiento, aunque de una buena parte de mi familia no sé nada.

–Pues tendrías que saberlo. Estarías buscando y conociendo tu propia historia.

–¿Mi propia historia? Su historia es de ellos y la mía, mía.

–¿Realmente te parece que eso es así? –preguntó Diana muy extrañada.

–Pues sí. La gente vive como puede, hace lo que puede y muere como puede. Y creo que lo mejor que podemos hacer es no remover el pasado ni hurgar en la vida de nuestros muertos.

–¿Quién dice eso? ¿Lo dices tú?

—Mi madre. Mi madre lo dice. Le da pavor que le preguntemos sobre las cosas oscuras de la familia. Dice que a los muertos hay que dejarlos descansar en paz.

—¿Cómo sabe ella que están en paz y que descansan?

—Eso se da por supuesto —dijo Hugo convencido—. ¿Hay o no hay un Dios? Hay un cielo, ¿no? Pues se irán a ese cielo con ese Dios.

—Seguramente ellos sí, una parte de ellos. Pero las historias mal vividas, inconclusas, dramáticas y traumáticas quedan aquí. Especialmente los grandes secretos, que permanecen resonando como las campanas de una iglesia y se hacen cada día más grandes y más sonoros. Todo queda en paquetitos muy bien cerrados colgando literalmente de las ramas del árbol familiar, para que los miembros de la familia se hagan cargo de ellas. Como los regalos de Navidad, pero éstos de los que te hablo muchas veces se transforman en regalos trágicos.

—¡Qué dices, Diana! ¡Eso es manifiestamente injusto! ¿Qué tengo yo que ver con el problema que ha causado un señor que ni conozco hace tres o cuatro generaciones?

—Tú tienes un linaje. Si has elegido ese linaje para nacer será por algo.

—Tengo un linaje, sí. Pero, ¿me voy a cargar yo con la culpa de un señor, con las cosas que ese señor ha hecho mal, sin comerlo ni beberlo?

—A ver Hugo... Tú tienes un ADN, ¿no? ¿Sabes la cantidad de información que puede almacenar tu ADN? Puedes aproximarte un poco a la masa de datos que puede estar archivada en tu ADN considerando que, juntando todos los trocitos de ADN que contiene el núcleo de cada una de tus células y uniéndolos uno detrás de otro, se formaría una antena que tendría la longitud de la circunferencia de la tierra.

—¿Sí? Qué barbaridad. No lo sabía.

—Pues el ADN tiene, para entendernos, como un sistema de *bluetooth*. La información que se deriva de la experiencia de todos los individuos que comparten el mismo código genético se almacena automáticamente en él, sean los individuos conscientes de ese proceso automático o no, se trate de vivencias positivas o negativas o de miembros del sistema cuya existencia se conozca o no. Con esa información, el alma del sistema familiar sabe qué conflictos se han superado y en qué medida y lo que se debe seguir trabajando. Son los nuevos miembros que llegan como relevo los que tienen que hacerlo. Trabajar lo que está pendiente quiero decir. Aquí venimos a aprender y a trabajar por el grupo al mismo tiempo que por nosotros mismos.

—Pero nuestros ancestros se supone que ya hicieron lo que pudieron, ¿no?

—Sí, claro. Pero se trata de, además de hacer lo que uno puede, conseguir hacerlo bien, es decir, actuar desde el amor... siempre.

—¿Desde el amor?

—Si. No hablo de estar enamorado, ni siquiera hablo de un sentimiento, aunque sea positivo. Hablo de un estado. Cuando se está en ese estado se hacen las cosas con naturalidad, está uno como el pez en el agua. Llegará un momento en el que, ante un problema, alguien deje de juzgar, de culpar y de considerar que se le debe algo. Alguien que sabrá perdonarse a sí mismo por los errores que cometa y que podrá recordar a los demás que pueden perdonarse a sí mismos también.

—Eso es muy bonito pero muy difícil de hacer. ¿Quién hace eso en el mundo? Si nos matamos vivos unos a otros.

—Difícil o fácil son conceptos absolutos. Lo que es fácil para ti puede ser muy difícil para mí. Uno está maduro para hacerlo o no lo está.

—Yo de esa gente madura encuentro poca, muy poca.

—Por eso el árbol familiar utiliza el rodillo de las generaciones. A veces hacen falta diez o veinte generaciones para resolver un problema grave, diez o veinte generaciones que lo sufren de una u otra manera hasta que alguien lo supera. Pero casi todas las cosas que están pendientes se han vivido en las cuatro o cinco últimas. Toda la información está ahí. Todas las deudas y los conflictos no resueltos de nuestra familia, que se van a proyectar de un modo u otro en las experiencias que tienen que afrontar los que están vivos.

—Me parece un sistema muy cruel.

—¿Cruel? ¿Te parece cruel? ¿Por qué te parece cruel? Es hermoso, hermosísimo.

—¿Hermoso? ¿Sufrir y sufrir una generación tras otra? ¿Vivir como si se estuviera en el infierno, sin ver la manera de salir de ahí? ¿Sin que haya nadie que pueda ayudarte?

—No lo estás mirando del modo correcto.

—¿No?

—No. Los conflictos que se te presentan en tu vida son como una guía. ¿Cómo sabrías si no lo que tienes que hacer, lo que debes superar? Si no se manifestasen tú no moverías un dedo. Ni tú ni nadie. El que cree que está bien, que todo marcha perfectamente, no quiere que nada se mueva por si acaso...

—Ya, eso es verdad. Pero podría haber otro modo...

—Si todo va bien en la vida no queremos que nada cambie. Estamos llenos de miedos. Nos aterra que se acabe lo bueno o lo que nos parece bueno, que muchas veces no lo es. Todo mejor que cambiar. La sabiduría popular advierte que «más vale lo malo conocido que lo bueno por conocer». Muchas veces preferimos sufrir a hacer el esfuerzo que nos permitiría dejar de hacerlo.

—Es que a veces sales de lo malo para entrar en lo peor.

—Solo en apariencia. En realidad, el mensaje de nuestro propio supraconsciente, cuando nos confronta con lo que tenemos que superar, es: «*como no consigues darte cuenta de cuál es el problema, quién lo tiene, o cómo resolverlo y no aprendes lo necesario, voy a intensificar la importancia del conflicto, o lo repetiré una vez tras otra en diferentes situaciones o en varios individuos hasta que te hagas cargo de él o lo soluciones*».

Frecuentemente, ante situaciones así, entramos en pánico o nos desesperamos. Nos quedamos bloqueados y no modificamos nada. No cambiamos nada de nosotros. El cambio tiene que ser interior.

—Cuando dices esas cosas me confundes. Un cambio interior, ¿qué quieres decir con eso?

—Es un cambio en profundidad, que comprendes al mismo tiempo con todos tus niveles de conciencia. Sin dejar agujeros. Si los dejas te parecerá que se repiten los eventos que te hacen sufrir. Se repiten, claro está, para que seas consciente del hueco que se quedó sin tapar. Y fácilmente te verás diciendo, «¡otra vez con esto, creí que lo había resuelto! ¡Esto no se acaba nunca! ¡Dios mío, qué mala suerte!» Y perderás la paciencia.

—Y nosotros aguantando los errores de los ancestros, como si no tuviésemos bastante con los nuestros. Eso no me parece justo. ¿Por qué tengo que pagar yo sus platos rotos?

—Eso tampoco lo estás viendo del modo correcto.

—¿No? ¿Por qué no?

—En realidad es exactamente al revés.

—¿Cómo al revés? Ellos hacen la fechoría y yo pago el pato, ¿no es eso acaso?

—No. Ellos cargan con un karma suyo muy pesado y aceptan representar un papel en tu sistema familiar, que resuena con una frecuencia similar al de su conflicto, para que tú y todos los miembros de la familia puedan hacer su propio aprendizaje y alcanzar el objetivo. La finalidad es que, aunque ellos no hayan podido resolverlo todo, o hayan dejado cabos sueltos o aparentes cargas, consuman y liberen al mismo tiempo parte de la energía que había quedado bloqueada.

»A lo largo de generaciones nuestros ancestros irán consumiendo una parte de ese karma y del suyo personal y generando otro. Los descendientes afrontarán la situación con lo que quede pendiente, al tiempo que trabajan lo suyo. En todo caso, es muy posible que tengan muchas más oportunidades de salir del enredo y liberarse. Depende. Alguien tiene que hacer de «malo» en este gran teatro del mundo. Porque, aunque mover la energía negativa es totalmente necesario para poder transformarla en positiva, tiene muy mala prensa. Nadie lo haría de buen grado. Todos queremos ser Einstein o Gandhi.

—O sea, que ser un sinvergüenza está bien, es bueno. ¡Estupendo! —dijo Hugo con un tono irónico—. ¡Qué buena noticia!

—No. No es bueno ni malo. Es un hecho. El «malo» consume parte del karma familiar más pesado al tiempo que consume el suyo, hace su aprendizaje, corrige sus errores, lo que pueda y muestra a los que le siguen por donde no se debe ir. Luego tendrá que compensar la carga de sus acciones desviadas en otra vida. Tú dirías que debe pagarlo. Sí. Alguien seguramente detrás de él será un sinvergüenza como él. Confiemos en que un poco menos si el anterior consumió mucha carga. Hacer ese papel parece fácil pero se cosecha lo que se siembra, así que la vida de una persona llena de maldad o de cólera es normalmente dura, triste y complicada, aunque a veces no lo parece cuando se mira desde fuera. Es difícil que te amen de verdad cuando eres un malvado o un canalla.

—Ya. Pues cuando yo tengo la vida enredada y veo que los hombres de mi familia la han tenido igual o más enrevesada que yo, me enfado mucho porque veo que no hemos avanzado nada.

—Es posible —dijo Diana—. Eso pasa porque te identificas con el conflicto en lugar de hacer algo diferente. Crees que eres fiel a tus ancestros y a su sufrimiento repitiendo su destino. En realidad ellos no quieren eso. Lo que quieren es que hagas algo distinto y bueno con tu vida y te liberes. Si tú te liberas ellos pueden liberarse. Tienes que encontrar una salida más positiva, como te digo. Aunque a veces, la carga es tan pesada que nos limitamos a soportar el dolor para evitar que nos aplaste del todo, sin poder siquiera pensar en hacer otra cosa que no sea la que ha venido sucediendo.

»Pero de algún modo nos tienen que recordar los aspectos que el alma del sistema considera deficientemente resueltos. Y, en ocasiones, creemos que hacer algo diferente es hacer lo opuesto.

—¿Lo opuesto? ¿Qué quieres decir?

—Por ejemplo, alguien arruina a tu abuelo y tú, que lo representas, en vez de seguir su destino y dejarte arruinar, te haces rico arruinando a los demás. Eso es una solución desequilibrada y no positiva.

—Entonces, hay que hacer algo distinto y positivo, ¿no?

—Sí, por supuesto. Por ejemplo, todos los hombres de tu familia veían gente, muertos, ¿no es así?

—Sí, eso es.

—Tú también los ves, ¿sí o no?

—Sí. Yo creo que me imagino...

—Los ves, sencillamente. Tienes que aceptarlo, no le des más vueltas. Pues ninguno de ellos, incluyéndote a ti, ha hecho algo distinto y positivo, creo.

—¿Por qué dices eso?

—Porque ellos lo habrían integrado de otro modo y te habrían facilitado a ti la aceptación y la comprensión de esa capacidad. Han debido pensar, como tú, que eran raros o que estaban medio enfermos. Que tenían que ocultarlo, que nadie lo supiera.

—Pues seguro.

—Sí, seguro. Pero, ¿qué habría pasado si los hubieran atendido, si les hubieran escuchado y preguntado qué necesitaban? Porque ellos vienen, o a ayudarte a ti, o a pedir ayuda.

—¿Qué clase de ayuda?

—Cuando alguien no ha sido feliz en su vida o ha hecho infeliz a los demás, muere acompañado de su dolor. Y con él se queda. Sus aspectos más luminosos, más elevados, trascienden, pero los densos se quedan en esta dimensión, con lo que pierden la poca luz que les queda. Es una cuestión de resonancia.

Fuera de esta tercera dimensión puede que se comprendan las cosas, pero no se pueden cambiar ni transformar. Si queremos ascender, tenemos que venir aquí y hacer el trabajo correspondiente. Por eso venimos. Por esta razón, que nos abran la puerta es una inmensa oportunidad.

—¿Y cómo puedo ayudarles yo? No comprendo...

—Las herramientas son el amor incondicional, la compasión y el perdón. Solo eso.

—Y, ¿qué tengo que hacer?

—Por un lado, comprender la importancia del trabajo que han hecho los que han venido antes que tú, valorarlo y llenarte de gratitud sin juicios. Por otro, perdonarte y recordarles que ellos se deben de perdonar a sí mismos. Dios siempre perdona, somos nosotros los que no nos perdonamos. Cortar conscientemente con el dolor y aportarles un poco de luz y energía para que puedan cruzar a otra dimensión más luminosa.

Los dos guardaron silencio. Cada uno ensimismado en sus pensamientos. Diana miraba a Hugo como si esperase algo de él. Y Hugo buscaba algo en su interior que no acababa de encontrar, como si estuviera extraviado. Lentamente dijo:

—¡Madre mía! Es impresionante. Nunca lo hubiera creído. No sé ni por dónde empezar.

—Lo haremos juntos. No te preocupes. No es tan complicado. Pero es fundamental que lo aceptes y lo comprendas.

—Lo comprendo, no te imaginas cómo lo comprendo. Estoy cayendo en la cuenta... ¡Llevan años pidiéndome ayuda! Lo lamento infinitamente.

Y lloró compungido.

XVI. Hugo y Claudia

Hugo esperó impaciente a que Claudia bajase la escalera. La esperaba apoyado en el coche aparcado en doble fila ante la casa, como si nada en el mundo le inquietase. La verdad es que tenía muchas preocupaciones pero, paradójicamente, cada vez le preocupaban menos. Iba a ocuparse. Lo había decidido. En su interior estaban cambiando muchas, muchísimas cosas. Es como si fuera otra persona, aunque exteriormente pareciera el mismo.

Pensó en Diana. Le hablaba a veces sobre cosas que él ya conocía pero ella tenía la virtud de poner orden, de que lo que se veía separado y confuso de repente tomase forma, se encajase en su sitio y estuviera listo para ser comprendido. Sobre todo acertaba a mostrar ese aspecto de las cosas, de las situaciones y de las personas en el que él nunca habría pensado.

Su relación con Claudia también se había ido transformando; imperceptiblemente se iba modificando sin que él supiera exactamente qué es lo que había cambiado. Daba la impresión de que el muro invisible que lo separaba de ella se adelgazaba y que su habitual impulso de no volver a ver a quien lo hacía feliz se fuera debilitando.

Hugo había trabajado muchas cosas con Diana. Estaban en un proceso de reconocimiento de quién era él, de por qué y para qué estaba en el mundo y de llenarse de gratitud hacia todos los que habían hecho esto posible.

Se daba cuenta de que no había sido algo sencillo. En absoluto fácil. Los hijos siempre tienen la impresión de que su llegada al mundo obedece a un capricho de los padres, a una necesidad más fuerte que ellos de llenar un vacío en su vida, el de la paternidad. De entretenerse y tener una razón de peso para trabajar, vivir y soportar las inclemencias de nuestro paso por la tierra. Que, gracias a ellos, los padres se ganan el cielo a costa del sacrificio por una criatura que no sabe a qué viene ni para qué sirve su esfuerzo.

Comprendía ahora que ésa era la razón por la que muchos jóvenes que deciden no tener hijos exclaman convencidos: «¿para qué voy a traer un hijo al mundo?, ¿para que sufra? ¿Para qué voy a traer a alguien a un mundo tan horrible, donde no hay ninguna oportunidad? «No voy a hacerle esa jugarreta a nadie». Él mismo lo había dicho muchas veces. No había más que mirar cómo estaba su vida, la edad que tenía y lo que había conseguido. Nada. Nada de nada. Y no se refería a las cosas materiales, que tampoco las tenía. Se refería a entregarse a alguien, a luchar por alguien, a trabajar para alguien, a comunicarse generosamente con alguien.

No pensaba solo en un alguien particular, o sea, en una mujer y unos hijos. Pensaba en el resto de los seres humanos, sus hermanos, trabajando cada uno de ellos su pedacito de vida para lograr manejarla, entenderla y conseguir entre todos un mundo mejor. Él no había pensado en eso, estaba demasiado dolido y herido. Se ocupaba, y mal, de su propia herida. Pero deseaba curar esa herida maldiciendo al resto y pensando que eran los culpables de su dolor. El mundo era demasiado grande y él no tenía manera alguna de hacer algo para ayudar.

Pero Diana le explicó pacientemente que cada ser humano forma parte de todos los demás, como si cada uno estuviera proyectado en todos los demás y todo el mundo lo fuera de la totalidad. Lo habían hablado muchas veces hasta que él pudo comprenderlo y lo fue integrando. Nada de lo que haces lo haces solo para ti porque automáticamente entra a formar parte de la conciencia colectiva, consciente o subconsciente y, por lo tanto, al alcance de cada ser que esté integrado en ella. Es como si cada una de tus células representase a un ser humano. Y es posible que haya conjuntos de células humanas, países o sociedades, que representen en un momento dado los diferentes órganos del cuerpo y que, como conjunto, hagan en un determinado instante de la Historia, una labor específica. Una sociedad funcionaría como un cerebro, la otra como un hígado, la otra como la glándula pineal, así sucesivamente. En función del trabajo que cada una desarrollase, de su nivel de salud individual y de cómo se coordinasen, andaría la salud del planeta.

«Si el trabajo que yo hago lo hago para todos los demás, el que hacen todos los demás también me beneficiará a mí, ¿no?» Diana le explicó que por supuesto. Ésa es precisamente la razón de que nunca estemos solos en nuestra desolación. La energía de los demás nos arropa en muchas situaciones difíciles y nos ayuda a salir del problema. Y también lo contrario.

Hugo oyó los pasos de Claudia. Al salir la encontró preciosa, como siempre. «¡Qué bonita es esta mujer!» Enseguida se dio cuenta de que le pasaba algo. No la veía contenta y sonriente como era lo habitual.

—¿Qué te pasa cariño? ¿Estás bien? —preguntó.

Claudia hizo un gesto ambiguo que podía querer decir cualquier cosa y respondió que regular.

—¿Regular?

—Sí —exclamó ella—, he tenido esta tarde una experiencia impactante mientras te esperaba. Es como si me hubiera ido a otro tiempo y a otro espacio en el corto plazo de ¡25 minutos! Me parece haber vivido las vidas de mis abuelos, bisabuelos y tatarabuelos en ese pequeño espacio de tiempo. Ha sido muy fuerte para mí, muy fuerte, pero he comprendido muchas, muchísimas cosas.

—¿Qué has comprendido? Si me lo puedes contar... —preguntó Hugo con cuidado.

—No sabría ni por donde empezar. Es todo tan... raro.

—Pero dices que has comprendido algo importante para ti.

—No es solo una cosa, son muchas. Pero la principal es que no soy la única mujer de mi linaje que no encuentra a alguien que la quiera bien, que la ame profundamente y que comparta con ella la vida generosamente. Ha habido demasiadas mujeres y hombres que han sufrido por desamor.

Hugo calló. Se dio por aludido y comprendió que parte de la pena de Claudia se debía a él y a la relación que mantenían, con la que él se había negado a comprometerse. Nunca le había dicho te amo, te quiero, ni había reconocido que ella lo hacía feliz. Ésta era una de las cosas que estaba cambiando desde que visitaba a Diana pero no quería precipitarse, dar pasos en falso. Luego dar marcha atrás era complicado.

Pensó en los patrones que él había recibido como herencia de sus propios ancestros. «Disfruta de la mujer pero no la ames, ninguna es fiable». «No te enamores, te destrozarán el corazón». «Las mujeres son difíciles, imprevisibles, traicioneras». «Las mujeres se aprovecharán de ti, te destrozarán la vida». «Hazle el amor a todas, no te ates a ninguna, no dicen la verdad». Claudia no era así, se daba cuenta, pero él se comportaba igualmente de ese modo.

Se limitó a decir:

—¡Vaya, qué bárbaro! Me lo tienes que contar todo cuando creas que estás preparada para hacerlo.

—Sí, te lo contaré todo. Tengo que aprender a tomar decisiones. Estar sola no es ningún drama.

—Tú no estás sola —protestó él.

Sintió un sudor frío por el cuerpo y un escalofrío que le recorría la espalda. Se sorprendió de su reacción; no se la esperaba en absoluto. Era mejor dejar eso ahí o se podían complicar mucho las cosas, pensó nervioso.

—Yo tengo que asimilar todo esto. Poco a poco.

—Sí. Hoy vamos a ver si de verdad voy al encuentro de mi futuro.

—Recuérdame a dónde vamos, Hugo. Créeme que se me ha ido del todo de la cabeza. Estoy alucinando todavía.

—Vamos a la finca de mi amigo Enrique, la de los cultivos ecológicos. ¿No te acuerdas?

–¡Ah sí!, Enrique –dijo ella como quien vuelve de un trance–. El negocio que quiere que tú dirijas.

–¿Quiere que lo dirija? ¿Cómo sabes tú eso? No quiero hacerme muchas ilusiones; pueden ser muchas cosas las que quiera ofrecerme y tal vez ninguna de ellas sea ésa. Y, si lo es, cuidado, porque cuando alguien piensa en dejar algo así que está funcionando, es porque no está marchando bien. Algo raro pasa. Trabajar en esa finca me permitiría estar en plena Naturaleza, yo no soy hombre de despacho. Pero vamos a ver con qué nos encontramos.

Avanzaron en silencio por la carretera, cada uno pensando en sus cosas. Iban a desplazarse a una distancia de la ciudad de unos 45 km más o menos. La granja no estaba muy lejos. Eso era una ventaja.

Enrique los estaba esperando. Parecía impaciente, como si tuviera mucha prisa, pero los recibió con una alegría sincera y pareció que al verlos se relajaba.

–¿Cómo estás tío? –le dijo a Hugo mientras le golpeaba sonoramente la espalda–. Hacía mucho tiempo que no nos veíamos.

–Sí, la verdad –respondió Hugo–. Demasiado. El lío de las grandes ciudades, que no da tiempo para nada.

–Pero seguimos siendo muy buenos amigos, eso es lo que importa. Eres un tío de confianza, por eso he pensado en ti inmediatamente como una apuesta segura para resolver lo que ahora me preocupa. ¿Sigues trabajando en lo de siempre?

–Sí, en lo mismo. Precisamente le decía hace un momento a Claudia que no soy un hombre que pueda estar encerrado en una oficina; necesito ir a mi aire, trabajar por mi cuenta, ya lo sabes.

–Escucha Hugo. Tengo una gran oportunidad para ti, ya te lo anticipé por teléfono. Voy a enseñarte primero la finca y luego te cuento.

Enrique les mostró los campos de cultivo de verduras, hortalizas y la zona de invernaderos de plástico. También el espacio de los árboles frutales. Los establos de las vacas y las cabras que producían la leche con la que se elaboraban los quesos y yogures ecológicos. Los gallineros donde un montón de gallinas felices producían huevos. Enrique estaba muy orgulloso también de las colmenas, casi quinientas, de las que obtenían una miel exquisita.

Los condujo al taller donde se reparaban las máquinas y se organizaba el mantenimiento de la explotación. Finalmente les enseñó la casa. Una preciosa casa de tres dormitorios. No muy grande pero perfectamente equipada, cómoda y sólidamente construida. Cuando terminaron su recorrido Enrique miró a Hugo y le dijo:

—¿Y bien?

—¿Y bien qué? —respondió Hugo.

—¡Que si te gusta! ¡Qué si te conviene!

—¿Que si me conviene...? ¡Pero si no me has hecho ninguna propuesta! Me dijiste «vente, te voy a proponer algo que no podrás rechazar. Tiene que ver con la finca de cultivo ecológico que estoy explotando». Pero no me explicaste cuál era exactamente tu oferta.

—Ah, perdona, Hugo. Ando un poco acelerado últimamente. ¡Creí que te lo había dicho! Mi idea es que tú dirijas este negocio en mi lugar. Sé que te gusta el campo, conoces bien este trabajo y eres concienzudo, alguien en quien puedo confiar. Solo tendrás treinta personas a tu cargo, es muy manejable. Tú eres mi amigo de toda la vida. Aquí solo puedo dejar a alguien de absoluta confianza y que ame esta forma de ganarse el sustento. He decidido aceptar la propuesta de poner en marcha en Sudamérica cuarenta hectáreas de cultivos ecológicos. Todo un reto. Y mi experiencia en ese proyecto es fundamental. ¿Qué? ¿Qué me dices? —preguntó expectante.

Hugo no daba crédito a lo que oían sus oídos. Miró a Claudia. ¡Ella lo había sabido al instante! ¡Era el sueño de su vida, lo que siempre había deseado hacer! Vivir en el campo, en plena Naturaleza y dedicarse a lo que amaba. ¡Era un regalo del cielo! Iba a responder, «¡sí, por supuesto que acepto!», sin pensarlo siquiera, cuando se acordó de Claudia. Tenía que contar con ella. Esto la afectaba también a ella, al menos eso creía él. No podía decir que sí sin preguntarle y pedir su opinión. Confiaba en que ella le apoyaría, pues si no lo hacía, constituiría un desencuentro importante.

Sacando fuerzas de flaqueza, le respondió a Enrique, lo más serenamente que pudo:

—Escucha Enrique. Es una propuesta que supera mis expectativas; te lo agradezco infinito. De corazón. Pero no quiero darte una respuesta definitiva ahora porque yo solo tengo una palabra y tendría que atenerme a ella. Primero lo quiero hablar con Claudia. ¿Lo comprendes, verdad?

—Claro hombre. Es normal que lo hables con tu novia. Esto os afecta a los dos. ¿Verdad Claudia? Estoy seguro de que decidiréis lo mejor. Yo, entretanto, lo doy por hecho. Vamos a tomarnos una copa de vino en la casa para celebrarlo.

A Claudia se le encogió el corazón cuando le oyó decir «tu novia». ¡Si Enrique supiera! Ni novia ni nada. Se había hartado de oír a Hugo decir que no la amaba, que eran amigos sin compromisos y sin rollos que rompen la armonía de las parejas. Le entraron ganas de llorar, pero se contuvo. Le extrañó, en cualquier caso, la respuesta de Hugo. ¡Quería consultarlo con ella! Eso podía ser o que no le interesara el asunto o que quería quedar bien con ella, por una vez. ¡Era tan encantador!

Lo de que no le interesara era muy poco probable. Mientras se dirigían a la casa Enrique iba explicando que pondría un sueldo a Hugo, una cifra más que decente y luego, a final del año, sumarían los rendimientos, restarían los gastos y las inversiones y se repartirían los beneficios, Enrique un 70% y Hugo un 30%. Era una gran oferta económica. Por fin tocaba a su puerta la abundancia.

Tomaron el vino, riquísimo, con unas tapas que había preparado la mujer del encargado. Hablaron distendidamente. Todos parecían contentos aunque cada uno tenía sus incógnitas en el corazón.

Hugo le prometió a Enrique que lo llamaría al día siguiente para darle una respuesta, aunque él ya tenía la decisión tomada. Rogaba a Dios con todas sus fuerzas que Claudia lo apoyase en este nuevo giro que daba su vida y que esta propuesta, que le parecía la de sus sueños, no supusiera un obstáculo entre los dos.

Se despidieron efusivamente y tomaron el camino de regreso hacia la ciudad. Iban en silencio, cada uno concentrado en sus propios pensamientos.

Hugo rompió la burbuja de aislamiento que se había creado entre los dos.

—¿No me dices nada, Claudia? ¿Qué te parece lo que me propone Enrique?

—Yo ya sabía lo que te iba a proponer Enrique. ¿Qué te parece a ti? —respondió ella prudentemente.

—Yo no doy crédito. Estoy entusiasmado. Me parece la oportunidad de mi vida. Es como un sueño, pero quiero que tú participes de él.

—Lo importante es que te encante a ti. Tú eres el que lo tiene que hacer.

—Sí, pero no quiero que esto te aparte de mí.

—No es esto lo que me va o no me va a apartar de ti. Nuestra historia es otro asunto. Soy de la opinión de que debes aceptar esta propuesta, pase lo que pase entre nosotros.

—Lo que pase con nosotros es muy importante para los dos.

—Sí. Es hoy igual de importante que ayer. Si no hubieras recibido esta proposición hoy tendríamos que seguir pensando en cómo resolver nuestra relación. Eso es algo que tú no has podido encajar todavía en tu vida porque dudas de que yo sea lo que tú deseas y de tener ante ti lo que te conviene.

Hugo tragó saliva y no respondió. Lo iba asimilando pero al mismo tiempo el obstáculo seguía estando presente en él. ¿De dónde venía, qué era? ¿Sería de verdad que no la amaba? No lo creía. Pensar en que Claudia dejara de estar en su vida le ponía los vellos de punta. Finalmente dijo:

—Eso se está definiendo y no será una preocupación para ti, te lo prometo.

Claudia no respondió. Tenía en su mente el recuerdo de las vívidas historias que había rememorado esa misma tarde, y no estaba para pensar demasiado. Oyó que Hugo decía:

—Escucha Claudia. Quiero proponerte algo. Diana me ha recomendado que pasemos un final de año diferente en la montaña. Su amiga del alma y maestra, Casandra, tiene montado algo parecido a una casa rural. Dice que merece la pena. Que tendremos una experiencia inolvidable. ¿Te gustaría acompañarme? Creo que lo necesitamos.

—Creo que sí, Hugo. Nos vendrá bien. No hemos tenido unas vacaciones como Dios manda desde hace mucho tiempo.

—Genial. Además el precio es muy módico. Podríamos avisar a Esmeralda y a Mario para que nos acompañasen. ¿Qué piensas?

—Me parece bien Hugo —dijo Claudia ensimismada, con la cabeza en otra cosa—. A ellos también les hace falta un descanso.

XVII. Mario y Esmeralda

Mario no paraba de darle vueltas a la cabeza. Tenía que reconducir su relación con Esmeralda. Ella era lo más importante de su vida. La amaba, sencillamente. Estaba dispuesto a sacudirse el miedo y a luchar por ella. Ningún obstáculo iba a detenerlo. Iba a sacrificarse, algo que resultaba inevitable por varios motivos: por un lado tenía que tomar una decisión dificilísima que era salir de la casa de su madre. Por otro, la angustia y la incertidumbre de cómo eso iba a afectarle a ella. Él debía superar el pánico a que, como consecuencia de su decisión, a su madre le sucediera algo grave. No se lo iba a poder perdonar a sí mismo. Pero no tomar la decisión le llevaba a algo aún peor: perder a Esmeralda, y eso tampoco podría perdonárselo.

Decidió llamarla por teléfono y quedar en algún sitio tranquilo para hablar. Necesitaba explicarse y hacerse perdonar. Pensó que el teléfono era demasiado impersonal para tratar un asunto tan delicado como ése. Le pareció que sería mucho mejor presentarse en su casa sin previo aviso. Eso evitaría que tuviera tiempo de prepararse para abortar el encuentro o darle alguna excusa. La última vez que hablaron le había dicho: «¡desaparece de mi vida, no quiero volverte a ver!» Y ella no decía esas cosas como una simple amenaza.

Se acercó a la casa de Esmeralda y tocó el timbre del portero automático. Nadie respondió. Insistió varias veces pero al otro lado del sonido solo había silencio. En ese momento llegó uno de los vecinos que abrió la puerta de entrada al portal y juntos se dirigieron al ascensor. Subió al piso de Esmeralda y comprobó que no había nadie dentro. Se sentó en la escalera a esperar. Ya llegaría.

No llegó. Nadie llegó. Se despertó sobresaltado y dolorido por la postura. ¡Eran las cinco de la mañana! Sintió pánico. Esmeralda podía estar dentro, enferma, sin poder moverse o algo peor. Él nunca quiso quedarse con una llave de la casa; le parecía un paso demasiado comprometedor. Marcó el número del teléfono fijo; lo oyó sonar detrás de la puerta hasta que saltó el contestador. Colgó. Marcó el número de su teléfono móvil. Estaba apagado. El pánico se convirtió en terror. ¡Qué hacer, Dios mío! Podía ir a la policía... «¡Calma! —se dijo—. ¿Me estoy volviendo loco o qué?» No estaría pasando nada anormal. Ellos habían discutido y Esmeralda podía haber tomado la decisión de quedarse con alguna amiga, en casa de su madre, o... haber salido con alguien. ¿Por qué no? Él mismo le había dicho que hiciera lo que quisiera, que era libre. Respiró hondo y decidió volver a su casa con el pecho oprimido por la tristeza. Se había cargado la relación con la única mujer que había amado en toda su vida. Por idiota. ¡Cómo se puede ser tan rematadamente tonto!

Caminó por la ciudad desierta. Parecía que todo el mundo había desaparecido después de haber inundado masivamente las calles durante el día con las compras navideñas. Estaban en los últimos días de diciembre y la gente se preparaba para pasar en familia la Navidad. A él se le habían quitado las ganas de fiesta. Claudia les había dado esa última semana de vacaciones; no tendrían que incorporarse al trabajo hasta el día dos de enero. Por eso habían discutido, porque Esmeralda quería que aprovechasen esos días para hacer el traslado de sus cosas a su casa y comenzar una vida juntos. Había desaprovechado la oportunidad de su vida.

Puede que Esmeralda estuviera de viaje, que se hubiera presentado en una agencia de viajes y tomado el primer avión hacia algún lugar del Caribe o de Brasil, de donde procedía su familia materna. ¡Dios mío! ¡Cómo le dolía el alma! No había sentido un dolor así jamás. Iba llorando por la calle, emitiendo unos quejidos apesadumbrados que hacían temblar todo su corpachón de 1,90 m de estatura. No había nadie pero le daba lo mismo que lo vieran llorar. ¡Al carajo todo! Por cobarde, eso le había pasado por cobarde y flojo. Pensó que era cosa de familia, hombres flojos e indecisos y mujeres fuertes y aguerridas. Maldijo internamente a su linaje masculino; podían haberle dejado algo mejor como herencia. Estas cosas te fastidian la vida.

Llevaba casi dos horas caminando cuando llegó a la puerta de su casa. Necesitaba ese paseo para aligerar la tensión interna. Hubiera ido dando patadas a las cosas, como hacen en las películas americanas para demostrar su rabia, pero eso ya le pareció excesivo. Dejó su coche aparcado delante de la casa de Esmeralda porque creía que era peligroso conducir en el estado de excitación en el que se encontraba. Tenía que subir a su casa y afrontar el asunto de su madre. Seguro que estaba levantada, esperándolo. Si era así él se iba a enfadar mucho, muchísimo. Le había pedido un millón de veces que dejara de hacerlo, que ya no era un niño pequeño. Pero no le diría eso solo. Hablaría sin tapujos de su situación de codependencia insana, de su indecisión, de su falta de madurez y de que iba a marcharse de casa inmediatamente, con o sin Esmeralda.

Al pensar en ella el corazón le dio una punzada. La había perdido, seguro. En ese momento metió su mano derecha en el bolsillo de su gabardina y sintió el tacto suave y frío de un pequeño objeto. Lo tomó, extendió la mano y ante sus ojos apareció en todo su esplendor la gran esmeralda rodeada de brillantes que había encontrado sobre el banco del Parque del Retiro. Ante sí vio el rostro de la anciana y elegante dama. Sonreía. Le pareció que le decía, «¡adelante, ahora no es el momento de flaquear! ¡Adelante, lucha por el amor de tu vida!» Esto era un buen presagio. Con el disgusto se había olvidado del suceso inexplicable que había vivido en el Retiro unas horas antes. Iba a ir a por todas. Abrió la puerta del ascensor y subió.

Entró en su casa y se quedó perplejo. En el salón estaban Esmeralda y su madre, sentadas cada una en un sillón del tresillo, muy serias, mirándose la una a otra con cara de pocos amigos. Las dos volvieron el rostro hacia él al mismo tiempo, con la misma pregunta en la mirada: «¿dónde has estado, por Dios, hasta estas horas de la madrugada?» Se detuvo en la puerta y, con todo lo que tenía encima, pensó únicamente en sus propios ojos. Los sentía hinchados y doloridos por la llantina, sin posibilidad ninguna de poder disimularlo.

Su madre se levantó del sillón como un rayo con intención de abrazarlo exclamando.

—¡Hijo, has llorado! —Mario la besó y la apartó suavemente, como si no hubiera visto cuál era su intención mientras decía:

—Hola mamá. —Se dirigió hacia Esmeralda al tiempo que en voz alta respondía a su madre:

—No es nada mamá, estoy bien, muy bien. —Esmeralda se mantuvo sentada y se quedó asombrada cuando Mario se arrodilló delante de ella. Él le tomó las manos sin que ella opusiera ninguna resistencia. Los ojos de Esmeralda estaban hinchados y enrojecidos; había llorado también muchísimo. Mario le dijo:

—Lo siento mi amor, lo siento enormemente. He estado esperándote sentado en la puerta de tu casa hasta las cinco de la mañana. He pensado lo peor, que te había pasado algo o que te había perdido para siempre.

Estaba desesperado. Esmeralda volvió a llorar.

—He hablado con tu madre, le he dicho todo lo que pienso sobre esta situación. Todo. No me he callado nada, Mario. En este momento para mí solo hay una opción. Si salgo sola por esa puerta no me volverás a ver jamás. Tú decides.

—Te quiero. Eres la mujer de mi vida. No me cabe la menor duda de lo que quiero hacer, amor mío. Te quiero a ti. Quiero vivir contigo y arriesgarme, luchar por esta relación para que salga adelante y tenga un futuro. Para que los dos tengamos un futuro juntos.

Se abrazaron. Entonces Mario extrajo la esmeralda rodeada de brillantes de su bolsillo, con el cordón de cuero rojo finamente trabajado y se la mostró. Esmeralda miró la joya con asombro y le interrogó con la mirada. Él la levantó y la colocó delicadamente alrededor de su cuello.

—Otro día te explico todo esto cariño. Es una historia extraña y extraordinaria que al mismo tiempo podremos contar a nuestros hijos y a nuestros nietos.

—¡Es preciosa! ¿Te has vuelto loco, Mario? Esto cuesta una fortuna.

—No me ha costado dinero ni tampoco la he robado, no temas. Ya te digo que ha pasado algo incomprensible para mí. Pero lo que es seguro es que es para ti. Ha llegado a mis manos para que tú la lleves y para unirnos definitivamente.

—¿Nos vamos a casa? —preguntó Esmeralda tímidamente—. Estoy agotada como tú lo estarás también. No hemos dormido nada.

—Sí, amor. Nos vamos a casa.

Mario fue hacia su madre, que observaba perpleja la escena desde la puerta del salón. La abrazó tierna y largamente.

—Mamá, gracias, un millón de gracias por todo lo que has hecho por mí a lo largo de la vida. Me has dado mucho más de lo que debías, pero ha llegado el momento de que organice mi vida fuera de aquí —y, sin darle tiempo a responder dijo—, ¿lo comprendes, verdad? Tendremos tiempo de hablarlo. Hablaremos largo y tendido. Sé que tú solo piensas en mi felicidad. Te quiero, mamá.

—Haz lo que creas que debes hacer —respondió ella eclécticamente—, ya eres mayorcito.

—Demasiado, mamá. Voy a recoger mis cosas más necesarias. En unos días volveré a por lo que queda. Cenamos juntos en Nochebuena, ¿de acuerdo?

—De acuerdo hijo.

Mario salió del salón hacia su cuarto. Un peso enorme se le había quitado de encima. Había sido tan pesado y grande que por primera vez en su vida solo estaba pensando en él; ni una vez había pensado en lo que pasaría con su madre. Volvió a los diez minutos con dos maletas y una bolsa de viaje. Haría el traslado de sus libros y de sus cosas en unos días; contrataría a alguien que le ayudara una vez hiciera un poco de sitio en casa de Esmeralda.

Salieron por la puerta cargados con las maletas, felices y contentos. Ambos habían imaginado muchos posibles finales al conflicto que se había creado entre ellos. Ésta era una de las opciones pero nunca pensaron que todo sucedería de una forma tan clara y directa. Parecía que la madeja estaba tan enredada que la solución tendría que ir acompañada de cortes duros y sangrientos para poder liberar el camino. El problema se había disuelto como un azucarillo en agua. Les parecía imposible.

Cargaron con los bultos el coche de Esmeralda. Al ocupar sus asientos se miraron largamente sin decir una palabra. Toda la tensión, el dolor y el miedo vividos ante el peligro de perderse el uno al otro para siempre salieron por sus ojos. Se abrazaron y se besaron sin prisa, dejando que la angustia se fuera diluyendo poco a poco. «Vamos a casa, a nuestra casa».

Cuando estaban a mitad de camino sonó el teléfono móvil de Mario. El de Esmeralda estaba sin batería. Era Hugo. Los invitaba a acompañarlos y pasar los últimos días del año en una casa rural o algo parecido que les había recomendado Diana, su terapeuta. Les aseguró que valía la pena. Saldrían el veintiséis por la mañana, después del día de Navidad. Esmeralda hizo un gesto afirmativo con la cabeza; les vendría bien quitarse de en medio para poder relajarse y reflexionar.

—De acuerdo Hugo —dijo Mario—, nos vamos con vosotros. Me llamas más tarde y me das los detalles.

Finalmente, después de subir los bultos a la casa se dejaron caer derrotados por el cansancio sobre el sofá del salón. Se tomaron de la mano mientras se contemplaban sin palabras. ¡Qué duro había sido todo! Con los ojos cerrados se comunicaban en silencio a través del tacto de la yema de los dedos. Esmeralda tomó la mano de Mario y la atrajo hasta su pecho. La hizo reposar sobre su piel y Mario pudo percibir el latido acelerado de su corazón galopando como un caballo desbocado. Abrió los ojos. Ella lo miraba fijamente. Entonces Mario se puso de pie y lentamente se inclinó para levantar a su mujer haciendo una cuna con sus brazos. La levantó como si fuera una pluma y la besó con pasión.

A continuación se dirigió al dormitorio en el que habían hecho el amor muchas veces, pero aquella vez iba a ser distinta, muy distinta de las otras. Era, en realidad, su día de bodas aunque apenas eran las doce del medio día, y no había iglesia, ni invitados, ni celebración, ni celebrante. Ellos eran todo eso, solo ellos. Mario se detuvo en la puerta, miró a Esmeralda y le dijo:

—Hoy te tomo por mi legítima esposa ante Dios. Tú serás mía y yo seré tuyo para siempre, hasta que la muerte nos separe. Hago este juramento con plena determinación y propósito de llevarlo a cabo. ¿Me tomas por tu legítimo esposo?

—Te tomo por esposo, mi amor.

Y ambos se sintieron unidos y desposados.

Mario la depositó entonces suavemente sobre el lecho. Se apartó un momento mientras decía:

—Espera cielo, voy a preparar este espacio para que sea un lugar sagrado para ti y para mí. —Encendió unas cuantas velas de delicado aroma a lilas y a canela que dieron un tono dorado y sobrenatural al ambiente. Corrió las cortinas para que no entrase el sol y la luz de las velas les acariciase el alma en la penumbra. Manipuló el aparato de música. Unas notas delicadas y sublimes pero motivadoras llenaron el aire de alegría. Cuando todo estuvo a su gusto volvió con Esmeralda.

La miró despacio. ¡Qué hermosa era! Amaba a esa mujer más que a nadie. Se abrazaron sin prisa, oliéndose, sintiéndose.

Se fueron desvistiendo suavemente para no romper el encanto del momento y se entregaron el uno al otro con la vehemencia de los que se han visto obligados a vivir mucho tiempo separados a causa de circunstancias adversas e imposiciones ajenas. Se amaron de muchas formas durante horas, ajenos al cansancio y a la falta de sueño, dejando que el clímax intenso y repetido los fuera agotando poco a poco hasta quedar como adormecidos sobre el lecho.

Pasó el tiempo. Imposible saber si fueron minutos u horas. Abrieron los ojos, sobresaltados al mismo tiempo. Se miraron con la intensidad de la primera vez mientras sus cuerpos desnudos y exhaustos se mantenían entrelazados bajo las sábanas. No dijeron una sola palabra. Un millón de ellas, silenciosas, les brotaron de los ojos y, atravesándolos, les llegaron directamente al corazón. Imposible reconocer racionalmente el mensaje. Solo podían observar cómo iba creciendo en ellos una sensación brutal de pertenencia, de integración, de reconocimiento, de deseo. «¿Qué es esto, Dios mío? ¿Qué está pasando?»

Conforme se miraban todo su cuerpo comenzó de nuevo a vibrar como un diapasón que entrechoca un cristal sonoro en una frecuencia potente e inaudible. Cada vez más y más fuerte. Los sentidos se fueron despertando como quien despierta de un largo letargo y el agotamiento desapareció. De nuevo se olieron despacio para reconocerse. No olía a sudor ni a sexo. Olía a canela y a limón. El aroma de flores que llenaba la habitación penetró por su nariz despertando aún más todos los sentidos. Se tocaron el cuerpo mutuamente, deslizando delicadamente la yema de los dedos por la piel con la suavidad de una mariposa que aletea frente a una flor. Los vellos comenzaron a erizarse y un escalofrío les recorrió de arriba abajo. Se hablaban en silencio con palabras incomprensibles que explicaban la naturaleza de este estado. No hacía falta pensar, era el momento de sentir. Se entendían como si se lo hubieran dicho todo sin dejar nada escondido, permitiendo a los sentimientos y a las sensaciones derramarse y esparcirse en su existir como un óleo puro de aroma exquisito.

Una memoria de siglos brotaba de cada una de sus células con una fuerza arrolladora. «¡Te conozco, te conozco!» gritaba todo su ser. Sus labios se unieron de nuevo, se besaron llenos de ternura y sensualidad. El cuerpo de cada uno se unió y se acarició con el del otro de mil maneras. Su fuego interno volvió a encenderse, potente y abrasador, y reanudaron el rito eterno y sagrado del encuentro íntimo entre dos seres humanos. Se entregaron completamente el uno al otro mientras sus cuerpos bailaban rítmica y acompasadamente la danza sagrada y ancestral del inicio de la vida, permitiendo de este modo que la divinidad ejerciera su poder creador. Perdieron la noción del tiempo y el espacio.

Se oyó abruptamente una especie de zumbido suave y monótono acompañado de un movimiento sutil y rítmico de la energía al nivel del perineo. Se había activado su primer chacra. El de los dos al mismo tiempo. Giraba acompasadamente en la base de la columna desprendiendo una onda de vibración suave y placentera que se iba desplazando de abajo a arriba trastornando su sentir. Al poco tiempo se activó el segundo chacra, por encima del pubis. Su zumbido y el ritmo de su onda de luz eran diferentes. Las olas de energía de este último se sumaron a las anteriores. A partir de ese momento el resto de sus chacras se fueron activando poco a poco, como si se encendieran las luces de un árbol de navidad. Lo hicieron uno tras otro, de abajo a arriba, mientras una sensación de placer divino e indescriptible invadía sus cuerpos, sus almas y todo su ser. Cuando se activó el séptimo chacra se armonizó el ritmo vibracional de los siete en un solo tono y en una onda de giro común. Sintieron que perdían la conciencia en un mar de dicha desconocida e inabarcable. Quedaron irremediablemente unidos en el éxtasis. Se desconectaron de su realidad física y todo se transformó en luz.

XVIII. Hugo y sus amigos

Hugo brincó en la cama dando un respingo. Había sonado la alarma del reloj y se incorporó de un salto. Pensó que no iba a hacer caso del sueño ni de la pesadez de su cuerpo a las seis y media de la mañana. Inquieto, se había dormido a las dos.

Lo tenía todo preparado para recoger a Claudia, a Esmeralda y a Mario. Le parecía que era un día muy importante. Pero hoy quería hacer su meditación. Necesitaba entrar en comunión con él mismo, sentir el corazón y escuchar lo que brotase de él. El tiempo de meditar para quedar bien había pasado.

Hacía cinco años que se había iniciado su despertar. ¡Qué no habría dado él por un libro, un amigo, un maestro que guiase su soledad y su ceguera en aquel momento! Una palabra de esclarecimiento fuera de él, una señal de guía y de consuelo que le hiciera pensar en algo más que en la locura...

Imaginaba que su historia se habría repetido miles y miles de veces. Que otros seres humanos habrían pasado por esa experiencia. Pero esa realidad, cuando su mundo se da la vuelta y queda patas arriba, carece de importancia. No se tiene conciencia de ser uno de los miles de puntos de un conjunto que forma una totalidad que uno ignora por completo. Lo que uno piensa y lo que siente es que su vida, eso que parece la única totalidad existente, está saltando por los aires sin que nadie pueda hacer nada por evitarlo ni ayudarle.

Hoy, cinco años después, en un mes de diciembre de 2014, las perspectivas se habían girado completamente. Miles de yoes asomaban su mirada al mundo. A través de sus ojos contemplaban la realidad exterior y la iban comparando minuciosamente con la interior, buscando los puntos de encuentro y las diferencias para trazar un mapa nuevo. El de un territorio del alma inexistente antes para él, el camino que nos guía hacia la Conciencia del Hombre Nuevo. Ese recorrido interior que nos es propio y nos permite reconocer la dimensión humana sin el terror de pensar que no vas a ninguna parte, que todas las vías están cerradas y no hay salida.

En ese momento se dio cuenta cabal de todo lo que había avanzado en el tiempo que llevaba trabajando con Diana. Parecía otro hombre. Era otro, sencillamente, siendo el mismo. Igual que el mundo era otro para él sin haber dejado de ser lo que era.

Encendió una vela y un incienso. Tomó la postura del loto y cerró los ojos. Dejó que las barreras exteriores se levantaran para aislarlo y protegerlo, que las interiores fueran cayendo mientras dejaba fluir sus siete rayos de luz. Se conectó con él mismo, permitiendo que el Amor y la Compasión se expandieran desde su corazón en todas direcciones.

Hugo sentía una extraña emoción dentro de sí, intensa y desbordante. Todavía estaba casi ciego a la Luz más elevada, a los colores y a los habitantes de los mundos sutiles, de los niveles y las dimensiones de su conciencia. Sordo, casi, a sus sonidos. Pero su corazón vibraba como un arpa dorada con las delicadas notas de un amor puro, incomprensible e indescifrable, que al tiempo que le embargaba de dulzura y gozo, inundaba sus ojos de mansas y cálidas lágrimas, inexplicables, porque manaban solas sin hacerle sufrir sino gozar.

Ese amor fluía a través de él pero no era él, al menos no era eso a lo que él llamaba «yo». Puede que fuera una parte de él descendiendo de los mundos de luz, abriéndose camino trabajosamente entre las densidades de su ser para aflorar en esta dimensión dura, áspera y maravillosa, para arrastrarlo a otra donde el Amor pueda expresarse de forma más liviana; encontrar el Amor sin que tenga que ser precedido por años de tortura y dolor, posibilitando que el camino se abra y esa joya del alma esté accesible.

Cuando la joya irradia desde el corazón su mensaje de esperanza, vida, gozo, alegría, y salvación, todas las vidas de dolor y sufrimiento inscritas en el ADN cobran su pleno sentido. Las viviríamos todas de nuevo y miles más, con tal de experimentar esa grandeza del sentir por unos segundos. Lo daríamos todo por ser un arpa dorada en las manos de Dios y que sus amorosos dedos volasen sobre las cuerdas, al tiempo que resonancias de una delicadeza indescriptible llenasen nuestro ser.

Entonces estaremos preparados para comprender que Él no está separado de nosotros, no está fuera de nosotros sino que forma parte de cada uno y es el fuego puro de nuestro gozo, la llama que arde inagotable en nuestro corazón. Él es el Camino que conduce a nuestro lugar sagrado, al tiempo que es el Caminante que nos guía o que nos carga sobre los hombros en ocasiones. Es la Puerta de acceso al Espacio único donde los milagros tienen lugar y el tálamo donde la Unión se consuma y la Alegría comienza a brotar inagotable.

En ese instante se da uno cuenta de que ese Camino está ahí para todos, que el destino de todos es alcanzarlo y recorrerlo más tarde o más temprano. Todos habitamos y exploramos las moradas del Castillo Interior a las que se refería Santa Teresa de Ávila. Cada una de esas moradas tiene salas, corredores, sótanos o mazmorras y nuestra experiencia queda definida por el espacio en el que desarrollamos nuestro existir.

Pensamos que ese castillo es Dios. Pensamos que es Dios quien nos oprime o nos libera. Y Dios, en todo caso y viéndole muy pequeño, es el Señor del Universo de Universos en el que se encuentra el Castillo. El Castillo es la parte de nuestro yo de tercera dimensión y nuestra tarea es conocerlo, explorarlo, limpiarlo y arreglarlo, poner en orden y descubrir cada uno de sus rincones y estancias. Controlar a todos los servidores, ser los amos y señores para que todos sigan la guía cierta del Señor del Castillo, nuestra guía. De este modo, si eres capaz de liderar de forma responsable, consciente y firme, te asegurarás la colaboración y obediencia de cada uno de los personajes que lo pueblan y que forman parte de ti.

Ese dominio es la clave para que un día puedas salir al exterior sabiendo que todo queda dentro en perfecto orden. Podremos explorar los campos, los valles y los caminos para llegar hasta el mar. Eso que vas a recorrer es únicamente una pequeña parte del planeta que tienes que conocer. Cuando hayamos conquistado el mundo entero pondremos nuestros ojos en el inmenso cielo circundante. Veremos los satélites, el sol, los planetas del sistema solar, los de una galaxia que habita dentro de un Universo que está dentro de un Universo de Universos. Veremos todas las estrellas infinitas y sabremos que nuestro Camino nunca se acaba y que cada fin es el comienzo de algo nuevo.

Hugo volvió a la realidad. Había pasado media hora liberado de la densidad física; todo él se había renovado y preparado para lo que le deparase la jornada. Se dio cuenta de que su vida y él mismo se habían ido transformando porque estaba comprendiendo y asimilando nuevas informaciones y posibilidades. Su vida se iba centrando porque él lo hacía. Empezaba a ser feliz.

Ese día iba a tomarse unos días de descanso con Claudia, Esmeralda y Mario. Luego tenía que tomar decisiones y su relación con Claudia era su prioridad. Dios quisiera que estos días le sirviesen para poner las cosas en su sitio.

De un salto se puso de pie y entró en la ducha. Había llamado a Enrique para decirle que aceptaba su oferta. No había visto a Claudia muy entusiasmada pero estaba seguro de que lo apoyaría. Seguro. Lo hablaría con ella en profundidad durante la estancia en la casa rural. Se afeitó y se vistió y a las siete y media en punto estaba preparado para salir a buscar a los demás.

—

TERCERA PARTE

Reconectándose a los cuerpos de luz

I. La visita a la Montaña Mágica

El día siguiente al de Navidad amaneció radiante. A las ocho de la mañana Hugo y Claudia estaban ante la puerta de la casa de Mario y Esmeralda. Bajaron enseguida, felices y contentos. Llevaban dos días con sus noches casi sin salir. Lo habían hecho para celebrar la cena de Nochebuena y la comida de Navidad con Doña Paula, la madre de Mario, pero habían vuelto a su casa lo antes que habían podido. Airearse un poco les vendría bien. Todos estaban de buen humor.

Enfilaron una de las grandes arterias de la ciudad para salir hacia las estribaciones del Macizo Central, una cadena montañosa que casi atravesaba la península de Este a Oeste. En el extremo Oeste existía una zona única, especial, con un microclima que eliminaba los rigores de los fríos invernales y de los calores achicharrantes del verano. Estaba entreverada de riachuelos de montaña que formaban pozas de agua fría y transparente que alimentaban los sembrados. También permitían que los lugareños paliasen el calor de los días más asfixiantes. En primavera esos campos estaban llenos de flores de todos los colores. La vista y el olfato se extasiaban contemplando las grandes extensiones de frutales florecidos.

Llevaban recorridos unos 300 kilómetros, 333 para ser exactos, cuando siguiendo las indicaciones de Diana tomaron el desvío de una carretera comarcal. Era estrecha pero estaba cuidada y bien pavimentada. En el kilómetro 33,3 encontrarían un tablón que anunciaba la casa rural, con la punta de flecha señalando en dirección a una pista de tierra. Tenían que adentrarse en ella y la encontrarían tras recorrer 3,3 kilómetros.

–¿La casa rural tiene un nombre?, preguntó Mario.

–Sí, –respondió Hugo–. Se llama *El Escarabajo Rojo*.

—¿El Escarabajo Rojo? Qué nombre más raro —dijo Esmeralda.

—Sí, es raro la verdad. Pero ése es su nombre —respondió Hugo—. Y el de la persona que la dirige no es menos raro. Se llama Casandra.

—¿Casandra?

—Pues sí. Pero más que raro es poco frecuente por estos lares —exclamó Claudia.

Exactamente en el kilómetro 33,3, a la derecha, estaba el tablón de madera. Habían grabado en la parte superior la leyenda «Casa Rural» y debajo aparecía tallado un gran escarabajo, brillante, en color rojo fuego.

Giraron a la derecha y comenzaron a ascender por un camino de tierra, tal como se les había indicado. En ocasiones era apenas más ancho que un sendero. Sinuoso y lleno de curvas les conducía directamente a la cima de una montaña no muy alta. Observaron el paisaje y se asombraron de su grandeza, de los extensos campos de cultivo y las plantaciones de frutales. A ocho o diez kilómetros podía verse un lago azul y, entre este y el lugar por el que ascendían, varios riachuelos que fluían alegres y cantarines atravesando las tierras de labor.

Llegaron a la cima. El camino se ensanchaba y se dirigía ondulante hacia una preciosa casa rodeada de árboles majestuosos y frondosos dispuestos de tal manera que permitían a los rayos de sol lamer el techo y las paredes de la construcción y que llegaran hasta ella la luz y el calor. Estaba encalada en un blanco impoluto; los tejados de teja roja y las puertas y ventanas de madera en su color natural. Los alféizares de las ventanas se adornaban con jardineras de barro cuajadas de flores rojas, frescas y lozanas, mientras macizos de lavandas de delicado color violeta rodeaban la edificación, esparciendo su fragancia alrededor. En los prados del entorno multitud de flores de todos los colores eran un canto vivo de la Madre Naturaleza.

Permanecieron atónitos contemplando ese lugar que parecía salir de un cuento de hadas. ¡Cómo era posible ese esplendor vegetal a finales de diciembre! Pensaron estar padeciendo una alucinación colectiva. Aparcaron fácilmente. Había cuatro o cinco vehículos estacionados que habían llegado antes que ellos pero cabían 20 o 30 más en el párking. Descendieron del coche sin dar crédito a lo que veían. Se aproximaron a los parterres de flores. Necesitaban tocarlas para asegurarse de que no se trataba de un *atrezzo* preparado para impresionar. No era un *atrezzo*, ¡eran completamente reales!

Hugo se acordó inmediatamente de la tía Pura y de la experiencia que había vivido con ella dos o tres años antes. El corazón le dio un vuelco. Le pareció estar en un lugar parecido pero a lo grande. Comprendió inmediatamente que aquello no había sido una locura de la tía Pura y lamentaba no haber estado más receptivo, ni haber sido más atento y respetuoso.

Se dirigieron a la puerta de entrada. Sobre el dintel había un escarabajo tallado en madera y lacado en el mismo color rojo fuego que habían visto antes, pero con los élitros abiertos y las alas transparentes extendidas como para emprender el vuelo. La puerta no tenía la llave echada y se podía entrar libremente. Al abrirla, la hoja rozó levemente un móvil de campanitas de plata que tintinearon alegremente expandiendo sus sonidos argentinos, como dándoles la bienvenida. No había nadie a la vista. Inspeccionaron la entrada y el gran salón adyacente con una enorme chimenea en la que el fuego crepitaba agradablemente. Todo estaba impecablemente limpio. Los suelos pulidos y brillantes, los cristales resplandecientes sin una mota de polvo. Flores frescas en los jarrones y una música deliciosa en el ambiente.

Sin hacer ruido se abrió una puerta de cristales, lateral, que daba al jardín. En el dintel apareció sonriente una dama de unos sesenta y cinco años, cabellos muy blancos recogidos elegantemente en la nuca y piel sonrosada. Iba vestida con una túnica blanca, muy amplia y elegante, que parecía impropia para la hora que era, el tiempo y el lugar. Los miró como sorprendida.

—¡Ya estáis aquí! Encantada. Soy Casandra —se presentó. Y se dirigió hacia ellos con la mano derecha extendida en un gesto cordial de saludo. Tras las presentaciones los condujo a sus habitaciones. Eran amplias y cómodas, amuebladas con sencillez y elegancia, cortinas, colchas y tapicerías blancas. El aire, se estuviera donde se estuviera, olía a flores.

—Podéis visitar todo el complejo como deseéis —les dijo—. Aquí venís a descansar, a reponeros del ajetreo de la ciudad. Podéis asistir a los trabajos grupales o no. Como queráis. La comida es a la una y la cena a las ocho. Es importante que seáis puntuales.

—¿Trabajos grupales? Diana no me lo dijo, ¿qué trabajos? —preguntó Hugo.

—Hago una meditación guiada cada mañana a las siete, antes del desayuno. Se puede desayunar a partir de las ocho hasta las diez y media. Por la tarde, de seis a ocho, hay reuniones de formación.

—¿Reuniones de formación? —exclamó Esmeralda.

—Sí, jajaja —rió Casandra—. No son cursos ni se trata de ninguna formación estructurada ni reglada para obtener diplomas o reconocimientos. Se van tratando diferentes temas que puedan ser interesantes. Todo está incluido en el precio. Estáis formalmente invitados y os las recomiendo.

—No hemos formalizado ninguna ficha de inscripción; imagino que será necesario.

—Naturalmente —respondió Casandra—. Dejad los documentos de identidad sobre el mostrador de la entrada. Esta noche, antes de la cena, podréis recogerlos.

»Hasta entonces —se despidió—.

—Por cierto, Casandra —preguntó Claudia—, ¿qué significa el escarabajo rojo que hay sobre la puerta de entrada de la casa, uno que está a punto de emprender el vuelo?

—Ah, ¡eso! Representa al discípulo que está preparado para volar, espiritualmente hablando.

—¿Para volar? —dijo Mario.

—Sí —explicó Casandra al tiempo que una leve y misteriosa sonrisa se plasmaba en su rostro—. Para ir en busca de sí mismo. Por cierto, si vais a las reuniones grupales sería mejor que os vistierais de blanco. Si no habéis traído ropa blanca encontraréis túnicas como la mía en un armario detrás del mostrador de recepción. Es mejor que todos vayamos vestidos igual. Así evitamos las distracciones y preocupaciones innecesarias.

Se despidieron y, tras colocar su ropa y objetos personales en los armarios, salieron a dar un paseo por los alrededores para hacer tiempo hasta la hora de cenar. Hasta allí no llegaba la señal del móvil, qué descanso. Ni la señal de la TV. Qué maravilla. Era un lugar para la tranquilidad. Ahí se iba a estar con uno mismo. Ya se lo había avisado Diana a Hugo.

En ninguno de los espacios que recorrieron dentro de la casa o fuera vieron a otro ser humano, salvo el encuentro con Casandra. Todo estaba cuidadísimo, impecable, como si un ejército de servidores colocase las cosas en su sitio y limpiase hasta hacer que todo brillara. Era extraño, pero en realidad daba igual cómo lo hicieran. Estaba todo perfecto y eso era lo importante. Después de recorrer los alrededores su asombro fue en aumento. Los jardines, el huerto, el almendro gigante en flor... Hugo pensó de nuevo en la tía Pura. Tuvo la sensación de que habían llegado al paraíso. ¡En diciembre!

Retornaron a la casa. Eran las ocho de la noche y la cena debía estar preparada. En la puerta los esperaba Casandra, serena y sonriente. Los invitó a pasar. Cuando entraron en el comedor los alimentos estaban dispuestos en la mesa a punto para ser degustados. Todo estaba delicioso, hecho con cariño.

Pero Casandra no comió ni bebió nada aunque los acompañó todo el tiempo en que estuvieron sentados. Terminada la cena se retiraron a sus habitaciones, después de quedar en verse a la hora del desayuno. Estaban agotados.

II. Esmeralda y Mario. Primera noche en el Escarabajo Rojo

Una vez solos, Esmeralda y Mario se miraron, atónitos por lo que estaban viviendo. ¿Qué lugar era ése? ¿A dónde los había llevado Hugo? Era inesperado y sorprendente. Como un sueño. Tal vez estaban soñando y les parecía que ése era el mundo real. Puede que al levantarse encontraran una explicación plausible para todo lo que ese día les había parecido mágico y extraordinario.

Se miraron el uno al otro. Mario atrajo a Esmeralda hacia sí y la abrazó profunda y largamente. Le susurró suavemente mientras besaba su cabello y su cuello delicadamente: «te amo esposa mía, por fin estamos completamente juntos. Te haré mi esposa ante todos en cuanto salgamos de aquí y pasen estas fiestas». Esas palabras llenaron su corazón de resonancias ancestrales que les produjeron bienestar y tranquilidad.

—¿Qué crees que nos pasó el otro día, Mario? Cuando llegamos a la luz —preguntó Esmeralda.

—No tengo ni idea —respondió él—. Nadie me ha hablado jamás de una cosa así. Si no lo hubiera vivido, no lo creería.

—Ya... ni yo. Fue algo inesperado. Nunca nadie me había informado de que algo así pudiera darse. Últimamente están pasando muchas cosas fuera de lo común, la verdad.

—Sí. En realidad esas cosas siempre están ahí rodeándonos, solo que no solemos verlas.

—¿Crees que nos da miedo verlas?

—No lo creo. Estoy seguro.

—¿Por qué?

—¿Por qué? Pues porque lo que llama nuestra atención suele ser áspero y duro. Estamos habituados a convivir con lo negativo, con las desgracias, con los accidentes, con el miedo, y derrochamos una vida tras otra intentando hacernos fuertes para resistir eso. Lo bonito, lo mágico, nos parece que nos va a reblandecer el cerebro y que nos va a dejar desamparados y débiles para volver a afrontar lo terrible.

—Sí, puede que sea eso.

—Es hablar por hablar, Esmeralda. Tiene que tener un sentido que nos cueste tanto superar las limitaciones de lo «normal».

—En realidad yo creo que la clave es verlo todo completamente al revés.

—¿Al revés? —se extrañó Mario.

—Sí, al revés. Pienso sinceramente que, para poder ver lo mágico, hay que ser infinitamente más fuerte, sólido, sereno, equilibrado y sano que para ver lo que tememos y nos asusta.

—¿Tú crees?

—Lo creo. Para saltarse los límites impuestos y falsos de la realidad, es decir, para traspasar los límites del infrarrojo y del ultravioleta, hay que tener los pies muy bien puestos sobre la tierra y sus condicionantes al tiempo que la cabeza se abre a lo superior y se prepara para esa rotura de límites. Los límites, aunque condicionan enormemente, dan seguridad.

—Me parece razonable. ¡Qué lista eres! Ven aquí —le dijo Mario a su esposa atrayéndola hacía sí.

Mientras hablaban se habían ido desvistiendo y se encontraron debajo de las sábanas.

—Vamos a averiguar qué es lo que hay después de la luz —dijo Mario riendo alegremente.

—Si llegamos allí no te asustes, guarda la calma y búscame —dijo Esmeralda—. La forma de buscarme y encontrarme puede que sea diferente de cómo lo harías aquí.

—¿Cómo de diferente?

—Sí. Utiliza la mente. Piensa y enfoca tu intención en lo que quieres conseguir. Yo haré lo mismo.

—Ok —dijo Mario—. ¿Qué pasa si no llegamos a la luz ésa?

—Pasa que habremos hecho el amor de una forma única y entregada, reservada a los privilegiados que se dan sin medida, cariño.

Dos horas más tarde todo se hizo luz de nuevo para ellos. Al principio la sensación era de desconcierto, mareo y desorientación. Pasó un buen rato hasta que Esmeralda comprendió lo que le estaba pasando. Hacía el amor con Mario y, al llegar, al orgasmo llegaba la explosión de luz. Sí, Mario debía de estar a su lado, desorientado tal vez.

Trató de ajustar su mente pero le costaba saber qué es lo que quería hacer y tener presente la secuencia completa desde el comienzo hasta el final. Al rato decidió que era importante encontrar a Mario y que debía comenzar por enfocarse en esa intención, tener el objetivo bien definido. Luego formuló una pregunta mental.

«Mario, ¿puedes oírme? ¿Estás aquí conmigo?» No recibió ninguna respuesta. «¿Me oyes Mario?»

Nada. Esperó. Al rato, sintió una especie de remolino de energía a su izquierda. «Estoy aquí Esmeralda», oyó en alguna parte de lo que debía ser su cabeza.

«Gracias a Dios. Dame la mano, ¿puedes? Imagina que me la das; yo lo voy a imaginar al mismo tiempo. ¡Ahora!»

Instantáneamente tuvo la sensación de que la tomaban de la mano. No tenía mano pero sentía que otra mano la sostenía. Poco a poco, la luz fue haciéndose menos brillante y cegadora. No quemaba ni molestaba pero no se podía distinguir otra cosa más que luz. Miró hacia abajo. Comenzó a entrever su cuerpo. Tenía la forma de siempre pero era también de luz. Dijo en alto mentalmente: «Mario, mira tu cuerpo. Se está formando poco a poco. Es como de luz».

Mario concentró en él mismo su atención.

«Lo veo, sí. Lo distingo cada vez mejor. Vamos a sosegarnos, Esmeralda, tal vez así podamos darnos cuenta de dónde estamos».

Eso hicieron. Lo que les rodeaba se fue aclarando. Retornaron los colores y las formas definidas. Al cabo de un rato veían con bastante claridad. Dos figuras comenzaron como a materializarse enfrente de ellos. Esmeralda se sobresaltó.

«¡Lahurt! ¡Vannet!» exclamó con alegría.

«¿Los conoces?» preguntó Mario.

«Sí que los conozco. Desde siempre. Son mis Guías para la Introducción en la Tercera Dimensión. Ahora lo recuerdo plenamente. ¡Dios mío!, ¿cómo he podido casi olvidaros?»

«¿Para la Introducción en la Tercera Dimensión? No entiendo nada, Esmeralda».

«Ellos fueron mis introductores en la Tercera Dimensión. Lahurt me acompañó hasta los tres años, los más difíciles. Luego vino Vannet. Estuvo conmigo hasta los ocho o nueve, justo la edad en la que se supone que se entra en la etapa del sentido común y se cierra la fontanela. Se recupera el sentido común y se pierde el sentido extraordinario. ¡Qué pena! Bueno, no sé si estuvo más tiempo conmigo. Después casi los olvidé. Bueno, no los olvidé del todo; me acordaba de sus nombres, pero dejé de ser consciente de interactuar con ellos. Creí que estaba sola. No puedo creerlo. ¿Sois una ilusión de mi mente?»

Habló Lahurt. Su voz sonaba un poco ronca pero pausada y serena. Miró a ambos con ternura, como un padre que mira a sus hijos después de que éstos han pasado y superado una difícil prueba.

«Bienvenidos, mis amados».

Una corriente de ternura los envolvió suavemente.

«Bienvenidos» repitió Vannet produciendo en ellos el mismo efecto.

«No somos una ilusión de vuestra mente –dijo Lahurt–. No os estáis inventando nada. Este encuentro estaba programado hace eones».

«¿Eones?» exclamaron ellos a la vez, sorprendidos.

«Desde luego. Son puntos de apoyo para vuestra evolución personal y para la del planeta».

«Entonces, ¿todo esto estaba preparado de antemano?»

«Estaba previsto. Los seres humanos tenéis que empezar a reconectaros con vuestros niveles sutiles de conciencia, a familiarizaros poco a poco con las otras dimensiones. Eso no va a suceder de forma masiva, de golpe. Se va a producir paulatinamente, persona a persona, para crear nuevos modelos que, inscritos en la rejilla magnética de la tierra, den soporte a los que vayan viniendo detrás».

«¿Nuevos modelos?» exclamó Mario.

«Por supuesto. Cuando vosotros miráis vuestro mundo y las formas mentales establecidas, veis un conjunto duro y rígido, con todas las correspondencias y relaciones que puedan imaginarse, que tiene la apariencia de algo imposible de cambiar o transformar».

«Pues sí. Has dado en el clavo. La sensación que uno tiene es que se encuentra delante de un muro ciclópeo imposible de derribar o de hacerlo un poco más accesible».

«Eso no es real. Todo puede cambiarse o transformarse. Todo lo que veis en vuestra dimensión ocurre, pero no es real. Es una ilusión».

«¿Una ilusión?» exclamó Mario asombrado.

«Sí. Una ilusión. Una ilusión mental. Esa ilusión puede transformarse si van cambiando primero las personas individualmente hasta alcanzar la masa crítica. Esto que estáis viviendo es parte de vuestro cambio. Un cambio muy avanzado, afortunadamente. Habéis tenido que luchar mucho con vosotros mismos para llegar hasta aquí. Os lo aseguro».

«Lahurt, estamos asombrados –dijo Esmeralda–. Hemos llegado hoy al Escarabajo Rojo, un lugar fuera de cualquier parámetro conocido. ¿Es un sueño?»

«Todo es un sueño –dijo enigmáticamente Lahurt–. Pero para vosotros ahora es real. Vivid cada minuto con toda la intensidad que os sea posible. Tenéis que aprender ahí algunas cosas muy importantes. Será una experiencia reconfortante».

«Ya. Lo haremos así… ¿Vais a quedaros con nosotros para siempre?»

«Para siempre… –rió alegremente Lahurt–. Siempre, nunca… son absolutos que no se ajustan a la verdad de entrada. En lo que se refiere a nosotros, sin embargo, estamos con vosotros aunque no os deis cuenta. No debería decirlo pero en este caso podría añadir que 'siempre'».

«Ah, ya. Eso, pero si no os vemos no es tan fácil…»

«Ya veremos qué va sucediendo. Es una cuestión de disciplina –respondieron–. Casi nunca lo que vosotros creéis que es lo mejor es lo que conviene. Estamos haciendo un trabajo conjunto».

«¿Un trabajo conjunto? ¡Pero si casi os había olvidado!»

«¿Olvidado? ¿Recuerdas al niño del parque, Esmeralda? ¿El día en que te sentías bloqueada sin saber qué hacer?»

«¡Cómo no recordarlo! ¿Eras tú? ¡Dios mío! Tiene todo el sentido del mundo».

«Y tú, Mario, ¿recuerdas a la dama del banco del Parque del Retiro?»

«¡Cómo olvidarla! Fue una experiencia para recordar toda la vida».

«Pues eso es lo que tenéis que ver, apreciar y valorar».

«De acuerdo. ¿Volveremos a veros?» preguntó Esmeralda.

«Tan impaciente como siempre –respondió Vannet–. En eso no has cambiado nada Esmeralda. Sí, después de esta ocasión nos veremos en estos días durante vuestros periodos de

sueño. Y no estaréis vosotros solos, Hugo y Claudia os acompañarán. Después ya veremos, como os ha dicho Lahurt».

«¿No he cambiado? —rió Esmeralda contenta—. Procuraré moderarme y aceptaré vuestra guía, vuestro modo de hacer las cosas y vuestras indicaciones. Lo recordaré».

«Eso está muy bien. Es hora de que volváis. Os amamos. Id en paz y no olvidéis hacer todo desde el corazón».

Esa palabra fue como una clave mágica. De inmediato se formó un remolino de luz que disolvió toda la escena y los arrastró con fuerza hacia el centro. Tenían la impresión de ser absorbidos por algo que los empujaba hacia abajo. Giraron vertiginosamente y comenzaron a caer. Los recibió el colchón de la cama como si hubieran dado un pequeño salto sobre él. Después de un rato abrieron los ojos desorbitados por el asombro y se miraron el uno al otro.

—¡Madre mía! ¡Qué ha sido esto! —exclamó Mario—. Estoy mareado, como si estuviera fuera de mí.

—Yo también estoy mareada. Esto ha sido nuestro destino que ha venido a buscarnos, Mario. Nada va a ser igual para nosotros a partir de ahora.

—No nos van a creer cuando lo contemos.

—No vamos a contar nada, al menos por ahora. Lahurt y Vannet han venido a avisarnos. Nos están instruyendo a todos. Ya veremos para qué. Es solo cuestión de tiempo. Vamos a dormir, cariño. Gracias por la hermosa experiencia de hoy. Nunca pensé que hacer el amor me podría hacer sentir de esta forma.

—Gracias a ti, mi vida. Ha sido insuperable —dijo Mario—. Vamos a dormir. A ver qué sorpresas nos esperan mañana.

Apagaron la luz pero Esmeralda no podía conciliar el sueño. Estaba impactada por lo sucedido. Reconocer a sus guías, Lahurt y Vannet, le había producido un *shock* porque, al verlos, había recordado las instrucciones y enseñanzas recibidas de ellos durante tantos años. Le parecía imposible haberlos olvidado aunque había estado avisada de que en un momento dado le iba a dar la impresión de que el recuerdo de sus experiencias se iba a ir desvaneciendo con el fin de reforzar su aprendizaje.

Ella había nacido con un propósito, como todos, pero la diferencia es que ella siempre lo supo, desde la cuna. Lo borraría durante un determinado periodo de su vida y recuperaría el recuerdo más tarde, a tiempo de dar el gran paso para alcanzar la Iluminación Activa. Y con ella todo su linaje. En eso estaba el mundo. Dentro de unos años o unos siglos, la Humanidad habría alcanzado mayoritariamente el primer nivel de esa llamada Iluminación Activa.

La gente incorporaría este estado inicial de Iluminación a su vida ordinaria convirtiendo en sagrado todo su quehacer en el papel que les tocase desempeñar: como padres, hijos, maridos, esposas, novios, amantes, empleados, empleadores, estudiantes o empresarios. Daba igual a qué se dedicasen, Dios estaría presente en sus vidas. Todo seguiría siendo lo mismo pero habría cambiado el sistema de valores personales.

El Espíritu se mostraría de dentro a fuera. Se iría abriendo poco a poco la conciencia de los individuos hasta conseguir desplegar en toda su gloria el loto del corazón. El trabajo personal propiciaría la conexión entre el loto del corazón y el de la cabeza, situado en la glándula pineal, abriendo el camino a la reconexión total del sistema bioenergético y a la manifestación en la conciencia de los niveles sutiles.

La energía del Cristo comenzaría a emanar a través de esa puerta abierta hacia uno mismo y hacia todos los demás, aun sin proponérselo, extendiéndose en una ola de sanación propia y colectiva. Aquél que se encuentre preparado y aún no florecido, podrá utilizar ese mágico influjo como un recordatorio, un apoyo utilísimo para reforzar su propio proceso e irradiarlo más tarde en su entorno cuando la apertura se haya consumado, para que los demás reciban la misma ayuda que él recibió. Será como una gota de aceite balsámico extendiéndose por la superficie del agua, suavemente pero sin detenerse, como un lenitivo.

Se dio cuenta de que se estaba relajando. Era muy gratificante recordar todo lo que sus Guías le habían estado enseñando a lo largo de los años. Era como encontrarse de nuevo en casa. Estaba en casa. Su vida se estaba ordenando y se sentía feliz. Plena y feliz. Se durmió con una sonrisa en los labios.

III. Hugo y Claudia. Primera noche en el Escarabajo Rojo

Al entrar en la habitación los dos sintieron una extraña sensación. Era como un aviso de peligro. Desde hacía ya varios días a Claudia le parecía que percibía su vida de un modo extraño. Es como si un enorme cambio fuera a sobrevenir y todo cesara de ser, de repente, como había venido siendo.

Ella lo achacaba todo a Hugo. Era consciente de que su relación estaba pasando por un momento difícil. Hugo era encantador y divertido siempre, pero estaba convencida de que seguía pensando lo de costumbre, que no la amaba. Nunca se lo había ocultado ni disfrazado. El tema estaba sobre la mesa y lo habían hablado muchas veces. Hasta entonces no había sido un inconveniente para Claudia, pero estaba empezando a serlo. ¿Por qué le pasaba esto ahora? Le había entrado miedo. Un miedo atroz a que todo se acabase. Amaba a ese hombre a pesar de los pesares.

Hugo entró en el baño. Se lavó los dientes y se duchó. Salió al cabo de un cuarto de hora fresco y relajado para esperarla en la cama. Ella hizo lo propio después de él. A Claudia le daba pavor que iniciase una conversación y que el tema fuera el que ella temía abordar. Esta vez no lo podría soportar. Le parecía que estaba llegando a su límite de resistencia. Necesitaba sentirse amada y querida, necesitaba ser indispensable en la vida de alguien y que ese alguien estuviera seguro de que había una posibilidad de futuro juntos.

Salió del baño pero Hugo no habló de nada. Se limitó a mirarla intensamente, mejor, a admirarla. «¡Cómo me gusta esta mujer!» se dijo una vez más. Quería decirle que le había respondido a Enrique afirmativamente sobre la propuesta que le había hecho. Pero tenía que tener cuidado con las cosas que le comentaba a Claudia porque corría el peligro de echarla de su mundo. Ella era extraordinariamente sensible. Al cabo de un largo rato, como quien no quiere la cosa, comentó:

—He llamado a Enrique, Claudia.

—¿Ah, sí? ¿Cuándo?

—Esta mañana, antes de salir de casa. Te lo cuento porque yo te había dicho que lo quería hablar contigo en profundidad; es que no tuvimos ocasión.

—No, la verdad es que no —respondió Claudia con un tono severo en la voz.

—¿Me apoyas en esto, verdad? Tú sabes que es la ilusión de mi vida.

—¡Cómo no voy a apoyarte! Yo también creo que ésta es tu gran oportunidad.

—Nuestra gran oportunidad, ¿no?

—Tu gran oportunidad, Hugo.

—¿No vas a estar conmigo?

—No sé si voy a estar o no contigo pero se trata de tu trabajo. Yo tengo el mío.

—Ya lo sé, pero te quiero a mi lado.

—Si logramos amarnos estaremos juntos, si no, seguiremos cada uno por nuestro lado. Como toda la gente que decide dejar de vivir junto a alguien porque se da cuenta de que no se aman. Es el pan nuestro de cada día.

—Yo he cambiado mucho, Claudia. No me parece que soy la misma persona que era. El trabajo con Diana está dando sus frutos, ¿no lo notas?

—Sí, lo noto, por supuesto que lo noto. Y me alegro muchísimo.

—Ven conmigo, cariño. Déjame cuidarte, déjame quererte. Te noto distante, rara y eso me preocupa —dijo Hugo intentando abrazarla.

–Discúlpame, Hugo, estoy agotada. Demasiadas emociones. Mañana será otro día.

–Como quieras.

Hugo no insistió. Se apagó como quien apaga una lámpara de sobremesa. Claudia estaba definitivamente rara, muy rara. Por primera vez tuvo miedo con respecto a ellos.

–Hasta mañana –dijo Claudia–. Se acostó de espaldas a Hugo y apagó la luz. Empezó a llorar en silencio para que él no la oyera. La relación se estaba muriendo, se estaba acabando, lo estaba viendo venir y no sabía qué más hacer.

–Hasta mañana –respondió él.

Hugo se quedó pensativo, a oscuras. Percibió la desolación de Claudia. Hubiera deseado abrazarla, amarla y explicarle lo que pasaba por su cabeza y su corazón. Pero hizo un esfuerzo y se contuvo. Podía entender su falta de ánimo. Él le había dado mucha lata los últimos años con su indefinición. Pero ahora estaba pasando algo, se daba cuenta. Es como si en él se estuviera transformando el núcleo duro de su dolor, ese sentir profundo y misterioso que parasitaba su vida y sus relaciones.

No quiso decirle nada de este cambio; le preocupaba hacerle más daño. Quería estar bien seguro de sus sentimientos y de que podría conseguir que el curso de su historia personal evolucionara de una forma más segura y definitiva.

IV. Segunda jornada en el Escarabajo Rojo

Cuando Esmeralda y Mario bajaron al comedor Hugo y Claudia llevaban veinte minutos disfrutando del desayuno que habían preparado para ellos. Había de todo y estaba delicioso. No se veía a Casandra por ninguna parte. ¡Ah claro! Estaría en la meditación de la mañana y seguramente no habría terminado.

Se saludaron todos alegremente.

—¿Qué vamos a hacer hoy?

—Podemos ir de excursión por los alrededores, para conocer la comarca —propuso Mario.

—A Cáceres —apuntó Claudia—. Dicen que es precioso, que conserva una parte de ciudad medieval magnífica. Y está cerca.

Desayunaron espléndidamente. Cuando estaban terminando apareció Casandra en el comedor. La recibieron con entusiasmo.

—Buenos días a todos —dijo ella—, ¿cómo habéis dormido? ¿De qué ánimo estáis esta mañana?

—Estamos pensando ir de excursión—, respondieron.

—¿Ah, sí? ¿Habéis pensado algún sitio específico? Porque yo puedo llevaros a un precioso lugar, si os apetece. Se llama las Cascadas de Plata. Son aguas termales que salen a una temperatura perfecta de veintiocho o treinta grados. Podemos bañarnos y pasar el día allí. Prepararemos unos bocadillos, fruta y pastel, para que no nos falte de nada. —Todos recibieron la propuesta con entusiasmo y decidieron ir allí.

Cuando estuvieron listos iniciaron la marcha en el coche de Hugo. Utilizaron el vehículo hasta que llegaron a un punto en la falda de una montaña de pura roca donde Casandra les indicó que deberían seguir el camino a pie. Descendieron del coche y se repartieron la carga de las bolsas de comida y agua. Casandra abría la marcha para servir de guía.

Anduvieron por una senda serpenteante entre las peñas. El día era magnífico y todos estaban contentos. Las laderas de granito eran realmente hermosas, pero de una belleza árida. Nada de lo que veían hacía presagiar lo que iban a encontrarse un poco más arriba. El camino comenzó a ensancharse y aparecieron praderas verdes a un lado y otro del sendero. Y flores, muchas flores de todos los colores. Oyeron el ruido de una masa de agua que se precipitaba con estruendo. Avanzaron un poco más y llegaron al origen del sonido. El agua caliente caía desde una altura de cincuenta metros a una poza de agua azul y cristalina de unos ciento cincuenta metros de diámetro, desprendiendo vapor a causa de la diferencia de temperatura con el ambiente. A media altura de ésta había otra fuente de agua, en este caso fría, que brotaba entre las peñas uniéndose a la primera y que producía los 28 o 30 grados, más o menos, de temperatura de la poza. El agua caliente y la emisión de vapor generaban un microclima en el que una enorme variedad de plantas y flores propias de zonas más cálidas prosperaban con todo el esplendor de la diversidad de formas y colores, así como innumerables mariposas, insectos, aves y otros animales de pequeño tamaño.

No salían de su asombro. ¿Dónde estaban? ¿Qué era este lugar? ¿Cómo es que nunca habían oído hablar de él? Lo miraban todo sorprendidos por la belleza que los rodeaba sin comprender nada.

Casandra se arrodilló y puso las palmas de las manos y la frente en contacto con el suelo en cuanto entraron en el recinto. Pareció que oraba y al cabo de unos minutos se puso de pie y se unió a los demás.

Buscaron un sitio para liberarse de los bultos y la ropa y se lanzaron al agua como niños. Jugaron entre ellos con la entrega y la despreocupación de un tiempo olvidado. Casandra los miraba divertida y los animaba a recorrer los alrededores y a lanzarse al agua desde las rocas. El agua era suficientemente profunda. Disfrutaron de todas las posibilidades que el lugar les ofrecía hasta la hora de comer. Para entonces Casandra había extendido un mantel de cuadros rojos y blancos sobre la hierba y había dispuesto sobre él los bocadillos, la fruta, los postres y el agua que llevaban.

Tenían un hambre de lobos y atacaron las viandas sin demora. Casandra no probó bocado ni bebió, como siempre. Estaban a gusto, tranquilos y relajados, cuando Claudia le preguntó:

—Dime Casandra, ¿qué lugar es este? ¿Dónde estamos? ¿A dónde hemos venido a parar? Todo es extrañamente perfecto aquí, en Las Cascadas de Plata y en El Escarabajo Rojo.

—¿Te parece extraño? ¿En qué es extraño?

—Me parece normal y raro al mismo tiempo. No vemos a nadie trabajando, pero todo está limpísimo, perfecto y a punto.

—Ya..., ¿es eso lo que te llama la atención?

—La temperatura, el clima en general no es propio de esta época del año. Todo está florecido, como si estuviésemos en primavera. Estamos como en otro mundo.

—Sí, es cierto. Es la estación más abundante y benévola, la primavera, digo. Es cuando comienza un nuevo ciclo de la vida. Todo se renueva para dar nuevos frutos.

—Eso es, pero estamos a finales de diciembre.

—El mundo está a finales de diciembre —dijo Casandra enigmáticamente—. Vosotros estáis en otro momento. Estáis viviendo una nueva primavera de un ciclo de vida muy largo.

—¿Cómo es eso? —preguntó Mario.

—Como es arriba es abajo, como es adentro es afuera, como es en lo grande es en lo pequeño. Todo lo que veis es una expresión de vosotros mismos. No es la única forma en que la podéis manifestaros pero ésta que ahora contempláis es una de las más agradables. Lo iréis comprendiendo poco a poco. Todo a su debido tiempo.

—¿Y por qué se llaman las Cascadas de Plata?

—Es la pura energía de la Madre Divina, de la Diosa, de la Reina, representada por la plata y por la luna. Cada uno de esos aspectos son niveles de comprensión y de conciencia del mismo concepto. Hay que llegar al más elevado e integrarlo. Pero esa comprensión no vendrá de fuera sino de dentro. No es algo que pueda aprenderse con el hemisferio izquierdo y el cuerpo mental. Lo que va a ordenarse es el hemisferio derecho y con él todo el campo de la intuición, de lo femenino, de las emociones, los sentimientos, la sutileza y la expresión del amor. Esto va a alinearse, a purificarse. Se eliminarán los campos de interferencia emocionales que percibimos interiormente como barullo y agitación mental y que nos impiden manifestar el silencio interior y la serenidad ante los hechos y acontecimientos que se producen en nuestra interacción con el mundo.

»La pura energía del Padre Divino, de Dios, del Rey, está representada por el oro y por el Sol. La energía masculina que se encuentra ubicada en el lado derecho del cuerpo, incluido el hemisferio cerebral izquierdo. Es la acción. Planta la semilla del Amor que luego hace crecer la Divina Madre.

»Ambas energías están dentro de nosotros. La Luz dorada penetra por el séptimo chacra y la plateada por el primero para encontrarse en el corazón, donde se unen y engendran la Luz del Cristo, el hijo y su maravillosa Llama Trina. Es fundamental armonizarlas para que hagan bien su trabajo y nos permitan ascender. Todos queremos crecer como seres conscientes que somos, que nuestra conciencia se abra y alcancemos a saber quiénes somos, de dónde venimos, a dónde vamos y cuál es nuestro propósito.

»Si cruzamos el Puente de Plata contactaremos con nuestro Cristo Interior... Eso hemos venido a hacer aquí hoy. Los efectos de esta limpieza los observaréis cada uno en su momento. Este es el regalo de la Diosa para vosotros.

Se quedaron pasmados, con la boca abierta.

—Además —añadió Casandra seguramente para sacarlos de su estupor—, si se bucea hasta el fondo de la poza se encuentran pepitas de pura plata y ése es, por cierto, un regalo aún mayor.

Todos guardaron silencio. Hubieran deseado que Casandra explicase algo más pero no se atrevieron a preguntar. Algo en su interior les pedía callar. Continuaron comiendo en silencio, sin mirarse para evitar mensajes sin palabras a través del cuerpo o la mirada.

Casandra sonreía divertida. Después de un rato continuó diciendo:

—Comprendo vuestra sorpresa y vuestra impaciencia pero os recomiendo que disfrutéis de todo lo que os vais a ir encontrando sin intentar apresuraros. No interesa que estéis inquietos ni preocupados.

»Habéis hecho un buen trabajo a lo largo de esta vida y de otras. Sé muy bien que no ha sido fácil. Pero nada es lo que parece en este mundo. Vuestra experiencia, como la de todo el mundo, es una oportunidad. Una gran ocasión para crecer en Conciencia y en Conocimiento hasta que estemos dispuestos para alcanzar otro nivel.

—¿Nada es lo que parece? ¿Qué quiere decir eso? —preguntó Hugo extrañado.

—Sí. Insisto. Nada es lo que parece. Nuestro sistema de creencias, los patrones mentales de baja frecuencia, nos hacen valorar y ver las cosas al revés de lo que son. Por ejemplo, tenemos terror a los problemas. Nadie quiere tener problemas, son como una cruz. Huimos de ellos como de la peste pero son, en realidad, oportunidades. Te dan la ocasión de aprender, de crecer, de volverte más coherente. Y como hemos venido a este mundo a eso, nos ayudan a cumplir con nuestro propósito.

»Si no tienes dificultades en tu día a día quiere decir, o que has dejado de luchar con la vida y que integras y aceptas sus enseñanzas con mucha flexibilidad, o lo opuesto, que estás en un momento de calma aparente en el que se está acumulando la tensión por tu falta de comprensión, por tu rigidez y en cualquier momento los problemas comenzarán a surgir uno detrás de otro. Tenemos que volver a casa con el trabajo hecho y las cosas aprendidas.

»Mira bien cuál es tu conflicto y sabrás qué es lo que te está costando integrar y aprender. Decimos, 'pero si yo soy muy buena persona, no me meto con nadie'. Al mundo no venimos solo a ser buenas personas que no se meten con nadie, venimos a aprender a amar. Ése es el legado que tenemos que dejar a los que vienen detrás de nosotros para facilitarles el trabajo.

—¿Aprender a amar? ¿Qué quieres decir con eso exactamente? —preguntó Claudia. El tema del amor le interesaba.

—No hablo del amor romántico, del sentimiento. Hablo de un estado interior, de un nivel de conciencia que te permite aceptar lo que viene sin juzgar, entrar en contacto con todos los seres vivos y con Dios. Y con la Obra de Dios.

—¿Con la Obra de Dios?

—Sí. Todo lo que Dios ha creado es perfecto y tiene una finalidad. Como para nosotros nada es lo que parece, juzgamos la Obra de Dios como algo horrible, espantoso, fruto de la maldad. Porque no entendemos nada.

—Estarás de acuerdo conmigo en que el mundo está lleno de maldad —dijo Mario.

—El mundo está lleno de ignorancia. A nosotros nos parece maldad pero es ignorancia. Es vivir de espaldas a la Ley, la única y la más importante a tener en cuenta: la ley del Amor. Por lo tanto, todo lo que llamamos maldad son transgresiones a esta Ley.

»Lo bueno y lo malo son categorías, absolutos, en las que el ser humano divide las cosas, los hechos y los acontecimientos para entenderse. Pero lo que es bueno para unos es malo para otros. Entonces, ¿es bueno o es malo en realidad?

—¡Madre mía! ¿Crees que eso que dices se puede entender a la primera?

—A lo fácil o lo difícil le pasa lo mismo que a lo bueno y lo malo. Son valoraciones personales. Alguien puede decirte que es muy «fácil» algo que tú sabes que jamás llegarás a hacer o aprender, porque para ti es «difícil». Los dos llevarán razón y ninguno la llevará.

—Sí, eso es verdad.

—Algunos no salís de vuestro asombro —apuntó Casandra.

—Os preguntáis, ¿esto qué tiene que ver con el espíritu? ¿Cuándo he sido yo espiritual? ¿Qué sé yo de todo esto? Que, aparentemente, en la tercera dimensión, alguno parezca poco comprometido y consciente no significa nada porque, como os dije antes, nada es lo que parece. Eso sucede en ocasiones por necesidades del Programa. En vuestro caso los cuatro habéis colaborado en múltiples ocasiones y vuestro nivel de conciencia es similar, aunque no lo parezca.

»Aquí vais a poder atar cabos, comprender aspectos muy importantes que os afectan a nivel personal y que hay que modelar para el resto de la Humanidad. Esto os permitirá dar un buen empujón a vuestro proceso para alcanzar el propósito marcado para esta encarnación.

»La evolución sigue ritmos diferentes —continuó—. Hay un camino individual y otro colectivo. Puede haber individuos que alcancen ese nivel y que la Humanidad necesite de más tiempo. Pero entre todos estamos generando un modelo diferente.

»¿Os deja esto más tranquilos? —preguntó Casandra.

Todos hicieron un gesto afirmativo con la cabeza, pero no dijeron una palabra porque estaban entendiendo poco o casi nada. Siguieron comiendo concentrados cada uno en sus propios pensamientos.

—Os espero esta tarde en la sesión de formación, a todos —dijo Casandra alegremente pero con firmeza—. Veo que os hace falta.

—De acuerdo —dijeron al unísono. Les hacía falta, la verdad. La cosa estaba un poco complicada de comprender.

Terminada la comida recogieron lo que habían extendido por el suelo y lo guardaron en las cestas hasta que el lugar quedó inmaculado, exactamente igual a cómo estaba cuando habían llegado. Mario se apartó un poco y se arrodilló en la orilla de la poza, escudriñando el agua. Miró a través del líquido en todas las direcciones posibles. Se subió la manga de la camisa lo más alto que pudo e introdujo el brazo buscando algo. En un momento dado emitió un grito de alegría infantil:

—¡Hey!, ¡he encontrado una pepita de plata! —Se levantó como un rayo para mostrársela a sus compañeros. Efectivamente, una hermosa pepita de plata en forma de lágrima descansaba sobre la palma de su mano.

—Os lo dije —exclamó Casandra—. Es fantástico. Una buena señal para ti, Mario. La mejor. Hay muchas lágrimas que van a trascender a la luz.

—Sí, la verdad —dijo él nerviosamente, contento como un niño con zapatos nuevos sin dar crédito a que fuera él el que la había encontrado—. La guardaré como un tesoro.

Los demás corrieron a la poza y buscaron en ella por si se repetía el hallazgo. No encontraron nada.

Casandra les dijo que la cascada era generosa, pero que si entregaba a una de sus hijas era con un propósito definido y que elegía a su destinatario; jamás sucedía por azar. Repasó con la mirada lo que estaba a su alrededor hasta que comprobó que todo se hallaba en perfecto orden. Se arrodilló de nuevo con la frente en el suelo y pareció que oraba unos minutos. Los que la acompañaban la observaban indecisos sin saber qué hacer. Mientras dudaban si imitarla o no ella se levantó con gracia y, tomando alguna de las cestas, dijo:

—¡Vamos! Nos queda todavía un trecho hasta llegar a casa.

Caminaron en silencio, ocupándose de mirar dónde pisaban para no tropezar y caer, repasando a la vez con admiración lo que iban dejando atrás. Hacían las últimas fotos con el sol de la tarde. Esto merecía la pena recordarlo; no era suficiente con guardarlo en la retina. Un testimonio gráfico era necesario, si no, nadie les iba a creer. «Salvo la tía Pura», pensó Hugo, que iba a comprenderlo todo muy bien, mejor que ninguno de ellos. Sabía que le iba a hacer un precioso regalo cuando se lo contara.

Llegaron a la casa sobre las cuatro de la tarde. Estaban agotados como niños que han jugado hasta no poder más. Y luego estaba el esfuerzo de intentar comprender lo que Casandra les había explicado. En la cabeza de alguno se había instalado una especie de confusión con el patrón de «¡jamás voy a entender esto!» plantado en ella. Decidieron ducharse y descansar un poco antes de reunirse con Casandra a las seis para la sesión de formación en la sala grande. Nadie se cuestionó ni por un momento la asistencia al encuentro. La voz de Casandra había sonado firme, muy firme.

V. Hugo y Claudia. Regreso de Las Cascadas de Plata

Entraron en el dormitorio y Claudia se fue como un rayo a la ducha. Necesitaba pensar y no comentar nada si era posible. Abrió el grifo de agua caliente y dejó que masajeara su piel, limpiándola. Imaginó que el líquido arrastraba también lo que parecía estorbarle en la mente e interfería en sus emociones. Pensó que todo lo que el agua diluía se iba por el sumidero para no volver.

Estaba entretenida en imaginar eso, liberándose, cuando se abrió la puerta corredera de la ducha. Hugo la observó con una mirada de súplica.

—¿Puedo entrar? —preguntó tímidamente. Ella iba a responder: «No, por favor, estoy haciendo algo muy importante para mí, estoy trabajando el dolor que me abruma», pero mecánicamente solo dijo:

—Entra. —Y le hizo espacio.

Se miraron largamente sin tocarse. La mirada de Hugo había cambiado. Algo era diferente. Estaba cargada de súplica. Sin hablar, Hugo la tomó por la cintura y comenzó a besarla, mientras el agua corría sobre los dos. Después de un rato de intensa pasión, la miró a los ojos y le rogó:

—¡Dame tiempo, por favor, dame un poco más de tiempo! Estoy llegando a algo importante, creo que estamos llegando —corrigió—, a algo importante. Las cosas se van a aclarar para todos, lo presiento. No es momento de tirar la toalla. No es momento de desfallecer. Ten un poco más de paciencia Claudia.

Hugo la miró expectante esperando una respuesta. Ella afirmó con la cabeza mientras el agua disimulaba sus lágrimas. Un peso enorme se le quitó de encima. ¡No lo había perdido, Dios mío, aún no lo había perdido!

VI. Mario y Esmeralda. Regreso de Las Cascadas de Plata

Al entrar en la habitación sintieron todo el cansancio del día. Mario se tiró sobre la cama mientras Esmeralda entraba en la ducha. Lavó su cabello con cuidado y esmero, friccionó su cuerpo con firmeza para hacer que la sangre circulase más rápidamente y después aplicó crema sobre él para relajarlo.

Cuando terminó y salió, Mario se había dormido profundamente. Respiraba fuerte, como un toro derrotado. Lo miró con ternura y lo encontró hermoso. Era su esposo. Había sido algo increíble desposarse con él siendo ellos los oficiantes y los únicos testigos en un acto íntimo y exclusivo, pero ella se sabía su esposa ante Dios, ante los Señores de la Luz y del Destino. Ahora quedaba ratificarlo ante los hombres. Mario estaba deseando hacerlo. No daba crédito al giro que estaban tomando las cosas. Imaginaba que Mario le estaría dando vueltas en la cabeza a sus preocupaciones aunque no dijera nada, al hecho de que su madre estuviera sola y sin noticias. Desde El Escarabajo Rojo no podían llamar a nadie. No había teléfono. Pero lo curioso es que él no mostraba preocupación, si es que la tenía. Y eso la hacía sentirse asombrada y feliz, completamente feliz y relajada.

Pensó en los acontecimientos del día. Por un lado lo encontraba todo de lo más natural y lógico. Era tal como debía de ser. Pero, por otro, estaba alucinando literalmente. Ella misma se extrañaba de la dicotomía de la realidad pero no dudaba de que lo entendería todo y que llegaría a ser comprensible, clasificable y explicable para la mente inferior.

Se acordó de Lahurt y Vannet. Desde lo acaecido el otro día con Mario, no paraba de dar gracias. Estaba recuperando las memorias perdidas, lo que había experimentado un año antes de entrar en el vientre de su madre. Las enseñanzas de su guía y la instrucción recibida. Lo que había de suceder estaba previsto.

Rememoró cómo, desde el campo áurico de su madre y acompañada por Lahurt, había estado considerando la situación en la que ésta se encontraba y cómo se había ido gestando el entramado de acontecimientos que daría lugar a que ella fuera engendrada. Pudo revivir todo el proceso de su padre, su ansia disparatada y enfermiza. Comprobó cómo sus herencias ancestrales se ejecutaban como un programa de ordenador para movilizar sus cuerpos inferiores y conducirle a reproducir un conflicto que no era nuevo en ninguno de los dos linajes.

Él podría haber elegido con su libre albedrío un resultado diferente, pero la fuerza de su carácter no había adquirido la suficiente consistencia para conseguirlo y sucumbió a la fiereza de las emociones que resonaban en él. Ella hubiera podido ser su hija igualmente, como consecuencia de un amor loco entre un adulto y una niña o cualquier otra posibilidad sin necesidad de que hubiera intervenido la violencia.

Fue comparando todo eso con las circunstancias de su vida y dándose cuenta de por qué y para qué habían acaecido cada una de sus experiencias, la cualidad que se tenía que fortalecer, las virtudes que era necesario potenciar, los miedos a eliminar y qué inseguridad comprender para hacer de ella un elemento válido para el Plan de Dios.

Sabía que estaba diseñada para ser un instrumento consciente en las manos del Altísimo. Se le había otorgado el don de la consciencia y del recuerdo, que conlleva para el que lo recibe una triple responsabilidad en cada uno de los actos que ejecuta: la que tiene sobre las propias acciones, la que asume en su comportamiento con el otro y la que genera por los daños al mundo. Era indispensable cuidar cada acción, cada omisión, cada pensamiento y cada palabra. Todo tenía que ajustarse estrictamente a la ley del Amor. En ese aspecto tenía que poner el acento especialmente.

Estaba tranquila. Lahurt y Vannet cuidaban de que todo el proceso se desenvolviera correctamente. Se había invertido en este proyecto demasiado tiempo y esfuerzo. Ella iba a aprovechar cada oportunidad, sin descuidarse...

Se durmió plácida y profundamente, sin que le diera tiempo a ninguna otra reflexión.

VII. Primera sesión de formación

A las seis en punto entraron en la sala de reunión. Iban todos vestidos de blanco tal y como Casandra les había recomendado. Con sorpresa vieron que estaban sentados en las butacas en semicírculo unas quince o veinte personas. ¿De dónde habían salido? Jamás habían visto a nadie ni en los pasillos, ni en el comedor, ni en el jardín.

Tomaron asiento. Delante de las butacas se alzaba una tarima de madera pulida y brillante, un poco elevada, con un sillón de aspecto confortable. No se veían micrófonos ni altavoces. Detrás del sillón una pantalla para la proyección de películas o diapositivas. Nada más.

Al momento entró Casandra, con su amplia túnica blanca y el cabello recogido en un moño sencillo. Estaba radiante. Miró a todos los asistentes con una amplia sonrisa en el rostro y dijo:

—Os doy la bienvenida a todos al Escarabajo Rojo. Es un honor y un placer para mí compartir este rato con vosotros.

»El propósito de esta charla es explicar algunos temas que son de suma importancia para facilitaros el trabajo personal que realizáis en vuestro día a día. Algunos los conocéis y los habéis estudiado bastante; otros apenas y otros nada. No importa. Los recordaréis sin esfuerzo al tiempo que yo hablo porque, en realidad, sabéis de todos ellos en profundidad. Solo traeréis al presente algo que está registrado en vuestras memorias ancestrales hace mucho, mucho tiempo.

»Esta encarnación en Gaia es una vida de síntesis. Después de ciento ocho vidas y de hacer el trabajo que ahora os ocupa, os llega la oportunidad de ascender. Eso significa la última vida aquí y la posibilidad de continuar trabajando en otros ámbitos menos difíciles. Nos esforzamos durante eones para conseguir la inmortalidad. Es algo totalmente posible, tanto la del cuerpo como la del alma. Pero normalmente buscamos con ahínco la inmortalidad espiritual.

»Supongo que os habéis preguntado por qué este lugar se llama El Escarabajo Rojo. Es un nombre que puede parecer extraño para un centro dedicado al trabajo espiritual. El escarabajo simboliza, y ha simbolizado desde hace milenios, el camino espiritual del discípulo en muchos países y continentes. En Sudamérica, Asia, Asia Menor, India, Egipto e incluso Europa.

»Representa el poder de los chamanes, que pueden bajar al submundo de la oscuridad, tomar lo que hay que transformar y volar hasta la luz para que sea transformado. Representa el esfuerzo del discípulo que busca la Iluminación, que debe comenzar a vivir en el estiércol de la ignorancia, en la plena oscuridad de su refugio bajo tierra, totalmente aislado y sellado hasta que se desarrolla lo suficiente para emerger a un espacio con luz y, de ahí, llegar a volar con sus hermosas alas que descansan ocultas por los élitros.

»Todo eso se relaciona con ese humilde coleóptero. Por otro lado representa el poder creador de Dios. Y eso es porque esos animalitos son como alfareros que modelan su bola de barro o estiércol para luego darle vida cuando se desarrolla la larva que han depositado en ella. Vosotros sois como los escarabajos: habéis hecho vuestro trabajo en la oscuridad, habéis alcanzado la luz y estáis a punto de iniciar el vuelo del punto en el que os encontráis a otro más elevado.

»Esas tres etapas representan también la necesidad, antes de hacerlo, de unir el remoto pasado con el linaje ancestral, el presente y el futuro. A veces nuestro presente se encuentra condicionado por vidas de un pasado lejano que han sido traumáticas y castradoras y que han dejado incógnitas sin resolver. De igual forma se ve afectado por el influjo de experiencias dolorosas y difíciles de asumir de nuestros ancestros, con especial peso e influencia de las cuatro o cinco últimas generaciones.

Hay que hacer un trabajo de eliminación de ese dolor y de unificación de la conciencia para quedar todos completamente liberados, nosotros y ellos.

»Esta unificación es vital. Es de suma importancia asegurarse de que todo lo pendiente se ha cerrado, comprendido y liberado convenientemente, porque si no, el vuelo se frustrará. Muchas veces os habéis 'casi' iluminado pero algo ha detenido el proceso, algo sin resolver y os ha tocado volver para cerrar temas pendientes.

»Con eso precisamente tiene que ver el adjetivo rojo que acompaña a la palabra 'escarabajo'. ¿Por qué un escarabajo rojo? Los escarabajos los hay de todos los colores, del negro al plateado y dorado, pasando por verde, azul y otros. El rojo representa la fuerza de la vida, la regeneración, el empuje y la voluntad de trabajar o vivir, pero también la cólera, la violencia, la ira y los impulsos imprevistos y dañinos que no sabemos ni podemos controlar con nuestra mente. Todo eso puede ocultarse sibilinamente en nuestro interior sin que lo advirtamos y frustrar nuestro vuelo definitivo. Cuando el Escarabajo Rojo vuela estamos liberados porque hemos transmutado todo eso.

»Toda la historia de nuestro linaje está inscrita en nuestro ADN. Ése es el pasaporte que nos permite la entrada en la Tercera Dimensión. Dicen los científicos que, si se colocasen todas las hebras de ADN que contiene el núcleo de nuestras células una detrás de otra, darían la vuelta completa a la Tierra. ¿Podéis imaginar la cantidad de información que puede ser guardada ahí? El ADN, al mismo tiempo y en lo que al linaje se refiere, posee como un sistema de almacenamiento de datos automático, para que nos entendamos. Todos los individuos que comparten el mismo código genético van archivando en él toda la información que cada uno genera, no importa si se conocen o no, si viven o no viven en el mismo lugar o país, si los miembros de la familia saben o no de su existencia, si han oído hablar algo de su vida, de sus experiencias o su comportamiento.

»Igual que existe un alma individual, en cada sistema genealógico existe un alma grupal. A este alma no le pasa desapercibido nada, absolutamente nada. Para este alma no hay secretos por más ocultos que los que los originan crean que puedan estar. Ningún crimen queda impune, ninguna injusticia sin ser corregida, ninguna víctima sin amparo, como tampoco queda sin premio o reconocimiento cualquier héroe anónimo o bienhechor que pudiera no haber recibido su justa recompensa.

»El propósito es que la conciencia grupal avance, crezca y se eleve. Para conseguir eso no va a regatear esfuerzos. De modo que el alma grupal va a sacarlo todo a la luz, todo, cueste lo que cueste. Los encargados de mostrar al mundo los errores de sus antecesores y de intentar corregirlos son los nuevos miembros que van naciendo en el sistema familiar. Pero también son ellos los que van a poder contar a veces con imprevistas facilidades y éxitos sorprendentes en el curso de sus vidas, si es que hay méritos pendientes que deben ser otorgados y, en ese caso, es su obligación aprovecharlos.

»Si hay muchas deudas y cargas sistémicas, por ejemplo en el caso de que alguno de nuestros antecesores hubiera matado a alguien, el descendiente será asesinado o matará a su vez, con todas las consecuencias que eso tiene. Si robó será robado o será ladrón. Podría haber sido una víctima y el descendiente será víctima o verdugo. Si fue verdugo, lo contrario. Pero, en todo caso, sufriremos en nuestra vida las consecuencias de esos actos erróneos y faltos de Amor, de forma que pueden quedar afectadas nuestra salud física o mental, nuestra economía, nuestras relaciones, la familia, la posibilidad de tener hijos, la capacidad intelectual, el carácter y la personalidad. Hay miles de facetas en las que pueden mostrarse estos desequilibrios, pero nada es por azar ni por capricho.

»Podréis pensar tal vez la mala suerte que tiene el que llega a este mundo con semejante carga de dolor esperándole. ¿Qué razón hay para que esa persona tenga que pagar las consecuencias de actos tan execrables? Eso tampoco es un azar. La mala suerte no existe, el mecanismo de nuestro planeta es perfecto. Ese alma 'necesita' esa experiencia en su propio proceso de aprendizaje. Por lo tanto, el 'favor' es mutuo. El alma del sistema nos abre la puerta a esta universidad que es la vida y nos va a dar todo lo que tiene, lo necesario para que podamos existir en esta dimensión. Un bagaje de experiencias acumuladas durante siglos, el esfuerzo de millones de personas a lo largo de generaciones, todo preparado para que seamos lo que tenemos que ser y tengamos nuestra oportunidad de evolucionar. A cambio nos va a pedir que hagamos el máximo esfuerzo para transformar el desorden en orden, la incomprensión en conocimiento, el dolor en amor y la sombra en luz. El gran inconveniente es que los nuevos miembros que nacen suelen identificarse con el problema, lo hacen suyo y se olvidan de que ése es el recordatorio. El objetivo no es identificarse y vivirlo como propio, el objetivo es superarlo.

»Por eso, por la gran oportunidad que nos damos mutuamente, hay que contar con un elemento fundamental entre el alma del sistema y nosotros: la Gratitud y el Amor incondicional.

»Para poder hacer esto tenemos que comprender con la mayor precisión posible lo que es la ley del Amor, qué significa y cómo actúa. El Amor es la llave que abrirá esta puerta. Las otras herramientas son la compasión y el perdón.

»Os tengo que decir que en este mundo de Tercera Dimensión nada es lo que parece. El concepto que se tiene de estos valores no es el correcto, desgraciadamente. Es primordial comprenderlos y aplicarlos como se hace en la Cuarta y Quinta dimensiones. En estas dos dimensiones nuestra visión y comprensión de estos tres aspectos podría estar aún algo deformada, ligeramente, aunque esto se iría corrigiendo en dimensiones superiores. Cuanto más alta es la dimensión, más puro es el concepto.

»El objetivo de nuestro trabajo es que el modo de enfocar estos aspectos fundamentales, de comprenderlos, de aplicarlos en base a patrones más elevados, se haga aquí, en la Tierra. Que esa frecuencia de vibración más alta vibre aquí cada vez más fuerte, que se eleve el número de individuos capaces de emitirla, para que los que están preparados pero son todavía inconscientes, se incorporen a este concierto universal y, entre todos, mantengamos el cambio ascensional.

»Dejo aquí por hoy este encuentro. Os ruego que meditéis sobre lo tratado, que lo sintáis en vuestro corazón para que podáis incorporarlo sin esfuerzo como parte de vuestro bagaje personal.

»Que Dios bendiga a todos y cada uno de vosotros.

Casandra guardó silencio. En la sala no se oía el vuelo de una mosca. Estaban impactados por la fuerza de su mensaje y el amor que derramaba mientras lo transmitía, una energía que te envolvía llenándote de serenidad y paz.

Se levantó, agradeció su presencia a los asistentes y dio por terminada la sesión. Eran las ocho de la tarde y los participantes de la sesión podían, si lo deseaban, dar un paseo, despejarse, comentar o meditar un poco antes de la cena.

La sala se fue vaciando. Los cuatro amigos salieron los últimos. Se entretuvieron observando las pinturas policromadas que, como una cenefa, recorrían a lo largo y alto las paredes de la sala, de derecha a izquierda, describiendo todo el proceso de vida de un escarabajo, desde la preparación del espacio en que es concebido hasta que está preparado y remonta el vuelo.

Casandra se unió a ellos y todos se dirigieron hacia la puerta. Entonces, Claudia preguntó:

—Casandra, ¿me permites una pregunta?

Casandra afirmó con la cabeza.

—¿Por qué te arrodillaste el otro día para orar cuando llegamos a las Cascadas de Plata?

—Ah sí —exclamó ella—. Verás, todos los lugares tienen un espíritu guardián. Lo tienen los ríos, las montañas, los valles, las playas, los lugares sagrados o construidos con esa intención. Así como todos los seres vivos. Cuando se llega a uno de esos lugares sagrados, en la Naturaleza o fuera de ella, se debe saludar con respeto y devoción al guardián del lugar y pedirle permiso para estar o disfrutar del espacio que guarda, así como darle las gracias y despedirse correctamente al marcharse después de haberlo dejado todo tal como se encontró o mejor. Nunca peor.

—Gracias. Me parece muy hermoso. No dejaré de hacerlo de aquí en adelante.

—Harás una gran cosa. Se ha perdido el respeto por la Madre Tierra porque lo hemos perdido por nosotros mismos. Y es nuestro deber recuperarlo. Todo irá mucho mejor si rectificamos ese comportamiento.

Salieron al exterior y Casandra se despidió de ellos. Tenía algo que hacer. Pasearon un rato por los jardines. El aire fresco con olor a flores era gratificante. Todos tenían la sensación de que algo muy importante había pasado durante el día. De repente toda esa información, todos esos conceptos, se volvían familiares y conocidos. Era como no saberlo y saberlo al mismo tiempo. Una sensación extraña y curiosa. En verdad todo era deliciosamente diferente.

Las dos parejas iban tomadas de la mano. De improviso Mario inició la conversación diciendo:

—¡Madre mía! ¿Quién me lo iba a mí a decir? Hace tan solo un mes, si alguien me hubiera hablado de los temas que tratamos aquí hubiera pensado que estaba loco de remate. Y más loco todavía si hubiera insistido en que yo iba a comprenderlos y aprobarlos.

—Todo lo que nos cuenta Casandra me recuerda enormemente mis conversaciones con Diana. Cuando Diana me hablaba de estas cosas me parecía que alucinaba. Ahora las voy integrando con mucha facilidad —comentó Hugo.

—Desde luego, si me pinchan no me sale una gota de sangre. La vida te da la vuelta en un minuto y todo deja de ser como era.

—Sí. Hay que estar preparados para todo —apuntó Esmeralda—. Lo que ocurre es que casi siempre vivimos temerosos esperando que nos llegue lo peor, no lo mejor.

—Eso es por el miedo que tenemos. Vivimos inmersos en el miedo aunque no lo digamos, aunque parezca que lo hemos desterrado de nuestra vida —dijo Hugo.

—Sí, es verdad. Yo lo sé mejor que nadie. Lo mío, más que miedo era terror. Verdadero terror —dijo Mario sobrecogido por la carga que había estado llevando.

—Y eso nosotros —añadió Claudia—, que teníamos una buena vida. ¡Hay gente que sufre tanto! Y si en nuestro caso nuestros antecesores han sufrido lo que han sufrido, ¡qué será de los que están pasando calamidades, o peor aún, de los que las están haciendo! No lo quiero ni pensar.

—Pues hay que pensarlo —dijo Hugo—. Hay que encontrarle el sentido. Tenemos que darnos la vuelta como un calcetín y aprender a valorar las cosas correctamente.

—Nos va a llevar su tiempo —dijo Mario con preocupación, como si le pareciera muy difícil de hacer.

—No va a ser tanto —sentenció Hugo—. Ya sabes lo que nos han dicho. Estamos recordando. Recordar no es aprender. Es un proceso muchísimo más sencillo y rápido. Hay que estar tranquilos y no preocuparse por nada. ¡Vamos a cenar! —les dijo a todos alegremente—. Tengo un hambre de lobo.

Pasaron al comedor. Estaban solos como siempre. Una espléndida cena aguardaba sobre la mesa, perfectamente a punto. Se sentaron y disfrutaron de ella sin hacerse más preguntas. Terminada la cena se despidieron y se retiraron a descansar.

VIII. Encuentro nocturno con Lahurt y Vannet

Esmeralda tenía la sensación de flotar. Era muy, muy agradable. Pasó por un torbellino de colores, espirales de luz que arrastraban todo lo pesado, que atado a sus pies la inducía a descender. ¿Descender a dónde? Daba igual. Ella no quería descender, quería volar.

Oyó una voz firme y conocida que le dijo amablemente, *«Esmeralda, te estamos esperando».* ¿Esperando? ¿Quién? No tenía conciencia de... Pensó en Lahurt, la que había oído era su voz. Al rememorarlo, de inmediato lo vio frente a ella. Lo acompañaba Vannet y no estaban solos. Vio a Hugo, a Claudia y a Mario sentados en el suelo. Los habían convocado y reunido, tal y como habían anunciado la última vez.

Se encontraban en un templo enteramente de mármol blanco. Se accedía a la plataforma rectangular de veinte por treinta y tres metros después de subir trece escalones. En los bordes de la plataforma se elevaban gráciles columnas que sostenían el techo a dos aguas, con un bello friso triangular anterior esculpido con altorrelieves y otro posterior. En el anterior se podía ver un espléndido escarabajo con los élitros en reposo. En el posterior, el mismo escarabajo en actitud de vuelo. Entre las columnas, sostenidas por barras de metal dorado, volaban con el impulso del viento airosas cortinas de muselina blanca, del tamaño exacto del hueco que había entre ellas. Se sentó al lado de Mario, sobre un cojín de seda blanca.

Lahurt y Vannet hablaron conjuntamente a sus mentes, sin palabras. Dijeron: *«Hoy estamos dando un paso más en vuestra instrucción. Llevamos trabajando con vosotros mucho tiempo. Nos hemos reunido aquí desde hace muchos, muchos* años. Hasta ahora no era conveniente para vuestro desarrollo que recordarais estos encuentros. El trabajo que habéis estado haciendo con vuestros cuerpos inferiores requería que os sintierais trabajando solos, sostenidos por vuestro único esfuerzo y afrontando el riesgo de vuestros errores. Nos vamos aproximando al objetivo marcado y es por eso que os damos hoy la oportunidad de ser conscientes de que celebramos juntos este acontecimiento.

»La frecuencia de la Tierra se acelera, como el pulso de la madre que está de parto. Y es importante, muy importante, que todos los seres humanos conscientes estén preparados para acompañarla en ese trance. El trabajo que hemos estado haciendo ha permitido que vayáis limpiando de energías parásitas vuestros campos electromagnéticos. Esas ondas de resonancia negativa estaban sostenidas por patrones mentales y creencias de baja vibración, que han ido siendo sistemáticamente eliminadas. El borrado de esas frecuencias no se ha llevado a cabo de forma arbitraria. Se ha hecho una vez que los nuevos conceptos han sido correctamente comprendidos e integrados.

»El objetivo es que logréis alcanzar un nivel mucho más alto de coherencia entre la vibración de los tres niveles inferiores de conciencia y el cuarto nivel. Las frecuencias parásitas que producen las interferencias son como varillas de alta resistencia que, colocadas en los delicados engranajes de los mecanismos de acción humanos, impiden su buen funcionamiento. Lo que no fluye en un plano repercute en el siguiente y, con el tiempo, se traduce en alteraciones del campo electromagnético que se manifestarán como malestares o síntomas patológicos en cualquiera de esos planos.

»Cuando el campo electromagnético personal se ha trabajado de este modo se consigue, no solamente que fluya mejor la energía dentro de cada plano y entre los planos de un ser humano, sino que cada sistema pueda recibir, procesar y transmutar grandes cantidades de energía proveniente del Cosmos. La Tierra y el género humano precisan en estos transcendentales momentos de este tipo de energía para su evolución sin que les cause ningún daño. En las personas no preparadas podría producirse un shock y, como resultado, la posibilidad de enfermar y morir. Los canales energéticos del cuerpo, nadis y chacras, están bloqueados en ocasiones por tapones de energía oscura densa, proveniente de conflictos vividos y no resueltos muchas generaciones atrás. Eso impide que las corrientes energéticas del cuerpo discurran libremente.

»Como consecuencia de todo este trabajo ha ido cambiando vuestra forma de ver el mundo y relacionaros con él. Esa transformación culminará en una capacidad de vivir vuestra vida ordinaria y corriente sin grandes sobresaltos, dejando fluir los acontecimientos sin enfados ni luchas inútiles, eliminando todo juicio, crítica, queja o cualquier tipo de ataque frontal. La violencia siempre genera violencia, por más justificada que nos parezca que esté y, por pequeña que sea, nunca cae en saco roto. Es energía. Ésta, una vez generada no puede eliminarse, solo puede transformarse. Si nosotros no nos ocupamos de transformarla queda libre y, por resonancia, entrará a formar parte del egregor de violencia del mundo. Este egregor, que es la responsabilidad de todos, explotará de mil formas en la colectividad. Se manifiesta en las guerras y en todos los actos de vandalismo colectivo o individual.

»Por lo tanto, esos actos y acontecimientos recaen sobre la espalda de todos, no únicamente de los que están directamente implicados. Y los directamente implicados, por un lado cumplen su destino individual y, por otro, libran al mundo de esa carga terrible. Es por esa razón por la que todos somos responsables y todos debemos estar enormemente agradecidos a los que nos libran de tal sufrimiento.

»Os digo, sin embargo y en justa correspondencia, que las grandes ideas, los grandes descubrimientos, los grandes y pequeños movimientos de avance, de comprensión, de evolución del mundo, también son obra de todos. Millones de personas, durante generaciones y generaciones, van aportando su poco o mucho talento, sus descubrimientos, sus soluciones a los problemas y necesidades, que no suelen salir de su ámbito más íntimo pero pasan a formar parte del egregor de la sabiduría.

»Entre todos y en el momento en que estemos maduros para ello, elegiremos un punto del planeta, un campo de la ciencia y una persona para que, en un momento dado, transforme esa sabiduría en un descubrimiento que sirva para el avance de la Humanidad en su conjunto. Es por ello que también todos somos responsables de esto y el que ha sido elegido para dar a luz el hallazgo haría bien en vivirlo desde la humildad y la gratitud de que haya recaído en él tal privilegio.

»Como os decía Casandra en la sesión de formación, 'en el mundo nada es lo que parece'. El sabio dijo, 'solo sé que no sé nada' y esa sí es una gran verdad.

»Mis amados, esto es lo que os queremos recordar hoy. Guardadlo en vuestro corazón como un tesoro. Irá fluyendo poco a poco para transformar la hiel en miel.

»Mañana al despertar tendréis presente este encuentro. En este momento es lo que conviene para el mejor aprovechamiento de esta enseñanza.

»Os advertimos, sin embargo, que más adelante algunos de vosotros no recordareis conscientemente la mayor parte de estos hechos. Es lo más conveniente para el desenvolvimiento normal de los años de vida que os reste vivir en los lugares en que habitáis y para que vuestros esfuerzos tengan su mérito.

»Id ahora en paz y continuad vuestro descanso».

Al despertar, y tal como se les había indicado, todos recordaban los acontecimientos vividos durante la noche con claridad y precisión. Un estado de plenitud embargaba su alma. El miedo y la preocupación habían desaparecido casi por completo. Era el momento de disfrutar cada instante y no estaban dispuestos a desperdiciar ninguno.

IX. Casandra. Segunda sesión de formación

Los días iban pasando rápidamente; parecía que llevaban alojados en El Escarabajo Rojo meses, no días. Todos se iban recomponiendo, relajando, encontrando la paz y el equilibrio perdidos.

Ese día habría una nueva sesión de formación con Casandra. Estaban ansiosos por volver a recibir sus enseñanzas. Mientras ella hablaba uno tenía la sensación de que miles de piezas iban encontrando su sitio y encajándose correctamente en él. Entonces se miraba dentro y lo de fuera se veía diferente, con una mayor armonía.

A las seis se dirigieron a la sala, todos vestidos de blanco. Como la otra vez ya estaban esperando algunas personas. Pero en esta ocasión eran más, como treinta y cinco. Se colocaron en sus lugares y esperaron la aparición de Casandra. Ella se subió a la tarima, a la hora en punto, serena y elegante.

–Hola a todos –saludó–. Imagino que habréis meditado e integrado todo lo que os ayudé a recordar el último día. Hablé mucho del Sistema Familiar. Es transcendental comprender y profundizar en este aspecto.

»Tenemos que integrarlo en nuestra vida y aprovechar toda la información que guarda para nosotros. Es muy valiosa y, bien trabajada, puede cambiar nuestra existencia y la de nuestra familia.

»El problema es el sufrimiento, el dolor y las emociones que han quedado bloqueadas. Nuestro árbol familiar está normalmente sobrecargado de culpa, de vergüenza, de miedo. Hay que hacerse cargo de ese dolor y dejarlo ir.

»Os decía el otro día que las cosas no son lo que parecen. Esto afecta a muchos aspectos de la vida pero tiene grandes implicaciones en lo que al árbol familiar se refiere. Cuando pensamos en un antecesor con una vida dura y difícil cargada de sufrimiento, nos decimos que ha tenido mala suerte o que ha sido un cabeza loca o un sinvergüenza, que los descendientes pagaron el precio como consecuencia de ese conflicto que no se trabajó. Si invertimos el concepto podemos pensar que nuestro ancestro ha decidido soportar un peso enorme. Esa parte de karma que él decide consumir va a causarle mucho dolor, una vida muy difícil, pero dejará el trabajo más liviano para los que vengan detrás.

»Puede que éstos la encuentren todavía muy pesada pero eso es porque carecen de la visión correcta para valorar la situación pues son parte de ella y nadie quiere sufrir de buen grado. El ancestro carga con algo muy pesado con una finalidad: alivianar el camino a los que han de venir para darles la oportunidad de tener éxito, de conseguir alcanzar el propósito de vida que se han marcado. Ese objetivo puede ser compartido por individuos de diferentes generaciones y todos trabajarán el conflicto haciendo lo mejor que puedan para dar lugar a que llegue la persona que resolverá el problema y se liberará de él. Con él liberará a todos los miembros del sistema que han colaborado en la consecución de ese objetivo.

»Es posible que el que resuelve el conflicto piense, 'soy estupendo, he podido poner orden en este caos' y caiga en la tentación de creer que es una persona decente por su solo esfuerzo y a pesar de los que le han precedido. Que es mejor que ellos. Pero debe saber que si los que lo han precedido fueron calificados de sinvergüenzas o malas personas, y es posible que lo fueran, ellos deberán afrontar en el futuro esa deuda que ha sido contraída. Ahora bien, en muchos casos habrán removido obstáculos muy pesados, lo que permitirá al descendiente ser quien es y conseguir sus fines. Si no, probablemente hubiera sucumbido como ellos por el peso de la carga. Luego el trabajo no lo hace uno solo, es fruto del esfuerzo de todos.

»Entonces, en la historia familiar, en el ADN y en el árbol sistémico queda la información de lo acaecido junto a las emociones bloqueadas y no resueltas que acompañaban a nuestro ancestro cuando murió. Pasan a formar parte del campo de información del sistema. De ahí es de donde los nuevos individuos que nacen toman sobre sí, para intentar solucionarlas, las tareas pendientes. Solo que cuando la carga la sentimos sobre nuestros hombros no somos conscientes de que es algo que debemos reconocer y dejar ir, sino que imaginamos que es algo que debemos sobrellevar como podamos y que es para siempre.

»En cuanto a reconocerlo, perdonarlo y dejarlo ir, el individuo que generó el problema nada puede hacer una vez que ha partido de esta dimensión. Fuera de ella es posible, y no en todos los casos, darse cuenta de la situación, de lo que ha pasado y de sus consecuencias, pero ya no se puede hacer nada para modificarlo. Si se quiere transmutar la energía bloqueada por los hechos de la vida hay que hacerlo desde el mundo de la materia. Esa tarea queda asignada a los descendientes que deben llevar a cabo una acción que neutralice la que quedó sin resolver, a través del Amor, el Perdón y la Gratitud.

»Ocurre que las situaciones que quedaron en desequilibrio con emociones bloqueadas que impiden el avance, son todas aquéllas que estuvieron cargadas de sufrimiento y de dolor. Ese dolor inasumible, generalmente relacionado con la muerte trágica o prematura de los miembros de la familia, los amigos, los conciudadanos. O que son el resultado de la traición, la avaricia o cualquiera de los otros siete errores capitales.

»Cuando cualquier semilla que ha germinado no llega a desarrollarse y a vivir, desde una planta a un ser humano, eso es una tragedia porque la oportunidad de colaborar en el proyecto de la Vida y la Creación es el mayor regalo que puede ser otorgado. Y hay millones de criaturas que se inmolan diariamente para reducir la carga karmática de los individuos, de los Sistemas Familiares, de la Humanidad y del Planeta, aunque no pueden evitar quedar atrapados como un campo de frecuencia interferente en los respectivos campos electromagnéticos. Eso facilita por un lado y dificulta por otro el desarrollo de sus proyectos individuales.

»Un punto de vital transcendencia en este aspecto es la muerte de los niños. La muerte de niños pequeños o jóvenes, recién nacidos o abortados, voluntaria o involuntariamente, es especialmente trágica. El sufrimiento de los padres o familiares es en general inasumible. Los niños se inmolan para descargar al sistema de su peso, pero no pueden evitar que esa frecuencia interferente que ellos representan quede en el ámbito de los padres si no hay más hijos y, si los hay, en el campo del hermano que nace a continuación de ellos. La carga que va a soportar ese hermano será siempre mucho más ligera que la que le hubiera correspondido cargar si su hermano no hubiera sacrificado su vida.

»La pregunta es tal vez, ¿por qué es necesario ese sacrificio? Porque cuando nos enfrentamos al dolor y a la muerte, se producen situaciones límite en las que las personas tienen que sobreponerse al sufrimiento y trabajar sus emociones, sus mentes, su vida, quieran o no.

»Ahora, si habéis comprendido todo bien, vamos a hacer un trabajo práctico. Voy a guiaros para hacer un recorrido por vuestro árbol. Vamos a ir al encuentro de vuestros ancestros para amarlos y reconocerlos.

Las luces disminuyeron su intensidad y una cálida música, suave y relajante, llenó el ambiente.

Se oyó la voz de Casandra, armónica y melodiosa, cuando comenzó a decir:

—Ponte cómodo... Respira lenta y profundamente tres veces... Siente cómo el aire llena tus pulmones, y al expirar...

(Descargue este código «bidi» a través de una aplicación en su smartphone para que disfrute de una meditación guiada. También puede escuchar la grabación en www.editorialkolima.com/relajacion).

Despertaron una hora y media más tarde. Habían vivido una experiencia que les cambiaría para siempre.

X. La experiencia de Hugo con su linaje

A Hugo le sorprendió el giro que había tomado la charla de Casandra. Hacer ahora este trabajo no le apetecía mucho. Bueno, no le quedaba más remedio que seguirla, no se iba a poner a patalear como un chiquillo. Tardó en cerrar los ojos y observó como los demás lo hacían y se quedaban inmóviles, como en un trance profundo. Puso atención en los movimientos de Casandra sobre la tarima, en como sus ojos escudriñaban alrededor controlando a todos los que tenía delante. Le miró amorosamente y a él le pareció que advertía su inquietud. Le pareció que le decía, «eres completamente libre de hacerlo o no. En ambos casos será perfecto».

Él sintió su aprobación y su respeto. Se tranquilizó. Iban a bucear en su linaje. Tenía que relajarse. De la línea materna sabía poco, muy poco. A partir de los padres de su madre era un territorio desconocido y no creía que por ese lado pudiera recibir nada. Estaba seguro de que el plato fuerte se encontraba esperándole en la línea de su padre. Se preparó mentalmente para encontrarse con él.

Imaginaba a sus ancestros expectantes ante la puerta que debía abrirse para que él, un descendiente venido del futuro, llegara para rescatarles. Necesitaban ayuda igual que él la necesitaba. Pero, ¿cómo avisar desde el silencio? ¿Cómo comunicarse tras los siglos de secretos, engaños y separación? ¿Cómo pedir ayuda y ayudar?

Ellos ignoraban que las leyes de la vida son inexorables e iguales para todos. Si al morir pensaban ocultar su dolor, hacerlo desaparecer y desaparecer ellos, estaban muy equivocados. Había podido entender que ese dolor quedaba intacto, junto a los secretos que todo el mundo se había esforzado en ocultar.

Que el recuerdo de las tragedias y la culpa aumentaban el legado de sufrimiento que había sido imposible transmutar.

La música de sonoridad celestial junto a la voz de Casandra comenzó a hacer el milagro de apagar su mente consciente mientras su subconsciente tomaba el mando. Comenzó a no sentir el cuerpo. Flotaba pero se encontraba completamente alerta y lúcido. O eso pensaba.

Fue siguiendo la guía de Casandra cuando se vio, de repente y sin pensarlo, viajando por un río tumultuoso. Era de color rojo oscuro, casi negro. Se dio cuenta de que era el caudal de su propia sangre el que le conducía por los canales de sus venas y arterias hasta cuatro generaciones más arriba por línea paterna. Iba en un vehículo pequeño, una pequeñísima canoa monoplaza, que se agitaba y corría vertiginosamente sobre la corriente viscosa y oscura. Oía en su interior un grito, «¡la sangre es la familia, la sangre es la familia!»

Deseó tocar el fluido con su mano. Estaba caliente y una especie de escalofrío desagradable le recorrió el cuerpo. Si la sangre era la familia, ¿es que su familia le resultaba desagradable? La respuesta era afirmativa. Sí. Era desagradable para él, tenían demasiados líos. Se soportaban pero no se amaban, ni se cuidaban, ni se ayudaban. Fue a retirar la mano del flujo sanguíneo con repulsión, pero entendió que no era eso lo que se le pedía. Algo andaba mal. Tenía que indagar.

Sin pensarlo preguntó a su sangre:

—¿Por qué estás tan espesa y tan negra?

Se quedó pasmado al recibir la respuesta:

—*A nuestra familia le cuesta fluir. Está trabada en el dolor. Se ha ido acumulando a lo largo de siglos de luchas, infidelidades, reproches mutuos, desconfianzas y venganzas. Los integrantes de esta familia son una carga los unos para los otros. Por eso está espesa. Lo oscuro es el dolor.*

—¿Es eso lo que hace que muera tanta gente del corazón?

—*Eso te llega principalmente por la línea de tu padre.*

—Sí. ¿Qué quiere decir?

—*Los hombres de tu familia sufrían además por la pérdida de su territorio de caza o su territorio sexual.*

—¿De ahí viene principalmente mi dolor?

—*Vuestro dolor. No es solo tuyo. Pero en tu linaje hay muchas líneas de dolor.*

—¿Muchas líneas de dolor?

—*Sí. Lo peor para ti comenzó con tu bisabuelo Amancio, el abuelo de tu madre.*

Hugo se quedó asombrado, de piedra. No podía ser. Era el abuelo de su madre. ¡Su bisabuelo Amancio! ¡Ni siquiera había pensado en él, ni sabía nada de él! Su historia era un misterio porque su madre jamás hablaba de sus mayores.

La diminuta canoa se deslizaba vertiginosa sobre el viscoso caudal. Al pasar se veían pequeños afluentes que iban a parar al canal principal y que quedaban atrás. De repente una curva cerrada. Al salir de ella vio a su madre. Juana llevaba en brazos a su pequeño hermano Amancio, de cinco meses. Sobre la espalda cargaba seis criaturas. Se quedó perplejo. Mamá había muerto no hacía mucho. Lo miraba con ojos de súplica y gesto desolado mientras sostenía firmemente a Amancio.

Le pareció que entraba en un estado extraño. Era como si todo se hubiera detenido y fuera a cámara lenta. Estaba conectado con su madre. No le hacía falta hablar. Comprendía su sentir y su pensar. Percibía el peso de su tristeza y la angustia de mantenerse en ninguna parte, con el pequeño Amancio y las otras seis criaturas, todos perdidos y sin norte. Le dolieron las entrañas con el dolor de su madre, con la dureza extrema de su vida. Le dolió la carga de su culpa y su pena, acrecentada con la muerte provocada de cada hijo. Ella le mostró claramente sin palabras la vergüenza que la asolaba al hacerle partícipe de su gran secreto. Había eliminado a cinco criaturas de su vientre sin ninguna consideración, sin un pensamiento de consuelo para sus pobres almas ni el más mínimo reconocimiento de su sacrificio. Por eso las cargaba sobre sí.

Hugo miró a su madre con ternura. Se conectó aún más con ella y con las siete criaturas, tres varones y cuatro hembras que la acompañaban. Imaginó los chorros del sufrimiento materno entrándole a él por los ojos, llegando hasta su corazón para dejarlo transido y desolado. No era necesario explicar nada. La información llegó de golpe, como un rayo ardiente y aniquilador. La angustia, la culpa, la pena..., las horas de llanto y el peso inmanejable de la deuda que había contraído con la vida y que estaba sin pagar.

El llanto le subió por la garganta a borbotones. Y pensó... «Mamá, suelta tu peso, suelta tu culpa y tu pena. Suelta todo tu dolor».

«No puedo hijo. No sé como hacerlo».

«Sí sabes, madre. Sí sabes. Viniste a este mundo a hacer tu parte del trabajo como venimos todos. Pudiste estar más o menos acertada pero hiciste lo que pudiste y supiste. ¿Acaso no has pagado el precio con sufrimiento durante tu vida? No tienes que soportar lo mismo en la otra».

«Pero llevo sobre mí el peso de mi culpa materializado en estos niños que cargo a mis espaldas».

«Ellos buscan ayuda mamá. Necesitan encontrar su sitio y recibir tu reconocimiento y amor. Solo eso. Están igual de perdidos que tú y sin ti todavía sería peor. El que tú sufras no les ayuda en nada. Necesitan que tú te liberes».

«¿Qué puedo hacer?»

Hugo no sabía qué hacer. Dudó. Puso atención y como de muy lejos, se dio cuenta de que le guiaban. Siguió la guía y repitió:

«Dales un nombre a los que no lo tienen, mamá, y ubícalos mentalmente en el lugar que le corresponde a cada uno en la familia. Así será reconocida su existencia y su sacrificio por todo nuestro linaje».

Juana dudó. ¿Un nombre? Vacilando concluyó, «sí..., les daré un nombre y un lugar. Pedro el cuarto, Juan el quinto, Valentina la octava, Leonor la décima, Almudena la onceaba, Sofía la treceava».

«Bien, ahora ya tienen un nombre. Tienen un sitio en la familia, un padre y una madre. Hermanos. Y la gratitud de todos los que estamos vivos por el peso que nos han quitado de encima. En nombre de todos ellos yo, Hugo, os reconozco, os doy las gracias. Os estamos inmensamente agradecidos. Ya no necesitáis seguir siendo cargados por el hermano que llegó a la vida después de vosotros. Ésa es la Ley. Estáis siendo liberados».

En ese momento, todo cambió para Juana. La tensión se relajó y pareció que ella y los que la acompañaban dejaban partir su sufrimiento. Se sentó en el suelo, los críos descendieron de su espalda y se colocaron a su alrededor mientras ella decía, «lo siento, lo siento tanto»... Mantenía a Amancio sobre su regazo. Hugo se ocupó de él y le dijo:

«Mi querido Amancio. Tú también tuviste un destino cruel pues dejaste este mundo con tan solo cinco meses sin poder vivir el regalo de la vida. Voy a ir ahora en busca del origen de tu destino pero debo reconocer ante ti, ya que tú y yo estamos conectados y te represento, que ahora entiendo mi dificultad para amar a una mujer y comprometerme con ella.

»Tu madre no te amó. No solo no te amó sino que te odió. Te rechazó. Te rechazó cuando ibas a nacer. También cuando moriste por abandonarla y te volvió a rechazar cuando creyó que volvías a ella. Es muy duro. Ella estaba trastocada por su angustia. Pero imagina que llega tu mamá...»

Vio entonces cómo su abuela Juana se aproximaba a ellos. Un halo oscuro la rodeaba. Hugo le dijo:

«Abuela, toma a tu hijo en brazos». Al principio el niño rechazó el abrazo. Hugo le explicó:

«Si quieres liberarte, debes perdonarte y perdonarla, Amancio».

El crío, entonces, se dejó abrazar. Hugo siguió diciendo:

«Es el momento de que cada uno suelte su culpa, de que se perdone a sí mismo y de pedir al otro que se perdone también. Es el único modo de soltar el lazo que os mantiene atados a lo que no deseáis».

Hugo se dio cuenta de que algo estaba cambiando también en él; daba la sensación de que gruesas e invisibles ataduras que le apretaban el alma se soltaban, dejándole libre de su propia angustia. Se dejó inundar por esa sensación nueva y placentera que se desbordaba de dentro a fuera. Le pareció flotar de nuevo.

Observó que navegaba otra vez por el río de su sangre. Creyó percibir que era menos espesa y oscura. Lo arrastraba alocadamente. Se dirigía con determinación hacia algún lugar preciso entre miles de posibilidades. La velocidad de su pequeño vehículo se aceleró enormemente. Sintió miedo y vértigo. Al llegar a un punto se encontró en el vacío, el río desapareció de su vista. Daba la sensación de que caía por un desnivel de bastante altura. Era como una catarata que vertía sobre una laguna. Esta última era sorprendentemente tranquila y calmada.

Para ese momento el líquido oscuro y viscoso se había transformado en algo mucho más ligero y transparente. Fue consciente de la caída, del impacto sobre la superficie líquida y de cómo se hundía en su profundidad. Los sonidos se amortiguaron, sus movimientos se entorpecieron, tuvo la sensación de que no podría salir y de que estaba enredado en una trampa mortal en el fondo. No parecía fácil moverse ni cambiar de posición dentro de esa masa todavía espesa y pegajosa.

Alguien lo agarró de la mano derecha y tiró fuertemente de él. Vio a un hombre que lo miraba con los ojos muy abiertos, que lo arrastraba hacia la superficie justo a tiempo porque se estaba ahogando y le faltaba el oxígeno. Un último tirón y se encontró fuera. Ante él se encontraba el hombre que no dejaba de mirarlo fijamente.

—¿Quién eres? ¿Por qué haces esto? —preguntó Hugo.

—Tú me has llamado.

—¿Yo? ¿Que yo te he llamado? No sé ni quién eres —replicó Hugo desconcertado.

—Sí sabes... Has pedido ayuda. Has rogado poder llegar al origen de tu problema.

—Pero no sé...

—Soy tu bisabuelo Amancio. Yo soy el origen de tu problema. Mi vida fue un desastre, un auténtico desastre. Lo siento tanto... Ven, déjame que te explique.

—Pero bisabuelo...

—El campo es duro, muy duro. Vivir de la Madre Naturaleza es un lastre cuando uno no la ama y está regañado con ella. Yo no la amaba a ella y siempre creí que me devolvía el favor no amándome a mí. Si trabajando en el campo no amas a la Naturaleza es que no amas nada porque eso es todo lo que hay.

»No supe conectarme debidamente, comprenderla, escucharla, respetarla. Tampoco le agradecí que me proporcionase el sustento para mí y para mi familia. Solo tenía quejas y malhumor para con ella.

»Conocí a tu bisabuela Petra cuando los dos teníamos dieciséis años. No era hermosa pero sí fuerte y sana, sin mucha conversación. Tenía el convencimiento de que había venido a este mundo a dar hijos fuertes al hombre que la tomase por esposa. Y eso fue lo que me dio. El trabajo de una mula de carga y diez hijos. Me abatía y desesperaba su indiferencia por los problemas que yo padecía, que nunca se quejara de nada ni exigiese nada, como si no le importase.

»Llegué a odiarla tanto como a la Naturaleza. A ésta por dura, intransigente e imprevisible y a aquélla por todo lo contrario. Yo era un buen mozo, alto para la media y bien parecido. Cuando estaba soltero las mujeres me buscaban y yo no ponía peros a ninguna, aunque iba creciendo en mí un fuerte rechazo hacia esa actitud disipada y ansiosa que veía en ellas. No me podía fiar de ninguna. Me hacían sentir desprotegido e inseguro.

Eso me decidió a elegir a tu bisabuela Petra. Mi miedo me echó el dogal al cuello. Me até a una mujer que alcanzaba con dificultad los límites inferiores de alguien con una inteligencia normal, incapaz de traicionar y hacer otra cosa que trabajar pero también incapaz de expresar sentimientos, emociones, complicidad o amor.

»Miraba en mi interior y veía un espacio yermo, vacío, habitado por la soledad, el miedo y la angustia de vivir. Sentir ese vacío interior me aterrorizaba. Huir de él era imposible así que bebía para olvidarlo. Cuando terminaba las labores del campo me iba a la taberna del pueblo que regentaba la Pepa, la mujer de Salustiano.

»La Pepa era una lustrosa y recia hembra, alegre y despreocupada, que protegía con mano de hierro su decencia y su dignidad. Su marido no tenía que preocuparse. Todos sabíamos que la Pepa era intocable y que cualquier desliz se pagaba con un pescozón y con la expulsión inmediata del local delante de todos y sin disimulos. Así que la mirábamos con ansia pero sin atrevernos a dar un paso en falso. Yo no podía ocultar mi admiración y deseo pero al mismo tiempo me alegraba de que no fuera mi mujer, de no tener que defenderla, ni responder de su honradez, aunque era evidente que se bastaba por sí sola para hacerlo. Mi pánico dejaba salir el monstruo oculto dentro de mí que hacía que me llenase de repugnancia, sensación que solo los efectos del alcohol amortiguaban.

»Por eso comencé a beber. Bebía para olvidar y, cuando estaba ebrio, no recordaba lo que quería olvidar y no podía comprender por qué había bebido tanto. Bajo los efectos del alcohol mi problema con Petra se agrandaba. La veía frente a mí, con su cara estúpida y bobalicona sin darle valor alguno al hecho de que era ella, precisamente, la que sostenía mi hogar y cuidaba de mis hijos. Me desesperaba su indiferencia y comenzaba a golpearla sin control sin que ella soltara ni una queja. La pobre estaba cada vez más triste. Sus pocas luces no la ayudaban a comprender ni a buscar soluciones. Solo sabía aguantar mientras yo me hundía en un océano de soledad. Eso no era su culpa. Nada es culpa de nadie.

»Un día en que volvíamos del pueblo a la anochecida ocurrió la tragedia. Yo había bebido y Petra había bajado a buscarme a la taberna porque las vacas se habían escapado del corral después de que un ventarrón tirase las vallas de protección. Había que ir a buscarlas. Yo iba dando traspiés y maldiciendo por mi mala suerte. Salustiano tenía una mujer fuerte, trabajadora, alegre y de imponente presencia. Yo lo odiaba por eso y deseaba que se muriera mientras me consumían los celos.

»Petra quiso ayudarme a sostenerme porque parecía que me iba a romper la crisma. Lleno de cólera y reprochándole que fuera tan insignificante le di un empujón brutal rechazando su ayuda y fue ella la que quedó tirada en el camino con la cabeza partida por la roca con la que se golpeó al caer. En ese momento recuperé la lucidez y, desesperado, bajé al pueblo a pedir ayuda. Nada pudo hacerse. Había muerto instantáneamente. Todo el mundo me compadeció por mi mala suerte y se volcaron en ayudarme pero yo sabía la verdad de lo acontecido y no volví a descansar en paz a causa de ese secreto atroz.

»Así estoy desde hace ochenta años. Contemplo la tercera generación tras de mí y espero. Espero impaciente que alguno de mis descendientes descubra las llaves de este jeroglífico viviente y me rescate. Que encuentre la clave de mi dolor y me abra la puerta. Es un dolor sin paliativos, sin expectativas, sin solución».

Hugo sabía de qué hablaba, lo había sentido dentro de él, en las tripas. Fue como un golpe seco y duro en la boca del estómago que lo dejó sin respiración mientras le parecía que una mano de hierro se lo retorcía y tiraba de él como para arrancarlo, sin misericordia. Recordó el cáncer de estómago que se había llevado por delante a Amancio y comprendió en ese instante que el dolor que le había estado lastimando a él el estómago era el mismo dolor que sintió su bisabuelo mientras vivió y que le royó las entrañas.

Aun así ese sufrimiento no era el más grande. Se conectó con el tormento de su alma y el impacto le condujo al borde del desmayo. Jamás hubiera podido imaginar tanta carga sobre una sola persona. Dolor puro sin esperanza. Imaginó que veía ante él a su bisabuelo con el rostro demacrado y compungido, con la mirada perdida del que se encuentra extraviado en medio de la nada y sin posibilidad de ayuda.

Comenzó a hablarle quedamente, lleno de compasión.

«Nos hemos convocado mutuamente. Yo buscaba el origen de mi problema y tú clamabas porque alguien de tu futuro viniera a rescatarte. No has esperado en vano; ha llegado el momento de tu liberación».

Actuó con su bisabuelo igual que lo había hecho con su madre hasta que todo se transformó y Amancio se fue llenando de paz.

A la luz de estos hechos podía comprender ahora el carácter de la hija de Amancio, la abuela Juana, y la muerte prematura del nieto Amancio acompañado del desamor de la madre. También entendió, en toda su grandeza, a la tía Pura. Ella estaba devolviendo a la Madre Tierra lo que le había regalado a sus antepasados, reparando la ingratitud y el desamor con la entrega humilde y generosa. Todos los miembros de su línea materna se fueron reuniendo. Era un momento de gozo.

Hugo pensó en su padre. ¡Tenía que hacer algo con su línea paterna! Llamó en voz alta, «¡Papá!» No hubo respuesta. «Papá, por Dios, tenemos que aprovechar esta oportunidad».

Pasados unos momentos, el río de su sangre se volvió a mover con celeridad hasta, que inopinadamente, Hugo se encontró ante su progenitor. Ahí estaba su padre. No estaba solo. Vio al bisabuelo Carlos Hugo y a su esposa Rosario. A la tía Julia. Al tío Hugo con su padre, Julián. No vio a la abuela Divina.

Muchos otros les acompañaban, unos conocidos y otros desconocidos.

Se situó frente a su padre. Un nudo le cerró la garganta. Percibió una corriente de energía que llegaba desde el bisabuelo hasta él, pasando por todos los hombres de la familia. Entendió que los hombres reciben la fuerza y la energía de los hombres, así como las mujeres la recibían de las mujeres y que ese camino debía quedar expedito si quería hacer algo más allá de lo corriente con su vida.

«Papá –dijo Hugo–, siento muchísimo no haberte escuchado, no haberte atendido y compartido tus preocupaciones. Pero quiero decirte que no estabas enfermo ni loco. Se nos había otorgado un don que no supimos reconocer. Nuestros prejuicios y los del mundo nos lo impidieron».

«Yo también te confundí, hijo. Tuve miedo. No supe ver otra cosa. Lo siento».

«Suelta tus cargas, papá. Tus culpas y preocupaciones. Con todas las que te fueras de este mundo. Hiciste lo que mejor pudiste hacer; es hora de descansar de todo este lío. Y no te lo digo solo a ti, se lo digo a todos los que han sido antes que tú. Soltad todo lo que os doblega la espalda, todo lo que creéis que es una deuda pendiente y preparaos para volar.

»Dios perdona a todos sus hijos. Somos nosotros los que no nos perdonamos. Creemos que nuestros errores son imperdonables. Son parte del juego de la Vida. Si hubierais podido hacer más y hacerlo mejor ya lo habríais hecho.

En ese momento se acercó su madre. Su padre y ella se tomaron de la mano y se miraron con amor y ternura. Pidió mentalmente a todos los que habían sido pareja que hicieran lo mismo. Se dio cuenta de que estaban llegando a un punto crítico. Tras este momento habría un antes y un después en la vida de todos los que pertenecían a su linaje.

XI. La experiencia de Claudia con sus ancestros

Cuando Claudia oyó que Casandra les proponía hacer un trabajo le pareció que sería para ella un gran descanso. Llevaba unos minutos sintiendo una enorme inquietud interior, un desasosiego extraño. Un nervio que no la dejaba parar quieta en su butaca. Se movía de un lado a otro, cruzaba y descruzaba las piernas sin encontrar acomodo.

Sonó una música indescriptible que lo llenó todo, pero su mente seguía siendo un hervidero de pensamientos e ideas que la alteraban. En un determinado momento Casandra comenzó a hablar. Su voz serena y segura le calmó los nervios. Le pareció que sus músculos, tendones y ligamentos se deshacían de las tensiones acumuladas y que el cuerpo se dejaba ir poco a poco hasta quedar totalmente relajado.

Continuó oyendo la voz de Casandra e imaginó que flotaba, que su cuerpo se mecía a derecha e izquierda haciendo que se sintiera ligera como una pluma. Pero su mente estaba presente y lúcida. Se dejó guiar cuando Casandra la fue dirigiendo para trabajar con su árbol genealógico.

Solo apareció su madre, Pilar. No le extrañó porque prácticamente no conoció a su padre, Jesús, ni tuvo forma de averiguar nada sobre él ni su familia. Sintió que el mayor problema de su madre fue, mientras vivió, no haber amado. No amó a nadie en realidad. No amó a Jesús, su marido, ni a ningún otro hombre. Tampoco la amó a ella. Siempre la consideró la responsable de haberse tenido que casar deprisa y corriendo con su marido, como si ella hubiera sido la causa y no la consecuencia de su comportamiento irreflexivo.

Detrás de Pilar, vio a Félix y a Fernanda, sus padres. En este caso fue Félix el que no pudo amar a su esposa. Detrás de Félix, sus padres, Ángel y Sofía. Aquí fue Sofía la que no pudo amar a Ángel. Detrás de Sofía, Pedro y Angustias. En este caso no se amaron el uno al otro. Ninguno de los dos supo hacerlo. Detrás de Angustias, Alejandro y Francisca. Y fue Alejandro el que no amó a Francisca. Detrás de Francisca y de sus padres, la abuela Engracia, que no solo no amó, sino que odió a su marido, a sus hijos y a toda la Humanidad.

Comprendió cuál era el patrón común que se venía repitiendo desde hacía ocho generaciones atrás, haciendo aparecer el mismo conflicto en el escalón siguiente pero invertido. El desamor iba de esposa a esposo o de esposo a esposa según se iba descendiendo. Lo vio con claridad. A ella le correspondía, siguiendo ese orden, ¡que su compañero o marido no la amase! No podía creerlo. Parte de lo que le ocurría con Hugo era consecuencia de patrones ancestrales.

Contempló a sus ascendientes delante de ella. Aguardaban expectantes. ¿Qué esperaban o a quién? Vio a los hijos muertos antes de nacer de Ángel y Sofía y a los que murieron recién nacidos, a Benita con el vientre de recién dada a luz, a las hermanas de Fernanda, las niñas azules que murieron prematuramente, al marido y a los hijos eliminados por Engracia. Se le encogió el corazón porque ellos esperaban algo y ella estaba bloqueada.

La guía de Casandra llegó oportuna y certera. Empezó por pedir a las madres desconsoladas que dieran nombre a los hijos a los que no habían llegado a dárselo. Reunió en un grupo a todas esas criaturas y a los adultos que habían muerto jóvenes y de forma trágica. Los presentó ante su linaje como héroes para que fuera reconocida su aportación, humilde y silenciosa, a la evolución sistémica. Les agradeció en nombre de todos su sacrificio y que hubieran consumido una carga de karma formidable para dar más oportunidades de triunfo a los que venían detrás.

Luego se dirigió a los adultos. Imaginó que se arrodillaba ante todos ellos y que, llena de gratitud, con la frente en el suelo, los iba reconociendo uno a uno. Llamó a su padre que se presentó de inmediato. Le pidió que tomara de la mano a su madre, que se sintieran, que se miraran a los ojos y que tuvieran el valor de perdonarse a sí mismos para después poder perdonarse el uno al otro. A continuación pidió a todos los demás que hicieran eso mismo. Hasta que pudieran abrazarse.

Les habló para que todos se hicieran conscientes de que habían aceptado esta experiencia vital en este mundo, en esta familia, por amor incondicional. Que tenían un propósito que habían olvidado, porque ésa es la Ley. Les hizo imaginar que todos al mismo tiempo derribaban el muro que habían levantado alrededor de su corazón para no amar, no dejarse amar o no ser amados.

Comenzó a sentir algo muy suave en su interior. Le pareció que esa sensación se extendía hacia todos los que la rodeaban, que el dolor, la vergüenza y la culpa se iban deshaciendo poco a poco.

Se dejó mecer por la música y la paz que llenaba su corazón.

XII. La experiencia de Mario con el transgeneracional

Mario se puso muy nervioso cuando Casandra habló de hacer un trabajo. Él no estaba muy acostumbrado a ese tipo de cosas. No lo iba a saber hacer bien, estaba seguro. A él le costaba mucho relajarse. Sabía que no iba a ver nada ni a entender nada.

Los nervios hicieron que el corazón le galopara desbocado. ¡Qué mala suerte, esto no lo había previsto y se iba a sentir mal si fallaba! Pensó en salir de la sala sin que nadie lo advirtiera pero no le pareció oportuno porque era una falta de respeto para con Casandra y no quería ofenderla lo más mínimo. Ella se daría cuenta porque no se le escapaba nada. Podía cerrar simplemente los ojos y hacer como que hacía algo, que seguía las instrucciones como los demás sin preocuparse de más. Desde fuera nadie iba a saber que no estaba concentrado y que se había desconectado. Sí, ésa era la opción acertada. Iba a disimular, simplemente.

En un espacio de tiempo que a él le pareció insignificante se encontró en su casa con sus padres. Ambos estaban en el salón como siempre, cada uno en su sillón. Su padre leía el periódico y su madre tejía una colcha de ganchillo. No levantaron la vista cuando él entró; cada uno siguió haciendo lo que hacía. Mario se dijo, «¡no puede ser, papá murió hace años! ¿Qué hace aquí?»

Se lo preguntó directamente.

—Papá, ¿qué haces aquí? Tú estás muerto.

Jaime, por toda respuesta, se rió abiertamente y Paula le acompañó.

—No hijo, yo no estoy muerto, muerto estás todavía tú.

–¿Yo? No sabes lo que dices. Yo estoy vivo y coleando. No entiendo nada. ¿Por qué me dices esto?

Te explico lo que necesites –dijo Jaime–. Te veo bastante confundido.

–Has venido a verme ¿no es eso? –preguntó Mario.

–Sí, he venido a verte y a ayudarte. A la vez he venido a que me ayudes tú a mí. Mis padres no están bien, y los padres de tu madre tampoco. Creo que, entre los dos, podemos echarles una mano.

–Desde luego papá. Estaré encantado de colaborar en esa tarea. No tengo ni idea de cómo hacerlo, pero ya se verá.

–¿Recuerdas al abuelo Augusto? A mi madre, Rosa, no puedes recordarla porque murió muchísimo tiempo antes de que tú nacieras. La mató su vecino, Atanasio, en un momento de cólera con el azadón.

–Sí papá. Eso te lo he oído contar muchas veces.

–Hay que ayudarla y al abuelo también. El hombre estaba siempre en sus cosas y no se ocupó de mi madre ni de los hijos como hubiera debido, aunque amó muchísimo a los animales. Ahora está triste y compungido por eso.

–Ya... ¿y qué puedo hacer yo?

–Puedes mandarlos llamar e imaginar que vienen, que se unen a nosotros, y puedes ayudarlos a soltar su carga.

–Sí, papá.

Mario pensó en sus abuelos y les pidió que se presentaran. El abuelo Augusto llegó de inmediato, Rosa no apareció. La llamó insistentemente con el mismo resultado. Al cabo de un rato le pareció distinguir, lejos, una sombra como atada a otra. Creyó que lo imaginaba. Pero no, estaban allí las dos.

Entonces sospechó que por su forma de morir como consecuencia de la acción de otro ser humano, era posible que su carga fuera mayor. Pudo sentir terror u odio hacia su agresor, como el de él hacia ella. Luego estaba el hecho de haber muerto completamente sola, sin que ninguno de los suyos la consolase o acompañase. Tenía que tener presente esta circunstancia y también a quien la mató. Seguro que quedaron unidos por la tragedia de su dolor.

Mientras pensaba esto su padre hacía gestos afirmativos con la cabeza. Así que Mario invitó al homicida de su abuela a que se presentase junto con ella. Pensó en Atanasio y mentalmente le dijo, «no temas, quiero ayudarte. Ayudaros a los dos». Y los dos se presentaron rodeados de una sombra oscura que los envolvía.

Mario les dijo:

—Veo que el resquemor que causó vuestro conflicto sigue presente. Parece que es lo mismo para vosotros que hayan pasado muchísimos años. Os habéis quedado anclados en el pasado sin posibilidad de evolucionar.

»La abuela Rosa era la mujer y el hombre de la casa. Tenía fuerza y carácter y tomaba las decisiones. La última decisión le costó la vida. El azadón de Atanasio podía haber matado a cualquiera de sus hijos y estoy seguro de que ella prefirió morir en su lugar. Y tuvo una muerte trágica y dolorosa que afectó gravemente a los suyos, especialmente a su hijo Jaime.

Entonces, Mario, conmovido por la emoción, le dijo a Atanasio:

—Ante mi padre y mi madre, en presencia de todos mis ancestros, declaro que yo represento en este momento a todos los miembros vivos de mi sistema familiar. Y también a todos los que ya no están en esta dimensión y a los que han de venir. En mi nombre y en el suyo te digo que eres bienvenido. No queda en nosotros rastro de odio o resentimiento hacia ti. Tu acción fue fruto del desconocimiento y la violencia que alimentan la cólera.

»Os pido tanto a uno como a otro, que os perdonéis mutuamente y que también os perdonéis a vosotros mismos.

»Y tú, papá, debes hacer lo mismo, contigo y con ellos.

»Ha llegado el momento de dejar ir la culpa, la pena, las deudas y alcanzar la liberación.

Mario recordó entonces el gran secreto que había torturado a su padre después de la guerra, que le hizo sentirse mal el resto de su vida. Se dirigió a él directamente y le preguntó:

—¿Papá, cuál es el secreto que te mantuvo trastornado toda tu vida? Ahora es el momento de que te liberes de esa carga. Mientras lo mantengas oculto alguno de tus descendientes lo manifestaremos en nuestras vidas sin saber de dónde viene el problema hasta que podamos resolverlo. Al alma del sistema nada le pasa desapercibido.

Ante lo inesperado de la pregunta Jaime se quedó en suspenso, como si le hubieran pillado en falta. Comenzó a llorar. Le tendió la mano al hijo que la tomó firmemente. Mario cerró los ojos y ante él comenzaron a desfilar vertiginosamente una serie de imágenes que le narraron la historia maldita en apenas unos instantes.

Soltó la mano de Jaime y exclamó lleno de dolor,

—¡Papá!, ¿por qué lo hiciste?

Entre lágrimas Jaime le dijo:

—Cuando supe de la muerte horrible de mi madre odié a mi padre. Pensé que él era el culpable de todo lo ocurrido. Él era el que tenía que haber hablado con Atanasio y resuelto el conflicto de las lindes de sus tierras. No quiso a nadie, a nadie salvo a sus bueyes. Por eso, cuando llegamos a aquel cortijo, vacío de gente pero con una docena de bueyes en el corral, les fui descerrajando un tiro entre las cejas uno a uno mientras imaginaba que mi padre era cada uno de ellos. Asesiné a mi padre doce veces. Eran animales que sirvieron para la intendencia del regimiento; nadie me amonestó por ello, pero yo me sentí culpable de asesinato. No solo importa lo que se hace sino la intención con la que se hace.

—Tu padre murió de viejo, papá. Y ha llegado el momento de que tú te perdones por el odio que te arrastró a cometer una acción execrable. Es más fácil que te perdones tú y que pidas perdón a tu padre que quedarte atado a esa vergüenza y a esa culpa por toda la eternidad. –Jaime se volvió hacia su padre y los dos se fundieron en un abrazo.

En ese momento Paula se levantó y se acercó a su hijo, Mario. Lo tomó de las manos y lo miró directamente a los ojos. En su mirada no había nada más que amor. Se mostraba tranquila y serena.

–Pero mamá, tú no estás muerta –protestó Mario.

–No hijo, no estoy muerta. Pero lo estaré muy pronto.

–¡Mamá! –exclamó él–. ¡Qué dices! ¡Por qué me haces esto!

–Te aviso hijo porque ya estás preparado para ello. Has encontrado tu camino y yo me estaba extraviando, me estaba perdiendo. Me había desorientado. Estaba bloqueándote a ti, bloqueando tu vida y no tenía derecho a eso. La decisión que tomaste de irte de casa fue la justa. Lo decidiste muy a tiempo y recuperaste tu poder que, sin querer, yo había hipotecado. No habría podido perdonarme a mí misma el irme de este mundo habiéndote hecho tanto daño. Ahora prepárate para recibir nuestro mensaje, ése que tú necesitas para terminar de transformar tu vida.

–¿Mensaje? ¿Qué mensaje?

–Debes estar preparado, Mario. Todo lo que suceda será para tu mayor bien si lo sabes aprovechar. Adiós hijo. Te amaremos siempre.

–¡Mamá! –Se le hizo un nudo en la garganta pero el tono de la voz de Paula le convenció de que no se podía hacer nada y que, además, no convenía hacerlo. Todo había sucedido en el momento justo.

Mario vio que se acercaba mucha más gente. Por el lado de Augusto y Rosa muchos que no conocía. Por el lado de Paula sus padres, Eliseo y Paulina y, detrás de éstos, Lauro y Lola y Andrés y Anastasia.

Los miró despacio, tratando de encontrar el mensaje que sus ancestros querían transmitirle. Estaba ahí, inscrito en sus vidas y en sus historias personales.

Miró a Eliseo y a Paulina. Eliseo siempre lamentó la decisión que había tomado de volverse de Cuba con sus padres. Y sus padres, Lauro y Lola, siempre se dolieron de haberse ido.

Paulina se arrepintió enormemente de emplear la escasa fortuna familiar en rescatar a Eliseo, y sus padres de emigrar a Brasil al encuentro de una quimera que nunca dio fruto.

Por el lado de su padre, Jaime, la carga de dolor la tenía la abuela Rosa que decidió sin vacilar y eso le costó la vida. Mario estaba precisamente conectado con Rosa y con Eliseo más directamente que con cualquier otro miembro de su linaje. Y su padre también había decidido irreflexivamente y su secreto le amargó la vida. El patrón que le afectaba era el pánico a tomar decisiones y constató que ese esquema rígido emergía del fondo de su ser y se le mostraba nítidamente.

Siguió la guía que le llegaba de alguna parte. Se dirigió a todos los parientes presentes, se acercó a Rosa y a Eliseo, tomó a cada uno de ellos de la mano y les dijo:

—Soltad vuestra carga. Dejad de sentiros culpables. No me debéis nada. Todo está perfecto. Yo necesitaba experimentar este sufrimiento, la angustia de no poder actuar, elegir, ordenar por el temor a las consecuencias. Vosotros hicisteis vuestra parte. Os agradezco infinitamente las luchas personales que habéis soportado, mantenido y superado a lo largo de vuestras vidas. Os prometo sacar provecho de todo ello... —A continuación comenzó a sollozar; los suspiros le ahogaban. Dejó que el llanto saliera a borbotones hasta que pudo calmarse.

—Sé que estoy en una posición privilegiada para llegar a la próxima meta y que todos podamos cruzarla juntos, porque todos hemos hecho el trabajo. En esta dimensión todo lo vemos separado, dividido, pero no es real.

»Cada uno formamos parte del otro. Quiero mostraros toda mi gratitud. Mi vida ha tenido sus dificultades, pero también grandes oportunidades que debo al esfuerzo que todos habéis hecho.

»Gracias de nuevo, infinitas. Voy a aprovechar esta ocasión, os lo prometo.

XIII. La experiencia de Esmeralda con sus antepasados

Mientras Casandra hablaba, Esmeralda comenzó a entrar en un estado hipnagógico que la fue sacando de esta dimensión.

Tenía los ojos cerrados pero el espacio que la rodeaba comenzó a poblarse de criaturas etéreas azules que bailaban una danza mágica a su alrededor. Todos los vellos de su cuerpo estaban erizados, como si una corriente eléctrica lo recorriera. Las sintió próximas y afines. Se relajó completamente envuelta en el amor que los seres destilaban sin regateos. Era un sentir seguro, tierno y conocido. Ella pertenecía a ese mundo y los suyos la estaban festejando. Estaba volviendo a casa.

Entonces voló. Se desprendió de su cuerpo y voló con ellas. Giró y giró alegremente en el espacio circundante y dejó que su alegría contagiosa la poseyera. No quería pensar. Mejor, no lo necesitaba. Estaba presente y sabía.

Vio a Casandra sobre la tarima. Toda su aura era azul-violeta y blanco nacarado, de una sublime pureza. No oía sus palabras pero conocía lo que iba diciendo.

En una de sus alegres piruetas descubrió a Lahurt y a Vannet junto a tres presencias más. Eran los asesores que la habían guiado, uno tras otro, el tiempo en que se cerró su capacidad de percepción para que tuviera la impresión de que estaba sola. Nunca había recibido una imagen sensible de ellos pero los reconoció igualmente. Se trataba de Kay, Isaro y Wanta. La miraban divertidos.

De improviso comenzaron a rodearla otras criaturas, entidades más densas pero no menos conocidas y amadas. Se detuvo expectante. Percibió que su madre y su padre estaban a sus espaldas, sentía su energía. La de su padre detrás a su derecha y la de su madre a su izquierda. Se centró porque comprendía la importancia de lo que estaba sucediendo.

El lado paterno se mantuvo solo con la presencia de su progenitor. Pero el lado materno se fue llenando con los miembros ya fallecidos de la familia de ella. Abría la marcha su abuela Lágrimas, rodeada de niños, todos los que había ido perdiendo. En sus brazos llevaba el bebé que murió en su seno junto a ella. Detrás de Lágrimas su madre, María, con otra caterva de chiquillos alrededor y detrás de María, la bisabuela.

Esmeralda las miró con ternura y les dio la bienvenida. Se volvió a sus padres. Se conectó con ellos a través de la mirada y les envió una onda de inmensa gratitud. Pudo observar cómo se conmovían. Se arrodilló ante ellos. Su padre quiso impedírselo pero ella retiró su mano suavemente. Con sus manos les tocó los pies. En esa posición de completa reverencia les dijo:

—Mamá, papá, os bendigo de corazón en presencia de nuestro linaje. Vaya por delante mi gratitud a todas las generaciones que han aportado sus experiencias para que este encuentro esté teniendo lugar.

»Aquí, ante todos los presentes, os tomo y os acepto como mis padres que sois, tal como os manifestáis en este momento y como lo habéis hecho en el pasado.

»Tú, papá, eres el único padre que reconozco como tal y, por tanto, te doy el lugar que te corresponde en mi jerarquía familiar. No importa dónde estés ahora y qué estés haciendo. Tú me abriste la puerta a este mundo a través de un acto de violencia que deberás afrontar para aprender de él en su momento. Pero me la abriste. Tu mente consciente no sabía lo que estaba haciendo; solo vivía su anhelo desenfrenado, desequilibrado de poseer a una niña, pero tu supraconsciente sí sabía y aceptó el reto y la carga. De tus actos deberás dar cuenta ante tu linaje y ante Dios.

»Tú, mamá, eres mi madre, la única que reconozco como tal y te doy el lugar que te corresponde como mi progenitora. No me buscaste, no me deseaste, no me amaste conscientemente y quisiste, desde el mismo momento en que me supiste en tu seno, que desapareciera de tu vida. Lo deseaste y lo procuraste por todos los medios. Aun así, acepto que tú eres la grande y que yo soy la pequeña, que has hecho las cosas a tu modo, con aciertos y desaciertos, pero reconozco que sabes siempre un poco más que yo. Me someto a tu sabiduría y a aprender de ti y de nuestra vida en común lo que sea necesario.

»No voy a juzgaros por ninguno de esos actos. Solo Dios conoce el por qué y el para qué de lo que acontece a cada una de sus criaturas.

En ese momento fijó su atención en su abuela, Lágrimas. Esmeralda sabía que ella la representaba en este mundo y que una parte muy importante de su trabajo era superar el patrón de abuso, violaciones, malos tratos y miseria que habían soportado las mujeres de la familia por la línea materna desde muchas generaciones. Le dijo:

—Gracias abuela, gracias una y mil veces. La parte más dura la habéis soportado vosotras. Gracias por haberme dado esta oportunidad. Ahora me siento útil. Entre todos me habéis elegido para hacer este trabajo, no voy a olvidarlo. No soy mejor ni peor que vosotras, solo tengo más información y más oportunidades. No tengo palabras para explicar lo bendecida que me siento.

»Ese panorama de acontecimientos desequilibrados que he tenido que vivir era el que yo necesitaba para llevar a cabo mi propósito, la razón por la que vine a este mundo.

»A pesar de las apariencias, llegué a él protegida, muy protegida. Ésa es la razón de que haya podido sortear todos los obstáculos y de que me encuentre hoy en el punto en que me hallo. Reconozco que el que yo esté aquí es obra de todos. Esto es como una carrera de relevos que vamos a ganar entre todos.

»Gracias a todos vosotros, de corazón. Soltad lo que os oprime y la sensación de haber fracasado, de no haber estado a la altura porque no es real. He venido a abriros la puerta de la libertad.

Se volvió hacia su padre. Él la miró conmovido.

—No te preocupes papá, la separación que tienes con tu familia tampoco es real. A partir de hoy se van a mover muchas cosas. Vendré de nuevo a buscarte y todos acudirán. Serán igualmente liberados. Lo merecen.

—Gracias hija —musitó él, y guardó respetuoso silencio.

XIV. El gran encuentro en la Cúpula de la Vida

Pareció que el espacio en el que se encontraban comenzaba a agrandarse y se congregaban en él multitud de almas. Hugo tuvo la sensación de que una enorme cúpula se elevaba sobre ellos y cerraba el lugar por la parte superior. No la había percibido antes.

Miró bien y comprendió que no estaba solo con los que a él le acompañaban. Había otros como él, muchos. Pensó en Claudia, Mario y Esmeralda. Los llamó internamente. Al cabo de unos momentos recibió respuesta afirmativa de su presencia.

Guardó silencio en su mente. Se oyó la guía de Casandra.

—Nos encontramos en la Cúpula de la Vida, donde empezamos a traspasar los umbrales hacia la Luz.

»Una vez abierta la puerta y, tras cruzarla, se inicia un camino de aprendizaje que nos llevará poco a poco de vuelta a la casa del Padre.

»Aquí creceréis en conciencia y conocimiento, comprenderéis lo que no hayáis entendido, preguntaréis y recibiréis respuestas que os ayuden en vuestro proceso. Todo acontecerá en un orden perfecto, a su debido tiempo.

»Los niños muertos antes de nacer o en el momento del parto que han cabalgado la vida a la espalda del primer hermano que nació tras su muerte, van a encontrar su camino y podrán programar una vida en la que elijan su historia, con su propia personalidad y plena responsabilidad. Conocerán la razón de su trágico destino y para qué ha servido su sacrificio.

»Todos podrán retomar su trabajo en el punto en que lo dejaron y recuperar el bagaje de los conocimientos y experiencias conseguidos a lo largo de los siglos.

Les pidió a todos que se concentrasen y observasen los lazos oscuros de dolor que todavía les mantenían unidos con sus antecesores. Los vieron sin gran esfuerzo. Esos lazos van de padres a hijos generación tras generación para que los relevos estén en contacto con los conflictos sin resolver de los que les han precedido y sepan qué es lo que resta por hacer.

El dilema es que, en general, el individuo se identifica con el problema y lo percibe como propio por fidelidad sistémica. Le agobia en exceso y muchas veces le hace sucumbir.

—Mirad vuestra mano derecha —les dijo Casandra—. En ella habrá una espadita de un color azul brillante, el color de la liberación y de la Voluntad Divina. Con ella vais a cortar uno a uno esos lazos oscuros mientras repetís las palabras: «En nombre del Amor quedas liberado».

»Fijad la atención en el centro de vuestro pecho. Observaréis un punto luminoso y radiante que se va a ir abriendo, agrandándose, liberando un haz de hilos dorados, rosas y azules. Es el Cristo en vuestro interior. Con esos rayos os vais a ir conectando de corazón a corazón con cada uno de los ancestros que se encuentren ante vosotros.

»Así los estáis reconectando al Amor Incondicional. Ésa es la materia con la que se teje un sistema familiar a lo largo de los siglos. Es lo que nos impulsa a formar parte de él, pero la ley del Olvido lo borra de nuestra memoria. De este modo, iluminados por su propia luz, recuperarán sus memorias de gozo, gratitud y perdón. Cada uno debe perdonarse, aceptarse y amarse para poder dar lo mismo a los demás.

Así lo hicieron. En ese momento se sintió paz, una paz que alcanzaba a todos los presentes y a los que éstos habían convocado. En la sala se situaron tomados de las manos y fueron formando un círculo. La energía que brotaba del centro del pecho de cada uno se desplazó hacia el que estaba al lado, de derecha a izquierda, formando un luminoso aro, brillante e iridiscente. En un momento dado comenzó a girar en todas direcciones creando una preciosa esfera tornasolada que los envolvió a todos protegiéndolos en su interior.

En la parte superior de la esfera se abrió una puerta. Detrás solo había luz. Todos supieron que debía ser cruzada para que se completara su proceso. Se miraron unos a otros y entendieron lo que tenían que hacer. En ese momento apareció una figura refulgente en el centro de la puerta de luz. La atravesó y se dirigió hacia los congregados. Hugo reconoció a su abuela Divina. Sonreía dulcemente mientras se dirigía directamente hacia el que había sido su esposo, Julián, que se encontraba entre los miembros de su linaje. Se situó frente a él y se abrazaron como si el tiempo no hubiera pasado mientras la emoción de su reencuentro impactaba a todos los convocados.

—He venido a buscarte, tal como deseaste y me pediste el resto de la vida que viviste sin mí —dijo Divina—. Atravesaremos esa puerta como esposo y esposa. Ahora he podido comprender que me amabas y cómo me amabas. No me fue posible hacerlo mientras viví, pero tampoco te rechacé. Este es el momento, superadas las limitaciones de esa dimensión, en que nos disfrutaremos uno a otro sin las barreras de la incomprensión.

Divina se volvió entonces hacia su hijo, Hugo, y exclamó:

—Te veré al otro lado, mi amor. Este momento es para papá.

—Y tomados de la mano se dirigieron hacia la puerta abierta.

Poco a poco todos los demás situados detrás de ellos comenzaron a atravesarla. Cuando el último cruzó se cerró lentamente. La esfera que los amparaba volvió a ser un aro que fluía vertiginoso de derecha a izquierda. Fue disminuyendo la velocidad hasta quedar como un punto de luz en el centro del pecho, que se cerró lentamente hasta desaparecer.

Casandra los guió de nuevo hasta que sintieron que se encontraban en la sala en completa posesión de sus cuerpos físicos y abrieron los ojos.

Impactados por la experiencia tardaron un tiempo en moverse con normalidad. Casandra les pidió que cerrasen los ojos un momento y se explorasen a sí mismos. Todo era lo mismo pero al mismo tiempo, todo había cambiado. Muchísimos fardos que portaban sus almas se habían evaporado, las incógnitas se estaban disolviendo y el camino interior había quedado expedito y listo para ser transitado sin tantos obstáculos y dificultades.

Se miraron unos a otros con la sorpresa reflejada en los rostros. Era una sensación magnífica que llenaba el corazón de esperanza.

Casandra les explicó que este era un comienzo de algo, que no era el final de nada. Había que reanudar el trabajo con el mismo ahínco aunque las eventualidades se suavizarían. Ella dio por terminada la sesión y todos fueron levantándose y saliendo al exterior sin prisa.

Hugo y Claudia, igual que Mario y Esmeralda, lo hicieron caminando de la mano. Estaban sin palabras. Lo que habían vivido debía ser procesado tomándose el tiempo necesario para hacerlo. Tardarían en comprender todo lo ocurrido.

No tenían fuerzas para ir al comedor ni hacer ninguna otra cosa que no fuera tomar una ducha, acostarse y dormir hasta el día siguiente. Se despidieron y se retiraron cada uno a su habitación.

Ya en ella, Hugo abrazó a Claudia y le dijo:

—¡Cariño ahora entiendo tantas cosas! ¡Siento tanto lo que te he hecho sufrir!

Claudia le devolvió el abrazo y le respondió:

—Yo lo lamento también, Hugo. He comprendido que me dabas exactamente lo que yo te estaba pidiendo que me dieras. Era la única forma de que cada uno de nosotros cumpliera con su destino. Ahora empezaremos a poder hacer algo diferente con nuestras vidas.

Al mismo tiempo, en la habitación de al lado, Mario y Esmeralda hablaban entre sí de un modo parecido.

—Estoy impresionado —dijo Mario—. No doy crédito a lo que nos está pasando.

—Sí, es verdaderamente asombroso. Es un regalo tan inesperado...

—Estoy empezando a comprender de dónde venía mi bloqueo para tomar decisiones. Es el resultado de toda una cadena sistémica.

—Sí, desde luego. Uno siempre piensa que el otro, cuando está atascado, puede hacer otra cosa. Pero no es así. Hay mandatos tan potentes que nos quedamos bloqueados y cuesta un mundo salir de ahí.

—Confío en que todo podrá ir mejor de aquí en adelante. Lamento, Esmeralda, lo que has padecido.

—Te presioné terriblemente, ahora lo comprendo. Pero yo solo quería ayudarte.

—Y me ayudaste, créeme. Antes de tener este tipo de recursos ésa era la forma en que la gente salía de sus conflictos y bloqueos.

—Gracias Mario. Eso me consuela.

—Por cierto, he visto a mi madre. Estaba junto a mi padre.

—Ya. ¿Y por qué te sorprende? Yo también vi a mis padres.

—Sí, pero tuve la impresión... no sé. Era algo raro. Es como que saltó una alarma.

—¿Una alarma? ¿Por qué?

—Es como si me estuviera avisando de algo.

—¿De qué?

—De que si no está ya en el otro lado está a punto de partir.

—¡Mario! ¿De dónde sacas eso?

—Sus palabras me sonaron a despedida. A disculpa y a despedida.

—¿Qué fue lo que te dijo?

—Dijo muchas cosas, pero la que se me quedó clavada en el corazón fue que no habría podido perdonarse a sí misma el irse de este mundo habiéndome hecho tanto daño.

–Bueno Mario. Puede estar hablando de irse de este mundo dentro de varios años.

–Sí, puede. Pero no es eso. Yo sé que ha venido a avisarme. Tengo que estar preparado.

Los ojos de Mario se humedecieron pero se mantuvo sereno. Ya se vería cómo discurrían los acontecimientos, era mejor no precipitarse.

Se tomaron de la mano apoyándose el uno al otro, apagaron la lámpara y, agotados por lo sucedido durante el día, se quedaron profundamente dormidos.

—

CUARTA PARTE

Despejando el camino de la ascensión

I. Un final de año diferente. El Laberinto de las Culturas

El tiempo amaneció espléndido como siempre. Cuando Hugo y Claudia se despertaron era tardísimo. Habían dormido doce horas de un tirón. Se ducharon rápidamente para llegar a tiempo al desayuno, tenían hambre. El día anterior, con tantas emociones se habían acostado sin cenar.

Cuando bajaron al comedor Mario y Esmeralda estaban esperándolos. La mesa, magníficamente abastecida con todo lo que pudieran desear, invitaba al exceso. Se sentaron junto a sus amigos y Hugo comentó:

—¿Cómo os habéis levantado? Nosotros con mucha hambre.

—Bien. Hemos dormido como troncos después de lo de ayer.

—¿Cómo os fue? No tuvimos ocasión de comentar nada.

—Estamos impresionados, la verdad.

—Y nosotros.

Guardaron silencio mientras comían. Mario no quiso comentar el incidente de su madre. No le parecía oportuno aguarles la fiesta a sus amigos y era mejor esperar acontecimientos. No pudo por menos que asombrarse de su propia serenidad. Era algo nuevo y gratificante para él.

Terminaron y salieron a dar un paseo por los jardines. No vieron a nadie, como siempre.

En la rosaleda se encontraron a Casandra que leía un libro sentada en un banco. Les saludó con júbilo.

—Hola a todos. ¿Cómo habéis amanecido hoy? ¿Descansasteis bien?

—Perfectamente —respondieron.

—No sé si os habéis dado cuenta de que hoy es el último día del año, el 31 de diciembre de 2014.

—Pues hemos perdido la cuenta de la fecha —respondió Claudia.

—¡Qué bárbaro! Salimos el día veintiséis de Madrid y parece que han pasado seis meses. El tiempo es elástico verdaderamente —dijo Mario.

—Sí. Es elástico.

Casandra se quedó pensativa y añadió:

—Estaba pensando proponeros algo para hoy. Algo diferente. Pasar un fin de año diferente.

—¿Qué nos propones? —preguntó Hugo.

—Había pensado que podríamos ir al Laberinto del Valle de las Culturas.

—¿El Laberinto del Valle de las Culturas? ¿Dónde está eso? —se extrañó Esmeralda—. Nunca oí hablar de él.

—Es un lugar muy curioso que está relativamente cerca de aquí, como a unos ciento cincuenta kilómetros. Ha sido construido por alemanes en un valle precioso, un parque natural de diez hectáreas. Es un acto de reconocimiento y respeto a la diversidad de razas y civilizaciones del planeta. En él se han reproducido monumentos característicos de algunas de ellas, tanto antiguas como modernas, como la egipcia, la romana, la griega, la maya, la cretense, la celta, la sumeria, la inca, la hindú, la de los indios americanos y ciudades como Nueva York, Londres, París, Berlín, Madrid, etc. Los grandes monumentos están hechos a escala con proporciones perfectas si se multiplicaran sus medidas por tres o por cuatro. Son tan exactos en los detalles que a veces se tiene la impresión de estar de verdad en la parte del planeta a la que pertenecen. A las reproducciones les acompañan el clima, la fauna y la flora propia de sus lugares originales. Es magnífico. Además pasan cosas muy mágicas allí. ¿Os apetece ir?

—¿Cosas muy mágicas?

–Sí, muy mágicas. Pero no quiero desvelar nada para no estropear la sorpresa. Únicamente os diré que en este lugar os alinearéis y armonizaréis con vuestra energía masculina. El objetivo es unificarse lo más posible con la recta Guía Interna, que afecta a la acción y la toma de decisiones.

–¡Está bien! –dijo Hugo–. Será estupendo. Salir contigo de excursión es una aventura.

–Pues de acuerdo –dijo Casandra–. Voy a hacer que nos preparen un almuerzo como la otra vez y en una hora nos vemos en vuestro coche.

–De acuerdo.

Al cabo de una hora estaban reunidos todos alrededor del coche de Hugo. Allí estaban las cestas con la comida y las bebidas. Casandra las estaba acomodando en el porta-equipajes. Cuando todo estuvo dispuesto dijo, «¡adelante!» y salieron como un rayo en dirección al Laberinto del Valle de las Culturas.

Tras dos horas escasas de viaje llegaron a su destino. No había gente esperando para sacar los billetes de entrada en las ventanillas y los obtuvieron de inmediato.

El lugar era hermoso y estaba cuidadísimo. Había árboles frondosos y una enorme cantidad de macizos de flores de todos los colores. Un camino de piedra de unos ciento cincuenta metros conectaba la puerta principal con otra entrada más pequeña perteneciente a un recinto vallado dentro del cual se encontraba todo lo construido en el valle. El camino hasta la segunda puerta estaba protegido por un entramado de hierro forjado, completamente cubierto por glicinias cuajadas de flores blancas y rosas, que los resguardaban delicadamente del sol.

Casandra les dio las últimas instrucciones. Entregó a cada uno de ellos un plano del lugar donde podía localizarse el emplazamiento de los monumentos, para orientarse en caso de que alguno se extraviase. Había preparado unos pequeños vehículos eléctricos para que hicieran su recorrido en un tiempo razonable. En cuanto miraron el esquema del laberinto se dieron cuenta de que estaba diseñado sobre el patrón de la Catedral de Chartres, construida en Francia en el siglo XIII y que se encuentra grabado en el suelo de su entrada occidental.

Este esquema ancestral, tallado sobre piedra hace milenios en diferentes partes del planeta, representaba la necesidad del ser humano de confundir y encerrar a las fuerzas del mal para proteger a la comunidad, o también podría entenderse como un símbolo para comprender la confusión que vivimos en nuestro deambular por la vida. Asimismo en ocasiones ha sido considerado como una muestra de las pruebas que hay que pasar para alcanzar la verdad y no falta quien lo interpreta como un camino espiritual que, al recorrerlo, otorga equilibrio y serenidad de manera que el peregrino puede lograr el estado de claridad interna necesario para emprender el regreso con un aprendizaje nuevo.

Muchos que en la Edad Media no podían hacer el viaje a Jerusalén por falta de medios, recorrían ese laberinto de rodillas para reconocer y tratar de solucionar los obstáculos que les impedían alcanzar un estadio más elevado de desarrollo interior y así conseguían a veces más indulgencias que desplazándose a la Ciudad Santa.

Casandra les dijo que era muy importante que se dejaran llevar por la intuición. Ésa era la clave. Ante la puerta podía verse un sendero asfaltado delimitado por setos primorosamente recortados y, en ocasiones, por un pequeño muro que impedía dirigir el vehículo por otro camino que no fuera el marcado. Cada uno comenzaría a marchar por la vía principal, que trazaba al principio una línea recta que giraba a la izquierda abruptamente. A partir de ahí el camino se plegaba sobre sí mismo muchas veces e iba rodeando un conjunto de edificaciones muy distantes entre sí, dada la amplitud del recinto, a las que parecía difícil acceder. Sin embargo, inopinadamente se iban a encontrar con puertas de acceso que comunicaban los senderos entre sí y que les permitirían cambiar el rumbo lógico originalmente marcado, siguiendo la guía de su intuición. Cada cierto trecho, a derecha e izquierda, se divisarían diferentes instalaciones en las que podrían adentrarse o no, según lo sintieran en su interior.

Ilustración 5. El Laberinto de las Culturas

En un momento dado se toparían con una construcción. Debían reconocer sin lugar a dudas que ésa era la que contenía el mensaje que resonaba con sus memorias ancestrales. Debían estar bien conectados con su intuición porque en ella encontrarían un mensaje del pasado que les estaba aguardando hacía siglos para ayudarles a crecer como personas y a mejorar el presente. Para captarlo era necesario que, al llegar, se dirigieran directamente a la pared exterior del edificio elegido, sin rodearlo ni penetrar en él. Era necesario esperar justo el momento en el que el sol se oculta completamente en el horizonte, que ese día sería a las seis en punto. Entonces debían hacer contacto con la pared en tres puntos al mismo tiempo, apoyando sobre ella las palmas de las manos y la frente, concentrarse y esperar.

Pero también era posible que eligieran penetrar en alguno de los espacios construidos al sentirse fuertemente atraídos hacia él. La atracción podía ser tan fuerte que cabía la posibilidad de olvidar el objetivo que les había llevado hasta allí y quedar atrapados definitivamente. Lo que les atraería de ese lugar representaría la oportunidad de llenar la mayor carencia de su alma y podía suceder que cedieran a la tentación de permanecer para siempre en él.

¿Un mensaje? Mario se acordó de su madre y de lo que le había dicho el día anterior. Le explicó que se trataba de algo fundamental que le ayudaría a terminar de enderezar su vida. Se le encogió el estómago pero se dijo que no era momento de tener miedo ni de echarse atrás. Debía seguir adelante con decisión. Él se había hecho cargo de su poder y no iba a vacilar ahora.

Casandra esperaba que cada uno hallase el emplazamiento que le correspondía. Era importante considerar el tiempo que iba a costar llegar al lugar apropiado. Cuanto antes llegaran, sin entretenerse en lugares que para ellos eran inadecuados, mejor. Si se perdían eso quería decir que no estaban lo suficientemente preparados, que su intuición no estaba bien desarrollada para seguir ascendiendo.

Insistió en cuál era el peligro. Estaba segura de que se iban a tropezar con muchas distracciones, situaciones apasionantes que fácilmente les apartarían del objetivo principal. Llamarían poderosamente su atención porque les resonarían muy fuertemente y les conectarían con sus anhelos más secretos, con los aspectos de su carácter, emociones y pensamientos peor resueltos. Frecuentemente permanecen ocultos como si no existieran. La conexión sería tan fuerte que corrían el peligro de querer permanecer para siempre allí, pensando que se encontrarían ante la solución a todos sus dilemas.

También podía darse el caso de que se les presentase una situación que los dejara atrapados en una realidad angustiosa, indeseable, de la que no les fuera imposible escapar. Ése era el riesgo. Pero si conseguían estar atentos y ser fuertes, hallarían el camino y la clave para abrir una puerta nueva hacia adelante. Lo importante era mantenerse alerta y percibir internamente si se encontraban delante de lo que buscaban y, si no era así, dejarlo ir. Sin pena.

Todos se miraron divertidos. El día se presentaba más interesante de lo que Casandra les había anunciado. Ella entregó a cada uno una bolsa con una botella de agua y unos bocadillos. Los iban a necesitar. También llevaban una chamarra de un tejido finísimo y especial que apenas abultaba, recogida en su bolsa, lo que ocupa un puño cerrado, porque podían encontrarse en medio de fríos heladores propios de los Himalayas o de tormentas de agua y viento de envergadura, lo mismo que tropezarse con un desierto achicharrante de doradas dunas.

A una señal de Casandra, y provistos de lo necesario, se adentraron en el laberinto.

II. El itinerario de Hugo

Hugo comenzó a marchar con su pequeño vehículo y mucha determinación por la ruta que le había tocado en suerte. A él no le parecía complicado lo que tenían que hacer. Se trataba de un juego simple y original que le iba a divertir, seguro.

Lo primero con lo que se topó era una especie de laberinto de piedra enorme, con un gran toro esculpido en la parte superior de la entrada. Reconoció la cultura cretense del minotauro y su intuición le dijo que no tenía que acercarse ahí. Una joven lozana y atractiva le invitaba a entrar desde la puerta pero él siguió su camino. Continuó el recorrido y le pareció distinguir una ciudad amurallada en una zona desértica. La muralla estaba cubierta por altorrelieves de guerreros en la batalla que le conectaron con la cultura sumeria. Un servidor en la puerta le ofrecía piezas de oro en una cesta. Estaba en el desierto con un calor sofocante. Preguntó a su guía interno y sintió que debía continuar. «No te preocupes del oro, no sirve para nada».

Siguió hacia adelante y vio que otro sendero conectaba con el suyo por la izquierda. Lo tomó y se encontró marchando a través de un bosque de árboles altos y tupidos. Era una selva. Se adentró en plena Naturaleza y observó la presencia de ciervos y otros animales herbívoros que pastaban tranquilamente. Su corazón saltó de gozo. Eso es lo que a él le gustaba. Los bosques, las montañas o el paisaje abierto y las praderas. Tenía que tener cuidado; podía haber depredadores. Le pareció que a unos doscientos metros se elevaba una pequeña columna de humo. Oyó el retumbar de unos tambores. Se debía tratar de una cultura africana. Era una tribu. Al avanzar un poco más distinguió a un grupo de hombres de color sentados en círculo. Preparaban un brebaje machacando hojas y raíces. Deseó ardientemente dirigirse hacia ellos y comulgar sin barreras con la Madre Tierra. Pero la que lo pedía a gritos era su cabeza, no su corazón. Se dio cuenta a tiempo y, recordando las palabras de Casandra, volvió sobre sus pasos. Los hombres le llamaban vociferantes ofreciéndole algo, pero él no se detuvo. Alcanzó la ruta que había abandonado y siguió marchando rápido para recuperar el tiempo perdido.

Continuó a su derecha y vislumbró lo que le parecieron las torres y los minaretes de Estambul. Allí brillaba la catedral de Santa Sofía con todo el esplendor de su grandeza. Le pareció fascinante pero no la sintió en su corazón. Su senda giraba hacia la izquierda. Se apresuró y alcanzó a ver una cabeza tallada en piedra, enorme. Era exacta aunque más pequeña que las de la cultura de la isla de Pascua. Se emocionó y pensó en seguir esa llamada pero lo desechó porque su guía le indicaba que no tenía que ir por ahí, muy a su pesar.

Llegó a otro cruce, giró a la izquierda y penetró en un sendero que pertenecía a otra ruta. Condujo el vehículo por él hasta que casi se dio de bruces con una tribu mongol. Los hombres se hallaban sentados en círculo ante su *yurta* tomando un nutritivo preparado a base de leche de cabra. Le invitaron a sentarse con ellos. Miró las praderas que se extendían hasta donde la vista alcanzaba y quiso quedarse. En ese momento un grupo de jóvenes montando a pelo caballos de pequeña alzada se entrenaban para la próxima competición entre los jinetes de los valles y los de las montañas, como preparación a la gran carrera de *Naadam*, la fiesta nacional que celebra su independencia de China, en el mes de julio. Daban voces llenos de júbilo cuando alguno alcanzaba la perfección requerida para poder ganarlo, algo que suponía un honor inmenso para el participante y para la familia.

Había otros grupos en los que los jóvenes se entrenaban en el deporte nacional, la lucha libre, una especialidad particular en la que no se clasificaba al participante por edad o peso. Había una única categoría. Ganaba el que consiguiera que el oponente pusiera la rodilla, la espalda o el trasero en el suelo, lo que se lograba empleando movimientos de fuerza tradicionales y ancestrales. Todo el mundo reía a carcajadas, niños y mayores, generando mucha alegría.

Sería libre, libre, en comunión con la Naturaleza.

Se sentó con ellos aunque hacía un frío que pelaba, a pesar de que se había puesto la chamarra que le había entregado Casandra. Recordó que en las estepas, en invierno el frío puede alcanzar los cincuenta grados bajo cero. Las mujeres, que iban de acá para allá silenciosas y discretas sirviendo a los hombres, le acercaron un cuenco con una especie de yogurt blanco. Le hicieron señales con la cabeza animándole a probarlo mientras se daban palmaditas en el estómago. Comprendió que le querían decir que le vendría bien a todo su aparato digestivo y le fortalecería. Lo probó. Le pareció un manjar que, al penetrar en su cuerpo, le calmaba los nervios, el estrés por la responsabilidad y la prisa.

Se sintió más que a gusto. En el mundo occidental habíamos perdido el norte. Todo eran carreras para un lado y para otro sin llegar a ninguna parte. No sabíamos cómo sobrevivir en la Naturaleza, ni valernos por nosotros mismos. Nos costaba trabajo estar en contacto con los demás. Ya nadie sabía quién era ni para qué servía en la familia y en la sociedad. Todos hacían de todo y empezaban a no querer hacer nada. Ni tener hijos, ni una pareja para toda la vida, ni sostener una casa. Cada uno se dedicaba a sí mismo; a hacer su vida, a salir solo adelante y el mundo que se las compusiera como pudiera. Nos tocaba ocuparnos de nosotros mismos; los demás que se buscaran la vida.

Era complicado fiarse de la gente en general, especialmente de las mujeres. Las mujeres eran lo más difícil. A él le gustaban a rabiar pero para un ratito. Eran peligrosas. Hacían daño. Cada mujer llevaba dentro una serpiente escondida y te comía vivo cuando más descuidado estabas. Quita, quita. Ni hablar. A las mujeres había que atarlas corto y tenerlas debajo de la bota, porque...

Alguien le tiraba de la manga sacándole de su ensimismamiento. Una mujer le ofrecía un atuendo confeccionado con piel y unas botas. Hacía un sol espléndido pero se estaba pelando de frío, estaba congelado. Sí, le vendría muy bien. Ella le hizo pasar al interior de la *yurta* que estaba en penumbra. No veía nada. Cuando sus ojos se acostumbraron a la semioscuridad, observó que todo estaba pulcramente recogido y ordenado.

La muchacha, una joven de unos dieciocho años, le hizo señas para que se desvistiese. Ella lo ayudaría. «¡Pero cómo! –pensó–, ¿me va a ver desnudo? Ni hablar. Yo sé vestirme solo». Le indicó con gestos que él lo haría. Por toda respuesta, la joven le quitó la chamarra, la camisa y todo lo que llevaba puesto. Trabajaba sin hacer un gesto ni dirigirle la mirada pero con toda eficiencia. Le untó el cuerpo con una mezcla de sebo muy ligero y hierbas aromáticas y puede que algún ingrediente más que desconocía. Mientras extendía la crema con las manos pudo percibir un gran descanso en los músculos y, a la vez, un calor suave y agradable que le quitó el frío por completo. Ella lo vistió a continuación con una especie de jubón, un pantalón y calcetines de lana color gris. Sobre eso le puso una chaqueta y un pantalón de piel con el pelo del animal por dentro. Solo sobresalía un poco por el borde de la capucha. Y las botas. Le hizo señas dándole a entender que ella se encargaría de cuidarlo y atenderlo mientras lo miraba sin mostrar emoción alguna. Le indicó que podía salir fuera. El frío había desaparecido por completo para él. Era asombroso.

Lo estaban esperando. Los hombres lo aguardaban con un caballo sujeto de la brida para que lo montara. Iban de caza. Era un deporte y una forma de mostrar la hombría, la fuerza y el poder. «Yo no sé montar a caballo», pensó. Hizo gestos con las manos para que lo comprendieran. La respuesta fue una mirada helada y acusadora. «¿Eres un cobarde?» parecían decir. «No soy un cobarde, es que no he aprendido a montar; en mi país no es tan fácil tener oportunidad...»

Desistió de explicarles nada. No lo iban a entender. Montó el caballo y se dispuso a seguir a los demás y a hacer lo que le fuera posible, aunque era más que probable que se rompiera la crisma. Llevaban unos pequeños arcos con unas flechas finísimas, que hacían ellos mismos, que salían disparadas como rayos a una gran velocidad. Las usaban con enorme destreza pues entrenaban durante horas. Cada una de ellas era como un tesoro precioso que no convenía desperdiciar. Le entregaron uno. No se molestó en decir que no podría usarlo, no sabía cómo. Guardó silencio y los siguió. Para su sorpresa no se cayó del caballo. Se mantuvo sobre él como si fuera un diestro jinete. «¡Qué alegría! Pensé que iba a hacer el ridículo».

Se entregó a la caza con pasión. Eso le gustaba. La Naturaleza, buscar el sustento que la Madre Tierra quisiera proporcionar sin manchar, sin polucionar, sin comprar ni vender. Hizo todo lo que veía hacer a los demás. En un momento dado se emboscaron silenciosos esperando la presa. De pronto sintió unos ligeros movimientos detrás de los matorrales. Tomó su arco de inmediato como si en su vida no hubiera hecho otra cosa, colocó la flecha y esperó. El hocico de un conejo asomó cauteloso tras el matojo. Calculó la posición y, sin pensarlo más, disparó. Su flecha se clavó certera en el animal, que murió al instante. Todos lo miraron sorprendidos y le alabaron el acierto, agitando los brazos fuertemente y manteniéndose en silencio para no espantar a otras presas potenciales. Cazó varias ese día y se sintió en la gloria, no por la caza, que no le gustaba, sino por haberse mostrado tan diestro y actuar con la habilidad que se esperaba de él.

Volvieron trotando a la *yurta*, contentos de la jornada. Por el camino encontraron un *Ovoo*, un montículo de piedras adornado con trapos rojos o azules levantado en algunos lugares por los chamanes como lugar de culto y oración para honrar a las montañas, al cielo, al agua o a la tierra. Descendieron de sus monturas y caminaron alrededor de él tres veces en el sentido de las agujas del reloj mientras oraban devotamente, rogando a los dioses de los elementos que los siguieran protegiendo. Antes de partir de nuevo, dejaron como ofrenda uno de los animales que habían cazado.

Revisaron las manadas de ganado que pastaban tranquilamente. Esa noche no se había producido ninguna pérdida porque el frío era todavía soportable. Los hombres temían la llegada de los rigores del invierno cuando se alcanzaban unas temperaturas bajo cero tan intensas que los mataba a docenas silenciosamente. Con esa tranquilidad ahora podían lavarse, cenar y entregarse al descanso.

Cuando entraron en la *yurta* el fuego crepitaba y las mujeres habían preparado la cena. Todo estaba dispuesto para que se sentaran y empezaran a comer. Olía de maravilla y Hugo estaba muerto de hambre. Le sirvieron un cuenco de sopa humeante con carne y verduras que le pareció pura gloria, acompañado de una bebida de leche fermentada típica de su cultura. Su cuerpo se entonó y empezó a sentirse muy a gusto. Eso era vida. Le encantaba.

Después de cenar las mujeres recogieron todo en un santiamén y sacaron los instrumentos musicales para cantar. El más llamativo era un instrumento de cuerda, el *Morin Khuur*, con el que acompañaban unos exquisitos cantos difónicos o cantos de armónicos en los que una sola garganta produce al mismo tiempo varios sonidos, algunos de ellos parecidos al trino de un pájaro. Se asombró de su destreza y sensibilidad.

Cuando dieron por terminada la jornada el chamán rezó unas oraciones para agradecer las bendiciones recibidas durante el día y, tomando un cuenco con un poco de leche de cabra, introdujo en él su dedo anular. Agitándolo fuertemente, roció con ella a dos de los presentes para que les acompañase la buena suerte al día siguiente. Iniciaban un largo viaje a la ciudad para vender ganado y comprar lo que la pequeña comunidad necesitaba para su sustento y no podían producir por ellos mismos.

El grupo comenzó a disgregarse; todos se iban yendo cada uno hacia su *yurta* para descansar. Ante él se presentó la joven que le había vestido por la mañana. Le tomó de la mano y lo condujo hacia el lugar que le habían asignado a él para dormir. Le dio las gracias y esperó a que se fuera. No se fue. Lo miraba ansiosamente como queriendo que comprendiera que estaba ahí para quedarse. La muchacha se impacientó, tomó el petate que les iba a servir de cama, lo desenrolló, se quitó los vestidos más pesados y se introdujo en él. Hugo se quedó pasmado pero la imitó. Pudo sentir cerca de él el cuerpo de la joven, esperándole. ¿Iba a ser así de fácil? No le pedía nada, no le exigía nada, cada uno sabía lo que tenía que hacer sin comerse la cabeza. Ni exigencias, ni romanticismos...

Oyó en su interior: «no es eso lo que necesitas ahora». «¿Por qué no?», respondió. «¿Cómo lo sabes?» No hubo respuesta.

Esto era vivir de forma sencilla, directa, conectado con la Naturaleza, sin mirar el reloj constantemente... ¡El reloj! ¡Dios mío! ¿Cuánto tiempo llevaba en ese lugar? Casandra lo estaría esperando. Y Claudia. Todos. ¿Cómo podía salir de allí? Se le encogió el estómago y dio por sentado que había perdido su oportunidad. ¿Cómo podía haberse olvidado de su objetivo de esa forma? Ahora comprendía el comentario de su guía interna de hacía un momento.

Saltó del petate. La chica se sobresaltó y gritó asustada. Hugo buscó sus ropas. Se las puso como pudo, torpemente. Ella quiso retenerlo pero el intentó explicarle que lo esperaban, que tenía que irse sin más dilación. Salió a tientas de la *yurta*. Era noche cerrada sin luna y no podía orientarse. Intentó recordar por qué lado se había acercado cuando llegó y tomó esa ruta. Cuando llevaba recorridos unos trescientos metros oyó unas voces masculinas. Lo llamaban a gritos. Pensarían que se había vuelto loco. Los sintió detrás de él. En su mente oía, «¡no te vayas, este es tu lugar, este es tu sitio, te necesitamos, te amamos! ¡Te daremos toda la libertad que necesitas!»

Aceleró el paso lo que pudo porque el frío le entumecía los huesos. Ya no podía más. Iba a detenerse y a dejarse caer sobre la tierra helada. Le dolía todo el cuerpo y apenas podía respirar. Las voces estaban muy cerca. Le iban a alcanzar, lo cogerían y no podría hacer nada. Reunió sus últimas fuerzas y se adelantó dos o tres metros más. Con el último paso atravesó una frontera invisible y se encontró en el Laberinto del Valle de las Culturas. El sol brillaba en el horizonte y no se había puesto aún. Era un atardecer pero, ¿de qué día? Daba igual. Iba a darse prisa, toda la que pudiera.

Tomó unos bocadillos mientras caminaba y un poco de agua para reponer fuerzas y siguió adelante.

Comprendió que tenía apego al desapego. Su sueño era vivir independiente, en la Naturaleza, lejos del cemento, del ladrillo y actuando por su cuenta sin tener que obedecer a nadie ni que nadie dependiera de él. En este momento de su vida tenía que hacerse cargo de otras obligaciones. Había intentado una y mil veces buscarse el sustento al margen del sistema pero su esfuerzo siempre se había frustrado por una razón o por otra. Y cada vez que la oportunidad se iba al traste él se entristecía y se desesperaba. Por eso era un apego.

Estaba claro. Le había costado comprenderlo pero al fin se estaba dando cuenta. Iba aceptar lo que la vida le ofreciera, sin resistencias, sin condiciones. Si alguna vez conseguía estar verdaderamente preparado estaba seguro de que la misma vida le facilitaría la libertad soñada.

Una sensación de seguridad llenó su corazón. Desde el punto en que se encontraba despreció una desviación hacia el Norte. En el mapa pudo ver que conducía hacia la cultura japonesa. Era apasionante pero no la que él buscaba en ese momento. Ignoró otra hacia el Oeste que le hubiera llevado hasta la cultura esquimal. Estaba consumiendo el tiempo que le habían dado. Se concentró para conectarse mejor con su guía interna. Se dirigió hacia el Oeste, directamente hacia el centro del laberinto. A lo lejos vio el vértice de una pirámide. El corazón le dio un vuelco y entendió que eso era lo que buscaba. Estaba llegando al monumento por el lado Oeste.

III. El itinerario de Claudia

Claudia marchaba alegre y confiada por su camino, a la máxima potencia que podía conseguir del vehículo eléctrico que conducía. Hacía un día espléndido pero al girar a la izquierda en el primer recodo el clima cambió por completo. Unas nubes oscuras de tormenta que descargaban rayos y truenos y un viento helado le hicieron sacar de su bolsa la chamarra que Casandra le había entregado. Al ponérsela se sintió reconfortada y siguió adelante. Pronto pudo ver un mar embravecido y un barco vikingo que ejecutaba violentos movimientos a sus embestidas. Varias cuerdas con pesadas anclas lo sujetaban a la superficie para evitar que volcara o se estrellara contra las rocas de la costa.

Un guerrero alto y fuerte con el cabello rubio color paja, que parecía ser el jefe de un nutrido grupo, se separó de los demás y se dirigió hacia ella con el entusiasmo del enamorado que recibe a su amada, con los brazos abiertos y la más profunda alegría reflejada en el rostro. Daba la impresión de que la conocía, que la estaba esperando y que reencontrarse con ella era lo único que deseaba.

Llegó hasta ella y la abrazó hasta casi ahogarla mientras le decía, «¡Elke, Elke, has vuelto amor mío!» La apartó un poco, extendiendo los brazos y manteniéndola agarrada por los hombros para mirarla como si estuviera viendo una aparición, con la sorpresa reflejada en el rostro. La arrastró hasta el grupo de sus hombres que la recibieron con entusiasmo lanzando sus tocados al aire, les dio unas cuantas órdenes y, tomándola en brazos como si de una pluma se tratara, la llevó hasta la casa de madera que estaba a mitad de la colina. El fuego estaba encendido y el ambiente era cálido y acogedor. Al entrar cerró la puerta con el pie y depositó a Claudia cuidadosamente en el suelo mientras la abrazaba y la besaba con ternura. La volvió a mirar como si fuera una ilusión y temiera que desapareciera de nuevo.

—¡Por la gloria de Odin! Creí que estabas muerta.

—¿Por qué?

—¿Cómo que por qué? Cuando Erick el Rojo secuestra a una mujer, la usa y la mata. No la usa solo él, la usan todos sus hombres. Estaba desesperado, no podía perdonarme haber dejado que te atraparan y te metieran en ese barco de pesadilla. Estaba organizando una expedición para recuperarte. A Patrick, el capitán legendario curtido en mil batallas, no se le hace una cosa así sin que alguien lo pague caro. ¿Cómo has podido escapar? Cuéntamelo todo. ¿Te hicieron daño, te maltrataron, te...?

—No —improvisó Claudia—. No me hicieron nada.

—¿No? ¿Nada?

—Eso es. Estoy ilesa. Sana y salva.

Mientras ella hablaba él la miraba arrobado. Escudriñaba cada centímetro de su cuerpo buscando golpes o heridas. La palpaba para asegurarse de que todo estaba bien. Claudia se preguntaba que qué era eso. ¿Dónde estaba? ¿Quién era ése Adonis de cuerpo perfecto, alto y rubio, que se moría de amor por ella? Sintió algo arrebatador en el pecho y tuvo la sensación de que la angustia de siglos que almacenaba en él desaparecía. Ansiaba arrojarse en sus brazos y dejarse querer.

—He creído morir, Elke. ¡Te necesito tanto! Lo eres todo para mí. Tú lo sabes bien. Te has metido en mi corazón y solo pienso en ti, todo el día mi vida, en amarte —decía desquiciado.

—Tienes que tranquilizarte. Ya estoy en casa. No volverá a suceder. Tendré cuidado y aprenderé a defenderme para que, si lo intentan de nuevo, no sea tan fácil.

—No. Eso no es tan sencillo. Él volverá a por ti. Tengo que ponerte a buen recaudo, en un lugar seguro. No pasaré por esta angustia otra vez.

—En este mundo estamos todos en constante peligro y...

—¡No Elke! Puedo protegerte y voy a hacerlo. Daré las órdenes oportunas. Eres lo más importante para mí, lo que más quiero en la vida.

La dejó recostada al lado del fuego tapada con un cobertor de piel y salió al frío de la noche. Ella le oyó dar órdenes a diestro y siniestro. Organizó un destacamento para que la condujesen al alba al Castillo de Anksel. Estaba fortificado y no podrían sacarla de allí, ni Erick el Rojo ni nadie. Iría rodeada por un grupo de hombres que la protegerían, mientras, delante y detrás, otros guerreros bien armados abrirían y cerrarían la marcha para evitar sorpresas. Le pareció que Patrick iba de un lado a otro enfebrecido; no le podía ver pero lo comprendió por la distancia a la que le parecía que escuchaba su voz.

Pasó un buen rato. Patrick volvió a entrar en la casa con una bandeja en las manos. Traía carne, pan, pastel y vino para ayudarle a reponer fuerzas. La depositó en el suelo y le fue metiendo en la boca trocitos de comida, como si fuera una niña pequeña, mientras la besaba y la acariciaba. Ella se sintió mimada y querida como nunca. Le pareció que era especial, muy especial. Tan especial como para que alguien centrara toda su vida y su felicidad en ella. Patrick la iba a llevar a un castillo inexpugnable y la encerraría allí por amor, para protegerla.

Claudia no podía saber en qué momento se había dormido. Estaba en una cama muy alta, tapada con pieles. Patrick la miraba con los ojos fijos. Ella no daba todavía crédito a que se encontrara junto a él, en la misma cama.

Él la besó tiernamente.

—Es hora de irse —le dijo—. Va a amanecer y no conviene que se nos haga tarde. El camino es largo y tiene muchos recovecos. Nos pueden tender una emboscada. Levántate mi amor, debemos partir.

Claudia se vistió y se cubrió con un abrigo de pieles. Salieron al exterior y vieron que amenazaba nieve. ¡Qué inoportuna!

Todo sería más complicado. La hizo subir a un caballo que le pareció enorme, Patrick se despidió abrazándola y besándola hasta casi dejarla sin respiración. Los hombres la rodearon e iniciaron la marcha. Se volvió para mirar a Patrick que le decía a gritos, «en unos días estaré contigo».

Caminaban despacio por un terreno abrupto. Cuando llevaban una media hora de camino Claudia se preguntó, «¿qué hora será?» Pensó que su teléfono móvil le daría la respuesta. No lo tenía. Pero un teléfono móvil no estaba en consonancia con el tiempo y el espacio en el que se encontraba. Pensó en Casandra. «¿Qué hago yo aquí?», gritó internamente. «¡Esto me seduce muchísimo, me atrae enormemente pero tengo un reto que superar y un trabajo que hacer! Este no es el sitio que busco». Y tuvo la certeza de que así era.

Sintió unos nervios que le apretaban el estómago y le daban ganas de vomitar. ¿Cómo podía salir de donde se encontraba? Estaba perdida y desorientada. En caso de poder escapar, ¿a dónde dirigirse? No tenía ni idea. Llevaba un muro de hombres alrededor que no parecía fácil de franquear. Pasó media hora más. Sus nervios se habían transformado en angustia. Había perdido su oportunidad, se había dejado entretener y seducir. No había escuchado a su intuición ni a su corazón y había permitido que el amor loco y desquiciado de alguien se hubiera convertido en absoluta prioridad, que se le atragantara.

En ese momento oyeron galope de caballos. Unos jinetes salían de varios puntos alrededor de ellos gritando como posesos. Alguien dijo: «hay que defender a la señora con la vida, si hace falta». Uno de los que la rodeaban tiró de las riendas de su caballo y la sacó de golpe del grupo mientras los otros hombres luchaban con sus atacantes. Corrieron hacia la izquierda donde un bosquecillo frondoso podía ocultarlos. No fue así. Un guerrero se aproximó a ellos con su cabalgadura y comenzó a luchar con el que la acompañaba. Ella no lo pensó dos veces. Arreó al caballo sin detenerse a considerar si se sostendría sobre la silla o no y salió al galope. Corrió como una centella a todo lo que daba el animal que montaba, sin mirar atrás. Lo intentaría con todas sus fuerzas. Oyó que la seguían pero no se detuvo. Hizo caso omiso de las voces que le ordenaban parar su loca carrera hasta que, de un modo inesperado, salió de ese escenario y se encontró en el lugar del laberinto desde el que había entrado hacía... bueno, no sabía el tiempo que había pasado.

Tomó su vehículo y aceleró la marcha mientras todavía escuchaba a su espalda las llamadas desesperadas del guerrero que la perseguía, hasta que dejó de oírlas. Solo pensaba en avanzar. Le pareció que había perdido la oportunidad pero iba igualmente a hacer todo lo que pudiese sin desfallecer. Si se le había hecho tarde porque se había entretenido más de la cuenta perdería la ocasión de oro de encontrar la información que tanto iba a ayudarla. Se había dejado tentar, había estado ante una oportunidad que había sido demasiado fuerte para ella.

Siguió recta hacia su izquierda. Enseguida distinguió un grupo de tipis o tiendas indias. Las mujeres preparaban la comida y los hombres sus armas de guerra y sus caballos. Sintió paz y libertad, contacto humano, entrega mutua y vida dura. Pero no era su lugar.

A la izquierda un sendero la llevaba a la ciudad de Sidney en pleno siglo XX, a la derecha otro se dirigía al monte Uluru, en el desierto australiano, hacia su adorada cultura aborigen. Y hacia el Norte un tercero enfilaba a la cultura maya. Eligió este último y se encontró ante una pirámide escalonada. Un grupo de jóvenes muchachas vestidas de blanco la esperaban para acompañarla hasta la cima de la pirámide, donde había sido elegida por la divinidad para ofrecerla en sacrificio, el máximo honor para una joven en las fiestas de la primavera, porque eso aseguraba las buenas cosechas, la abundancia para todo el pueblo y un lugar privilegiado al lado de los dioses. Se sintió inmediatamente atraída hacia ellas y deseó intensamente aceptar el honor de haber sido elegida. Se acercó tanto que el oficiante la tenía al alcance de la mano. Casi en el último momento giró su vehículo y se encaminó hacia el Norte. El sacerdote le gritaba, «estás loca, perderás tu oportunidad». No le importó, solo pensaba en ganar tiempo.

Su plano decía que hacia la derecha encontraría la cultura china. Era enormemente atractiva para ella, la adoraba, pero siguió hacia el Este. Se toparía con la cultura griega. ¡Madre mía! Cuantas distracciones, no se acababa nunca, su tiempo se agotaba cada vez más.

A una cierta distancia distinguió un grupo de vestales que la aguardaban a la entrada de un templo. La sensación fue parecida a la que produjo su encuentro con la cultura maya. Nuevamente la habían elegido para algo. Salió huyendo sin detenerse y mantuvo el rumbo del Este. Su plano le indicaba que se encontraría con la cultura esquimal. Al traspasar un determinado punto del camino un frío helador la caló hasta los huesos. Se protegió con la chamarra que le había dado Casandra pero su Guía Interna le hizo saber que ése no era su lugar.

En ese momento comprendió muchas cosas. Estaba apegada al hecho de ser especial, de ser la elegida para alguna cosa sobre todo si iba unida al desarrollo espiritual y a sentir que la divinidad la amaba de un modo diferente y único, o si otro ser humano la distinguía del mismo modo. Aunque ese algo supusiese la muerte. A ella le parecía que daba mucho más amor de lo que recibía. La divinidad representaba al amor incondicional así que bien merecía la pena morir por ella y sentirse extraordinaria con su sacrificio. La que se manifestaba así no era otra cosa que su grandiosidad. Tenía que ser más humilde y dar lo que tuviese que dar sin esperar nada a cambio.

Iba a esforzarse en conseguir cambiar eso de ahora en adelante. Se liberaría de su necesidad de ser importante pensando que la divinidad la consideraba más que a los demás. Sobre todo iba a deshacerse del apego a que la corriente del amor no fluyera entre ella y los hombres, porque se sentía culpable y no merecedora de ese amor y por eso necesitaba una entrega tan desproporcionada que los asustaba. Precisaba esa entrega a muerte porque palpitaban en ella los patrones de «no merezco ser amada» y «merezco el desprecio y el abandono».

En medio de sus reflexiones comprobó que el mapa indicaba una desviación del sendero por el que transitaba hacia el Sureste. La conduciría directamente hacia la cultura egipcia. Giró en esa dirección y enseguida distinguió el vértice de una pirámide. Su corazón le brincó en el pecho y entendió que ése era su destino. Que alcanzaría la pirámide si observaba la posición del sol por la cara este. Estaba a punto de ocultarse en el horizonte. Casandra comentó que eso ocurriría a las seis en punto. No sabía qué hora era pero como mucho le faltaban unos minutos para desaparecer. Corrió con todas las fuerzas que le quedaban; le dolían las piernas y los pulmones. Se ahogaba. No iba a poder llegar.

De pronto oyó a Mario y a Esmeralda que la jaleaban y le daban gritos de ánimo para que no desfalleciera. Sacó fuerzas de donde no quedaban hasta que consiguió acercarse a la pirámide. Lo hizo medio arrastrándose a cuatro patas los últimos metros, hasta alcanzar el final de su destino. Nada más llegar, mientras intentaba recuperar el aliento, oyó la voz de Hugo que decía:

—¡Preparados! Cuando dé la orden pondremos la frente en el muro todos a la vez. —Jadeando entrecortadamente, se puso en posición en el último minuto.

IV. El itinerario de Mario

Mario pensó que lo que les estaba pidiendo Casandra era muy complicado. ¿Cuándo había conectado él bien con su Guía Interna? Nunca, que él supiera. Se lo iba a perder todo, iba a hacer el ridículo. Tendría que volver con el rabo entre las piernas sin haber encontrado nada, ni visto nada, ni entendido nada. Se lo estaba imaginando y le daban escalofríos. Pero le resultaba muy penoso pedirle a Casandra delante de todos sus amigos que le disculpase. Se le habían quitado las ganas.

Se quedó indeciso ante el sendero de entrada, montado en su pequeño vehículo eléctrico. Había hecho muchas cosas impensables para él un mes antes. No era el momento de detenerse y vacilar. ¿Qué perdía por intentarlo? Esa forma de pensar pertenecía al pasado. El nuevo Mario estaba decidido a arriesgarse y tomar decisiones. Iba a ir hacia adelante costara lo que costara. Estaba dispuesto a afrontar lo que fuera que sucediera.

Se dirigió hacia el Norte marchando alegremente por el sendero en la pequeña máquina. Eso sí le gustaba y le divertía. Pasado un punto del camino, como si hubiera cruzado una frontera invisible, se encontró en un inmenso y desolado desierto. Un mar de arena lo rodeaba. Se detuvo como hipnotizado por lo que veía mientras el calor le ahogaba y los pulmones le ardían. Al poco apareció a lo lejos una caravana con docenas de camellos unidos entre sí por una cuerda, que avanzaban lentamente entre las dunas cargados hasta arriba con enseres y mercancías. Le pareció que la vida de los camelleros debía ser ideal. Iban a su aire, deteniéndose aquí y allá, sin más obligación que conocer bien la ruta, cargar y descargar, y alimentar y cuidar a los animales. Cada atardecer se sentaban ante el fuego con un buen té caliente en la mano para conversar sobre lo divino y lo humano. Eso a él le encantaba.

Ellos se detuvieron. A gritos le invitaron a unirse al grupo. Allí había sitio para él; le enseñarían todos los secretos del desierto. Apresuró la marcha, quería alcanzarlos y quedarse, pero oyó una voz potente en su interior que le dijo: «¡Alto, a dónde vas!» Se paró de golpe. ¿Lo había oído o lo había imaginado? Lo debía de haber imaginado, él no oía nunca nada que no dijera en voz alta otro ser humano. Reinició el movimiento en dirección a los camelleros y de nuevo oyó la potente voz que dijo: «¿Qué haces, no me has oído?» Se quedó paralizado. En ese momento recordó que Casandra les había hablado de sintonizarse con el corazón para saber si su elección era acertada. Hizo la pregunta y esperó. No hubo ninguna respuesta. Volvió a preguntar, y nada. Entendió que el camino elegido era el equivocado. Dio media vuelta sobrecogido.

Consultó su mapa. El camino se desviaba a la derecha y le llevaba derecho a una copia en pequeño de la ciudad de Nueva York. Tal vez él era un hombre de asfalto. Se adentró por él y al poco comenzó a distinguir el perfil de los rascacielos en el horizonte. Se fue acercando y al llegar a un punto sintió cómo el agobio de ese gran hormiguero humano le oprimía el pecho. Pero si tenía que ir allí, iría. Enfiló el sendero dispuesto a todo y de nuevo la voz le informó con firmeza: «¡Ése no es tu destino, sigue!» Se quedó pasmado. ¡Su intuición funcionaba!

Estaba aprendiendo algo importante. A confiar en sí mismo. Tenía que desechar los pensamientos negativos y evitar dar por sentado resultados que no eran reales y que le perjudicaban. Iba a esforzarse en transformar sus patrones hasta conseguir pensar siempre en positivo y no dar cabida a ninguna creencia destructiva o limitante.

Él tenía apego a lo difícil, a lo que hace sufrir. Se deslizaba sin esfuerzo hasta sentirse incapaz, irresoluto y menos que los demás. Su primer pensamiento ante un reto era siempre, «¡yo no puedo, no lo sabré hacer! No me puedo guiar a mí mismo, no sé como encaminar mis pasos a soluciones fáciles o sencillas». Su corazón saltó de gozo al darse cuenta de esto con total claridad. No era una sospecha, era una certeza. Ya sabía lo que debía trabajar.

La senda le llevaba a la cultura egipcia. Se dirigió hacia ese punto con la esperanza de detectar a tiempo si era un error buscar en ella su mensaje.

Pronto divisó el vértice de una pirámide entre las arenas de un desierto seco y pedregoso. Su corazón se emocionó nada más verlo y comprendió que eso era lo que buscaba. Lo supo con certeza. Le pareció que alcanzaría la pirámide observando la posición del sol por la cara sur. Cuando llegó cerca del muro estuvo seguro. Ése era su sitio.

Una parte de él no daba crédito al sentir esa seguridad en su interior. Tuvo miedo de equivocarse un instante pero lo rechazó con firmeza. Miró el cielo y comprobó que quedaban varias horas para que el sol se ocultara en el horizonte. ¡Qué tranquilidad! Iba a descansar hasta que el ocaso estuviera a punto de completarse.

V. El itinerario de Esmeralda

Esmeralda se encaminó decidida por el sendero elegido. Su plano le mostraba que iba derecha al monte Uluru, lugar sagrado para los aborígenes australianos. Pidió al cielo que ése fuera el lugar en el que debía recoger su mensaje. Adoraba la sabiduría de ese pueblo. Pero conforme se iba acercando sintió, sin lugar a dudas, que lo que buscaba no se encontraba allí. Lo vio a lo lejos, majestuoso, en medio de un desierto árido y ardiente, brillando como una gema de color rojo fuego. Le recordó el color del Escarabajo Rojo pero pasó de largo porque su intuición se mantenía muda.

Enfiló hacia el Noroeste. Iba derecha hacia la cultura china. Le enamoraba la inmensidad y exquisitez de esa cultura pero su Guía Interna no le indicaba nada. No era el lugar, lo comprendió de inmediato. Pasó de largo hacia el siguiente monumento, una réplica de la construcción megalítica de Stonehenge.

Al aproximarse a ella se le aceleró el corazón. Ahí debía estar lo que buscaba. Se estaba celebrando una gran fiesta. Era el día del solsticio de verano en el que el sol salía y se ponía por un punto marcado por los megalitos. Toda la clase sacerdotal se reunía allí para, con cantos y danzas, dar gracias a los dioses por sus dádivas y la abundancia en las cosechas. Sintió una punzada en el corazón que le amargó la alegría. El peso de la renuncia se le hizo insoportable. Otra vez no. La llamaban con insistencia para que disfrutara de su posición de privilegio en la casta a la que pertenecía. Pero su dolor le hizo ver sin vacilaciones que no encontraría ahí lo que necesitaba.

Miró el mapa y vio que girando hacia el Norte hallaría la cultura de la Roma antigua. Ante ella se alzaba un templo a la diosa Venus y las sacerdotisas le gritaban, «¡ven, ven!» Conocía eso muy bien pero siguió su camino.

Continuó hacia el Noreste y halló la antigua cultura japonesa. Una casa de tejados con los extremos girados hacia arriba en una graciosa curva, ventanas y puertas rojas. Ante ella tres geishas perfectamente vestidas y acicaladas la aguardaban. Se acercó despacio. La primera le dijo: «Este es el templo del amor humano», la segunda le dijo: «Ésta es la cuna de la exquisitez y la delicadeza en el amor» y la tercera le dijo: «Aquí está encerrado el misterio para alcanzar el placer».

No quería seguir por ahí porque sabía que el amor y sus misterios pertenecen únicamente al corazón humano, son su derecho. Y ella tenía que aprender a darlo y recibirlo generosamente. Comprendió cuál era su apego.

Había recibido de su linaje el mandato de sufrir por amor. Experimentar que el amor humano, la pasión y la sexualidad son la causa de que las vidas de los que forman parte de él nazcan torcidas y acaben destrozadas. Tenía que superar el apego a la miseria. Ser humilde en su familia significaba ser desgraciado, sin valores, sin futuro. Tenía que superar la creencia de que la felicidad y el bienestar se alcanzan solo si se es diferente, si se pertenece a una casta exclusiva y más elevada, con poder, sobre todo si ese poder es espiritual. Tenía que demostrarse a sí misma y a todos sus antecesores que, afrontando las dificultades desde la serenidad, sin odio ni resentimiento, haciendo siempre lo más que se pueda hacer, se consigue lo que uno se proponga. Ya sabía en lo que tenía que esforzarse en cambiar. No había que nacer reina o ser hija de una reina para reinar.

Tenía la opción de continuar al Este y toparse con Shanghai o virar hacia el Sur para alcanzar el centro del valle. Ahí se encontraría con la cultura egipcia. Pensó en eso y se conmovió. Un terremoto interior la zarandeó. Inició el descenso y al poco divisó el vértice de una pirámide. La alcanzaría por su cara norte. El corazón le saltó de gozo y entendió que había encontrado el lugar que buscaba.

QUINTA PARTE

—

Al encuentro del pasado remoto en el
Laberinto del Valle de las Culturas

I. Al encuentro del pasado remoto

La pirámide de base cuadrangular, aunque muchísimo más pequeña que la original, se alzaba majestuosa, perfectamente alineada con los cuatro puntos cardinales. Estaba franqueada por dos esfinges enormes pero de pequeño tamaño si se comparaban con las originales, que se encontraban emplazadas una frente a otra, una a cada lado del sendero que llegaba hasta ella. En total eran ocho, porque escoltaban cada uno de sus lados.

Imponía realmente. El terreno que la rodeaba estaba cubierto de arena dorada y finísima, con formaciones de suaves dunas movidas constantemente por el viento. Este arrastraba los diminutos granos que producían un ligero picor al estrellarse contra la piel del rostro y las zonas del cuerpo no cubiertas por la ropa. Al llegar a un punto, sin previo aviso y sin señal alguna que lo indicase, el clima era totalmente el del desierto, seco y ardiente. No se veía ni un árbol, ni un arbusto o un humilde matojo.

Hugo comprendió por la posición del sol que se acercaba a la pirámide por su cara este. Cuando cruzó sobre la invisible frontera que le hacía dejar atrás el benéfico clima del valle para empezar a sentir los rigores del desierto, observó que había gente que llegaba a la cara norte, a su derecha. Giró la cabeza hacia el Sur, a su izquierda, y vio que era accesible. Alguien estaba esperando allí sentado tranquilamente.

Cuando estaba a unos ciento cincuenta metros pudo ver de quién se trataba. En el Sur estaba Mario, en el Norte Esmeralda. Sería el colmo si por el Oeste estuviese llegando Claudia. Casi estaba seguro de eso pero alzó la voz para saludar a sus compañeros y les preguntó si veían a Claudia por el lado Norte, que estaba seguro que existía. No veían a nadie.

«Bueno, –pensó–, tal vez ella encontró el lugar de su mensaje en otro sitio». Había muchos. Ya era raro que hubieran llegado tres al mismo. Rarísimo. Pero si habían llegado tres... tal vez era un mensaje para todos, y si Claudia no llegaba... Su mente se enredó en un montón de suposiciones alimentadas por la inquietud. La mandó callar. «¡Silencio! Pasará lo que tenga que pasar».

El sol se estaba poniendo. Apenas faltaban unos minutos para que se ocultase completamente en el horizonte. Todos esperaban impacientes. En ese momento Esmeralda dio un grito y dijo: «¡Se acerca Claudia!» Venía corriendo como alma que lleva el diablo. Daba la impresión de estar al límite de sus fuerzas. Mario y Esmeralda le decían, «¡vamos, vamos! Ya te queda muy poco. No te vengas abajo ahora».

Claudia llegó delante de la pared Oeste un minuto antes de que se acabara el plazo marcado por Casandra. Se ahogaba por el esfuerzo, no podía respirar. Apoyó las manos sobre las rodillas tomando grandes bocanadas de aire para intentar recuperar la normalidad y poder hacer lo que correspondía al mismo tiempo que los demás.

Hugo pensó que eso no era una casualidad. Era una sincronicidad gigantesca. Los cuatro habían llegado al mismo punto aunque no al mismo tiempo, algo extraordinario. Claudia y él habían llegado por los pelos. Mario tan rápido que había tenido que esperar horas. ¡Él, que siempre pensaba que no sabría hacer las cosas, que ni veía ni oía nada, que no se enteraba! Era maravilloso. A Esmeralda le habían sobrado un par de horas. En voz alta preguntó si todos estaban completamente seguros de su elección. Respondieron afirmativamente.

Hugo miró su reloj. Habían pasado ocho horas desde que dejaran a Casandra e iniciasen el recorrido de su particular laberinto. Era largo y muchas las distracciones. Pero no se explicaba cómo había llegado antes de la puesta de sol si él se estaba acostando cuando se dio cuenta de que había perdido el rumbo. Tenía la impresión de que su aventura anterior había durado días. Puede que no fuera la misma jornada en la que iniciaron el juego. Pensó que la mente es engañosa y se dispuso a seguir con el proceso de la búsqueda del mensaje. Sí, el cuerpo mental es muy vulnerable; el suyo al menos lo era ya que se distraía fácilmente y perdía el Norte. Casandra había dicho que si no conseguían llegar en poco tiempo significaba que su intuición era débil y que no estaban preparados. Se preocupó pero no dijo nada.

Comunicándose siempre con sus compañeros con la intención de conectarse a la vez con la pared que cada uno tenía delante, les indicó que estuviesen atentos a sus órdenes. Tenían que hacerlo justo en el instante en que el sol se pusiera. Eso había dicho Casandra. Cuando quedaban unos segundos Hugo alzó la voz y dijo: «¡Preparados!» Apoyaron las palmas de las manos contra el muro de piedra y les pidió que esperasen para hacer contacto con la frente todos al mismo tiempo. Consultó su reloj. Cuando el segundero dio el último salto hacia las seis dijo: «¡Ahora!» Las cuatro frentes tocaron la piedra a la vez y entonces sobrevino una explosión de luz. Se sintieron absorbidos y catapultados a otro espacio y otro tiempo. Perdieron momentáneamente la consciencia.

Cuando la recuperaron no podían saber cuánto habían estado perdidos en ninguna parte. Ante sí apareció de nuevo el desierto. Atardecía. Tal vez no se habían movido de donde estaban. Pero de la pirámide no había ni rastro. Entraban dentro de un edificio. Sí, era un palacio. Los servidores, los esclavos, los hombres que hacían guardia y los colaboradores del señor del palacio pasaban junto a ellos ocupados en sus tareas y recados y parecían no verlos. No, nadie los veía.

De repente oyeron un gran tumulto. Un grupo de gente llevaba casi en volandas a una joven que se retorcía con todas sus fuerzas, resistiéndose al obligado traslado. Gritaba tajante, «¡soltadme inmediatamente!», sin que nadie pareciera escucharla. Al pasar junto a ellos la joven fijó sus ojos por un instante sobre Claudia como si la reconociese. Ambas se miraron sorprendidas. Claudia se identificó inmediatamente con ella, pudo sentir todo el dolor, la congoja de su corazón y el miedo, la angustia de que hubieran frustrado su vuelo y el miedo sin esperanza de la que se sabe perdida.

Todos miraron a Claudia asombrados pero comprendiendo al instante lo que estaba pasando. Siguieron al grupo hasta los aposentos de la joven. Ahí supieron que se llamaba Nilvaé. Contemplaron el ritual de sus esclavas al desvestirla, bañarla y prepararla para que la sacerdotisa del templo de Isis, Amunet, de enormes ojos esmeralda que despedían fuego, cumpliera con la tradición de preparar a la virgen para el matrimonio. Era obligado dispensar esa instrucción a las muchachas que iban a desposarse con el fin de adiestrarlas en el arte del amor.

Una vez estuvo vestida y preparada, los criados la recogieron para conducirla a los aposentos de su padre. Todo se había dispuesto para llevar a cabo la ceremonia. Nilvaé protestaba enérgicamente. Su padre, Imhotep, la hizo callar. Su esposa Siloé, detrás de él, contemplaba la escena con la faz demudada por el sufrimiento. Al otro lado el pretendiente, Nahim, miraba arrobado a la que iba a ser su esposa a pesar de que ella no le amaba, sin importarle lo más mínimo sus protestas. ¡Por Dios, qué hermosa era!

En medio de unos y otros se encontraban el Sumo Sacerdote, Apophis, y la gran Sacerdotisa, Anat.

Todo el grupo miraba la escena sin pestañear. Esmeralda se reconoció inmediatamente en Amunet, Mario en Imhotep y a Paula, su madre, en Siloé. Hugo era Nahim. La gran sacerdotisa no era otra que Diana.

¡Qué significaba todo eso! ¡Por Dios Santo! Asistieron sobrecogidos al desarrollo de los acontecimientos. Mientras revivían la escena comprendieron muchos de los bloqueos y obstáculos que les habían hecho tropezar en la vida.

II. La comprensión de Hugo

Hugo pudo sentir el amor apasionado que experimentó, como Nahim hacia Nilvaé. No fue correspondido y quedó frustrado por la decisión desesperada y cobarde de su esposa de quitarse la vida. Le rompió el corazón en mil pedazos y nunca amó a ninguna otra mujer. Se casó y tuvo hijos pero únicamente amó con pasión a Nilvaé y ese sentimiento quedó para siempre impregnado de decepción, frustración y miedo. Decidió que no volvería a enamorarse nunca más. No le daría la oportunidad a nadie de volver a hacerle semejante daño. Grabó a fuego en su alma su determinación.

Hundido tras el incidente perdió la confianza en sí mismo y la fuerza para luchar. Descuidó los prósperos negocios de su padre del que era el único heredero. Mientras este vivió él se hizo cargo de todos los asuntos, apesadumbrado por el desánimo del hijo. Preparó a eficaces y fieles administradores para que cuando él faltara no se esfumara lo logrado entre la nube de aduladores y aprovechados que rodean a aquéllos a los que la diosa Fortuna favorece. Cientos de familias dependían de ellos. La actividad comercial se sostuvo gracias a eso pero no con la pujanza y el éxito alcanzados por el progenitor. Nahim jamás visitó los lugares remotos a los que llegaban sus mercancías y donde se compraban las que eran traídas de vuelta, tal y como deseaba ardientemente en su juventud.

No logró reponerse de su experiencia traumática; tampoco se perdonó sobrevivir como un inútil mientras los demás hacían el trabajo que le correspondía hacer a él: llenar sus arcas gracias a la inteligencia y a la laboriosidad de otros. Perdió la capacidad de hacer algo por sí mismo en ese terreno y, cuando sus colaboradores de más edad fueron muriendo, fue incapaz de buscar otros igual de válidos. Los negocios fueron decayendo hasta desaparecer y él tuvo que vivir de lo ganado en los años de bonanza. «No merezco la abundancia que tengo». Eso se dijo una y mil veces junto a «ninguna mujer merece ser amada».

A su memoria vinieron los hombres de su estirpe familiar cuyas memorias habían llegado a través de él y sus hermanos al siglo XXI. Ahora comprendía plenamente a todos los varones de su familia que a lo largo de las últimas generaciones no habían sido fieles a sus mujeres y hacían el amor a la primera que se les ponía por delante sin pensárselo dos veces, sin ninguna consideración ni respeto. No se detenían ni aunque amaran a la propia más que a ninguna y corrieran el peligro de perderla, siempre huyendo de un dolor que no tenían manera de reconocer ni saber de dónde provenía y que solo unas copas de licor o vino mitigaban momentáneamente.

Estaba empezando a comprender por qué se le hacía tan difícil vivir holgadamente de su trabajo y obtener la recompensa justa por su esfuerzo. Ese sentimiento de no merecimiento y de fracaso que saboteaba la oportunidad esperada que le permitiría mantenerse a sí mismo y a una familia con dignidad.

III. La comprensión de Claudia

Claudia no se reponía de la sorpresa. Nilvaé se había quitado la vida sin pensarlo. Ella, que había experimentado el éxtasis de lo divino casi plenamente. Le pareció que había sido egoísta y caprichosa. Estaba claro que Nilvaé no entendió nada. ¿Cómo se puede pasar de tener una experiencia de éxtasis a dejarse caer por un balcón recién desposada?

Nilvaé no captó la esencia del Amor. El Amor es aceptación y rendición a la Voluntad de Dios. Cuando acariciaba la idea de dedicarse en cuerpo y alma al servicio de la Gran Madre, Isis, en el Templo de la isla de Filé en el río Nilo, la Diosa le presentó otro plan en el que estaba teniendo en cuenta esa parte del aprendizaje que Nilvaé tenía que completar. Hay que ser muy humilde, fuerte y poderosa para que la frustración que genera un cambio de esa envergadura en nuestro proyecto de vida no nos destruya. Creyó seguramente que el sacrificio de la propia vida sería del agrado de Dios. Pero el Amor de Dios está hecho de paciencia, de templanza, de humildad y de compasión. La decisión de Nilvaé fue fruto del orgullo herido, la rabia y la desesperación.

Claudia, en la piel de Nilvaé, pudo darse cuenta mientras caía del daño que su decisión iba a causar a todos los implicados en el acontecimiento y a ella misma. En tan breve lapso de tiempo pudo arrepentirse. Pero ya era tarde. Se sintió despreciable porque había tenido una oportunidad fantástica de superarse, de alzar el vuelo hacia la luz y la había hecho pedazos.

Ni por un momento se paró a pensar en el amor que los demás le profesaban y se dijo, «no merezco ser amada». Es cierto que antes que a nadie se debía respeto a sí misma. Pero no hay mayor falta de respeto que atentar contra la propia vida.

IV. La comprensión de Mario

Mario captó de qué modo estaba relacionado con Imhotep. Lo que veía era a un hombre poderoso con un carácter dictatorial, acostumbrado a que todo el mundo acatara sus decisiones e hiciera su voluntad. Era alguien que no consentía que le hicieran esperar o le llevasen la contraria. Completamente opuesto al Mario del siglo XXI.

Imhotep nunca pudo superar la muerte de Nilvaé, su única hija. Cargó con la culpa de lo sucedido y no pudo perdonarse. Hasta su muerte, acaecida solo dos años después de la de la joven, la lloró amargamente. Le dio vueltas a los acontecimientos una y mil veces, pensando en las diferentes opciones que habría podido elegir para conseguir su propósito y hacer valer su autoridad sin llegar a semejante extremo.

Adoraba a Nilvaé aunque siempre creyó que él y Siloé la habían malcriado y consentido por ser la primogénita y la única. No tuvo más descendientes, ni con Siloé ni con ninguna de sus amantes y concubinas. Los dioses le negaron ese regalo. Pero al menos ella había llegado a su vida, exquisita y delicada como una flor. Confiaba en que le daría nietos varones que permitieran la supervivencia de su linaje. La alocada decisión de la muchacha había frustrado esa posibilidad.

Su vida se fue al traste. De nada le sirvieron el poder ni la grandeza, las riquezas acumuladas o los cientos de servidores que le facilitaban la vida. Quedó trabado desde el mismo instante en que una esclava llegó hasta él, corriendo alocadamente, para contarle lo sucedido. «¡Señor, señor, vuestra hija se ha quitado la vida!» Esa frase se le clavó en el corazón como un puñal emponzoñado y la segunda puñalada se a dio él mismo. «Yo la he matado. He decidido por ella y eso la ha matado. Decidir es peligroso. No volveré a decidir. Decidir es peligroso».

A partir de ese momento quedó limitado para tomar decisiones, especialmente aquéllas que implicaban alguna clase de riesgo o peligro para los demás. En su posición eso era lo mismo que quedar tarado e inútil para el trabajo que debía desarrollar. Se apartó de todos sus cargos y compromisos amparado en su enfermedad y se murió para el mundo.

Lo peor era el dolor que taladraba su pecho cada vez que la recordaba. Era tan despiadado y cruel que terminó por matarlo definitivamente dos años más tarde sin que los médicos pudieran hacer nada por evitarlo. Lo intentaron todo pero fue inútil. Él sabía que la muerte de su hija iba a costarle la vida y en realidad no le importaba cruzar al otro mundo. Lo prefería. Mil veces lo prefería al sufrimiento sin consuelo de su alma. Puede que de esa forma encontrase el descanso y la paz que había perdido por completo después de la muerte de Nilvaé.

Siloé, su esposa, ocupó entonces otra posición a su lado. De golpe el hombre autoritario e intransigente se había vuelto dócil y vulnerable como un corderito. Ella encontró su oportunidad de ser imprescindible para él, de que él la escuchara y aceptase su ayuda, de que su criterio fuese tenido en cuenta. Ella lo amaba más que a su vida pero si tuvo alguna oportunidad de ayudarle a salir de su estupor, la dejó pasar. La había desposado con tan solo trece años y desde ese mismo momento ella renunció al amor propio y a la propia estima. Imhotep amaba con locura a otra mujer cuando se casó con ella. Se llamaba Amunet, la de los ojos esmeralda. Fue la única mujer de la que se enamoró pero, además de que su origen era demasiado humilde, ella no podía darle hijos. La coz de un caballo siendo niña la dejó imposibilitada para ello. Durante meses su alma se mantuvo al borde del abismo del que no se regresa, aunque finalmente eligió permanecer a este lado. Al volver en sí, e ignorante de su decisión, lamentó profundamente no haber muerto. A pesar de lo que sentían el uno por el otro, Amunet se negó a ser su concubina y entró al servicio de Isis en el templo.

Imhotep pensó que siendo obediente a la Diosa desponsando a Siloé —a la que nunca quiso a pesar de su alta alcurnia y su devoción hacia él— serían bendecidos con una prolífica descendencia. Al año llegó al mundo Nilvaé, pero a partir de ahí el vientre de su esposa se secó. No hubo más hijos. Imhotep cargó con ella como si fuera un fardo muy, muy pesado y Siloé se olvidó de su dignidad.

Mario entendió entonces la razón por la que había vivido prácticamente incapacitado para tomar decisiones, el terror que le hacía dar mil vueltas y buscar los caminos más inconcebibles con el fin de solucionar las cosas sin tener que decidir. Entendió por qué había aceptado el acaparamiento y el dominio de su madre y cedido su propio poder.

V. La comprensión de Paula

Paula contemplaba toda la escena junto a los demás. Ellos no habían percibido su presencia simplemente porque no contaban con ella pero Casandra la recibió amorosamente.

Tuvo la impresión de que Siloé se había introducido en su interior. Le dolía todo. Era un dolor viejo y sabio, agazapado en su cuerpo para lanzarse al asalto del territorio mientras no fuera de nadie. Mientras no fuera suyo. Era el dolor de las mujeres de su línea materna. ¿Dónde estaba la alcurnia, la clase, la riqueza de Siloé?

Algo interesante estaba sucediendo. Ella se veía al mismo tiempo en varios sitios a la vez. Mientras estaba con Casandra y los demás se encontraba con su esposo y con muchos otros familiares. Estaba con su maestro Guía. También se veía en la cama de su habitación casi fuera del mundo. Un infarto cerebral de grandes proporciones la paralizaba. Tendría que haberse soltado de su cuerpo pero pidió una tregua a los que se acercaron a asistirla y ayudarla a cruzar el umbral. «¡Os lo ruego, necesito un corto espacio de tiempo! Tengo que comprender algo muy importante para mi propio bien y también despedirme de mis hijos, sobre todo de Mario».

El Señor de la Muerte se lo concedió. «Has hecho un buen trabajo en tu vida –le dijo–. Has prescindido de tu maestría para apoyar a tu familia, especialmente a Mario. Por eso tendrás el tiempo que necesitas».

Pensó en Siloé y la comparó con las mujeres de su linaje que habían vivido por encima de ella, su madre Paulina, sus abuelas Anastasia y Lola. También se miró a sí misma y buscó los puntos en común y las diferencias. Así fue comprendiendo el por qué de su presente encarnación.

Siloé vivió arrumbada por un marido que no la tuvo en cuenta. Para él era un cero a la izquierda; no le pedía opinión pues no le importaba si la tenía o no. Lo opuesto a la madre de Paula, Paulina. Eliseo, su marido, llegó a estar tan dejado de lado como lo estuvo Siloé.

Paulina era una mujer de armas tomar que tuvo que sobreponerse a los disgustos que le daba la vida a base de redaños. Removió Roma con Santiago para rescatar al marido de la guerra de África. Habría sido difícil que hubiera salido vivo de esa carnicería. Lo sacó de allí pero luego lo ignoró porque quedó él amilanado por el miedo y ella se arrepintió de los recursos malgastados en el rescate. Lo agobió, lo agobió tanto que él dejó de servir para cualquier cosa.

Su abuelo Andrés hizo lo mismo con la abuela Anastasia y Lauro con Lola. Ella no había sido menos y consiguió anular en gran medida el poder de decisión de su hijo Mario. Ahora comprendía cuál era la lección que tenían que aprender.

Se habían perdido el respeto y manejaban un poder inútil, enfermizo y falso. Era fundamental comprender esto y corregir la conducta errónea. Así todos los sufrimientos padecidos a lo largo de los siglos habrían valido la pena. Le llegó potente el patrón: «Soy fuerte porque aniquilo a los demás» o «soy fuerte aprovechándome del miedo y de las debilidades ajenas».

VI. La comprensión de Esmeralda

Esmeralda se reconoció en Amunet. No únicamente por el color inconfundible de sus ojos. Vio en su corazón. Sintió su tormento interior. Entró al servicio del Templo de Isis con trece años siendo una más entre las jóvenes y vírgenes sacerdotisas. Era sumamente inteligente y capaz, lo que le permitió llegar a ser la instructora para la iniciación a la sexualidad de las muchachas que iban a desposarse.

Antes de eso Amunet formaba parte del servicio externo del palacio de los padres de Imhotep, constituido por un grupo de artesanos que no eran esclavos y que ejercían los oficios más dispares. Era bordadora. Bordaba las túnicas ceremoniales con hilos de algodón de todos los colores, incluyendo el oro y la plata, con tal destreza que sus trabajos eran famosos en todo el reino.

Cuando hizo su petición a la Gran Sacerdotisa tenía el corazón roto. Dejaba atrás al amor de su vida, Imhotep, un joven de alto rango y gran futuro del que estaba perdidamente enamorada. Y él le correspondía. Primero Imhotep admiró su belleza. Sus extraordinarios ojos color esmeralda eran una rareza en Egipto. Luego le sorprendió su inteligencia y su alma exquisita. No volvió a amar a nadie más de ese modo en su vida.

Pero él estaba inhabilitado para hacerla su esposa debido a su elevada condición social. Podría ser su concubina. Sería el padre de sus hijos. Pero Amunet no aceptaba esa solución y, en todo caso, no le era posible darle descendencia. El futuro que imaginó para los dos le pareció desolador. Un día, cuando él le suplicaba hacerla suya, Amunet le dijo, «no voy a ser tuya Imhotep pero tampoco lo seré de nadie. Jamás. Voy a entrar como novicia en el Templo de Isis, al servicio de la Diosa. Eres el único hombre que he amado y al único que amaré y jamás ninguno me tocará».

Amunet nunca fue feliz. Imhotep tampoco. Su sacrificio fue demasiado grande. Se arrepintió mil veces de su orgullo y le abatió cada día más el enorme peso de su renuncia. Con el paso de los años se maldijo a sí misma, se odió por haber carecido de la alcurnia, la educación y la salud física que le hubieran permitido alcanzar su sueño. Muchas veces se vieron de lejos, ya con una distancia insalvable entre los dos. Corregir aquel error era del todo imposible.

Peor aún, su entrega al servicio del Templo le parecía hipócrita y totalmente falsa. Ella sabía que no era generosa y vocacional. Había sido una huida hacia delante, precipitada e inconsciente. Por su valía se especializó en aquello a lo que precisamente había renunciado para siempre. Llegó a odiar a las muchachas melindrosas y asustadizas a las que tenía que instruir y entregar los secretos más sagrados relativos al amor físico, recopilados durante siglos. La mayoría eran pusilánimes, mimadas y bobaliconas.

Esmeralda pensó en las mujeres de su línea materna, Edilaina, Lágrimas, María, que habían nacido sin nada, una tras otra. Las habían maltratado, mancillado, violado, humillado, abandonado, pero todas se rebelaron y lucharon contra su destino, buscando el propio respeto.

Hasta su madre, que había llegado a prostituirse, encontró la fuerza necesaria para dejar atrás ese camino y generar otras posibilidades para su vida. Le costó mucho renunciar a lo seguro, pero fue capaz de dejar a un lado su miedo y sobreponerse a la tiranía de la costumbre. La vida la compensó dándole una oportunidad de oro con la que pudo cambiar y tener la posibilidad de que su tren la condujera a otros destinos.

El señor Andrés, un hombre maduro y solitario, la visitaba en casa para cambiar sexo por dinero. Un mal día le sobrevino una hemiplejía que le inmovilizó completamente el lado izquierdo. Fue de tal envergadura que desde ese momento ya no pudo caminar, ni hablar, ni valerse por sí mismo. Le pidió a Edilaina que cuidara de él y de la casa. Ella era guapa y a él le gustaba lo bello. No la volvería a tocar; la trataría con el respeto y la dignidad que merecía. Le pondría un sueldo y ella viviría en su casa con todos los gastos cubiertos.

Diez años cuidó al señor Andrés con total esmero y devoción. Encontraron la forma de entenderse y ayudarse mutuamente en largas charlas que abrieron los horizontes de Edilaina. Al cabo de diez años el señor Andrés entregó su alma al Señor pero antes, cuando comprendió que su recorrido por este mundo se acababa, le pidió que se casara con él agradecido por el trato humano, tierno y amoroso que ella le había prodigado durante toda su enfermedad. Él no tenía familia; estaba solo en el mundo y nadie jamás lo había cuidado así. Solo tenía a Edilaina y una más que respetable fortuna ganada honradamente con habilidad e inteligencia en los mercados de capitales. Todo se lo dejó a ella. Fue la heredera universal de sus posesiones y sus afectos. Y le rogó muy encarecidamente que la disfrutara, que la administrase bien pero que gozara de la vida y de la libertad que ese dinero iba a proporcionarle. Edilaina así lo hizo y le bendijo cada día de su vida.

Esmeralda reconoció cuál era su propósito, ése que había tenido presente desde el vientre de su madre. Para que pudiera cumplirlo se le habían otorgado muchos dones y la ayuda de sus guías y maestros. Ella tenía que conseguir ser feliz, respetarse, valorarse y mantener su dignidad para llegar a ser completamente dichosa con las virtudes, los defectos y los recursos que se le habían entregado. Tenía que integrarse en este mundo de dolor, aceptando sus leyes y sus desafueros pero feliz y dando a los demás lo mismo que quería para ella. Tenía que sentirse plena, soltera o casada. Pero sería magnífico si conseguía vivir la experiencia de una relación de pareja sólida y de la paternidad responsable, haciendo frente a las grandes dificultades que, en principio, ese estado conlleva.

VII. Diana

Todos cavilaban, cada uno sobre los aspectos de la historia que les afectaban y que resultaban trascendentales para comprender su presente. Abstraídos en sus pensamientos no se dieron cuenta de la presencia de Diana.

Sonreía ligeramente, como si la tarea que quedaba por hacer le divirtiera. Desprendía paz y serenidad como siempre. Y aceptación.

—¡Diana! —exclamó Hugo—. ¿Qué haces tú aquí?

—Parece que esta historia me incumbe a mí también.

—Sí —dijo Hugo—, ya lo creo.

—Esto es como un gran enredo —comentó Mario—. Un lío.

—¿Un lío? —Diana se rió abiertamente—. Visto así, toda la vida es un lío, pero todo lo que ocurre aquí tiene una finalidad.

—Sin duda —dijo Claudia—, pero hasta que uno entiende algo han pasado muchas vidas según parece.

—Sí, aprender cuesta. Hay que modelar demasiados aspectos para que sea algo sencillo. No es difícil pero tiene su complicación.

—La verdad es que sí, Diana. Estamos todos perdidos. Y no me refiero solo a nosotros —dijo Esmeralda—. Me refiero a todo el mundo.

—No creas —respondió Diana—. Mucha gente sabe, más de la que crees, pero es inútil comentarlo. Nadie acepta lo que no aprende y experimenta por sí mismo.

—Eso es verdad —dijo Mario—.

—Sí. Cuando cada uno abre la puerta de su propio conocimiento a algún concepto o idea que después resuena fuera, entonces empieza a aceptarlo como posible hasta que termina por comprenderlo.

–Es una labor de filigrana.

–Sí –dijo Diana–. Así es.

–¿Y qué hacemos ahora? –preguntó Hugo–, porque aquella historia acabó como el rosario de la aurora, cada uno por su lado y de mala manera.

–Ésa es la cosa –respondió Diana–. Habría que cambiarla. Darle otra razón y otro fundamento. Permitir que esos personajes encuentren salidas y soluciones diferentes. Más sanas, más creativas y menos trágicas.

–¿Cómo podemos hacer eso? –intervino Claudia.

–Pues muy sencillo. Buscando otras salidas.

–¿Pero, cómo?

–Vais a imaginar –explicó Diana–, que con vuestra mentalidad de ahora, con vuestros conocimientos, vuestra cultura y vuestro desarrollo espiritual actual os incorporáis cada uno al personaje que os corresponde en esta historia. Yo también interpretaré el mío, el de la Gran Sacerdotisa Anat. Tú, Hugo, serás Nahim, tú Claudia serás Nilvaé, tú Mario serás Imhotep y tú, Esmeralda, serás Amunet, y tu madre, Mario será Siloé. ¿Estamos de acuerdo todos?

–Sí. De acuerdo –respondieron a la vez–.

–Muy bien –concluyó Diana–. Yo voy a contar del uno al tres. A la cuenta de tres imaginaréis que, al mismo tiempo, os desplazáis a aquel tiempo y a aquel lugar y rehacemos la historia. Estad atentos para poner en vuestras palabras y en vuestros actos toda la conciencia, la equidad y el talento que tenéis. Es vital no cometer errores y encontrar una solución satisfactoria para todos. ¿De acuerdo?

Todos respondieron afirmativamente. Entonces Diana les pidió que se pusieran cómodos, que cerraran los ojos y comenzó a hablar con voz dulce y pausada. Los fue relajando profundamente hasta que dijo: 1... 2... y...

SEXTA PARTE

—

Rehaciendo las bases de la historia

I. Egipto. 250 años a.d.C. Reinado de Ptolomeo III

Tras las oraciones de la tarde había solicitado hablar con la Gran Sacerdotisa. Ella deseaba entrar al servicio de la Diosa. La Gran Madre, la divina Isis, se le había presentado en sueños y, guiándola de la mano, le iba mostrando los secretos milenarios del Templo que ella olvidaba al despertar. Pero ésa era la señal que las aspirantes a novicias debían esperar para solicitar el ingreso en el Servicio Sagrado.

Lo expuso ante La Gran Sacerdotisa y ésta le respondió, fijando su impresionante e intensa mirada en la suya, que era un servicio duro.

—¿Eres consciente de todas estas dificultades, Nilvaé? Tienes que estar preparada para afrontarlo. Me veo en el deber de recordártelo. Te verás obligada a renunciar a todo.

—¡Claro que estoy preparada!

—Hay que comunicárselo a tu padre, Imhotep. Pedir su permiso.

—Esa será la gran dificultad, Anat. Él desea que me despose lo antes posible. Quiere mi descendencia ya que no pudo tener más hijos.

—Para un egipcio la descendencia es vital. Para cualquier ser humano lo es. Su anhelo es comprensible, —dijo Anat.

—Si mi augusto padre se opone me queda la opción de pedir refugio al templo. ¿No es así, Anat?

—En tu caso, Nilvaé, no te recomiendo esa opción. Podría ponernos en gran peligro a las dos y a todos los integrantes del servicio de Isis.

—¡Yo tengo una vocación! Mi alma desea servir a la Diosa, entregarse a ella y renunciar a todo.

—Sí, es cierto. Pero tu padre merece que se lo expliques y que le des la oportunidad de que te exponga sus razones. No es oportuno ni conveniente emplear la fuerza y la violencia. Prométeme que lo harás.

Nilvaé guardó silencio, pensativa durante un rato, al cabo del cual musitó:

—Lo haré, Anat. Te lo prometo.

Se acordó de que esa misma tarde se había negado a aceptar al último pretendiente que le había sugerido su padre. Se llamaba Nahim. Era apuesto y encantador. Pero ella deseaba entrar al servicio de la Diosa. Tenía que confesar que le daba miedo el matrimonio. Sus padres no eran felices y no estaba dispuesta a repetir el destino de su madre: no ser escuchada ni respetada. Su padre no admitía réplica.

Algo captó la atención de Nilvaé. El batir de unos élitros, un movimiento rápido y un zumbido suave.

Sobre la veranda se posó un escarabajo rojo, grande y majestuoso, con un curioso punto blanco sobre el caparazón que protegía la cabeza.

.../...

De pronto y en el mismo instante, le pareció que ella se desprendía de su realidad física y que flotaba suavemente en el éter. Ascendía. Se dio cuenta de que no se trataba de la muerte. Un grueso y elástico cordón plateado la mantenía conectada a su cuerpo.

Su percepción se transformó en ese mismo momento. La luz cambió. Cambiaron los colores. Todo estaba rodeado de una energía viva y brillante que palpitaba y emitía innumerables y variables matices luminosos. Comenzó a percibir a los seres de la Naturaleza, los elementales de las plantas, de los árboles, de la tierra, del fuego, del agua y del viento. Observó intensamente todo ese mundo vivo que vibraba a su alrededor, lleno de color y gracia. Su mente captaba los mensajes de bienvenida y miles de preguntas lanzadas hacia ella al mismo tiempo. Pidió mentalmente silencio. Todo calló de golpe. «Cada cosa a su tiempo, —dijo para que todos lo oyeran—. Tengo tiempo para cada uno de vosotros». Fue deteniéndose ante los árboles, las flores, las rocas, las hadas y los gnomos que le iban dando su nombre, generalmente impronunciable, al presentarse. La comunicación fluía sin esfuerzo. Su mente captaba la información, simplemente.

En un momento dado pudo percibir de nuevo ante ella al escarabajo rojo. Pero ahora no era rojo. Se había transformado en luz. Le impresionó su brillo, la gloriosa sensación de fuerza y de poder que emitía.

—Es la hora —le dijo el escarabajo—. ¿Estás preparada?

—No lo sé. Tengo que hablar con mi padre.

—¿Con tu padre? ¿Por qué?

—Me temo que no va a estar muy de acuerdo con que yo entre al servicio del templo. Él merece que yo me sincere con él.

—¿Y si te saltas su autoridad?

—Podría hacerlo pero sería un mal principio. Mi padre se merece al menos una explicación. ¿Y tú quién eres?

—Yo soy un mensajero. Represento el camino de la iluminación del discípulo.

—¿Y uno puede iluminarse mintiendo, engañando y desobedeciendo? ¿Luchando y guerreando lleno de cólera?

—Depende.

El coleóptero guardó silencio y después dijo:

—Pero en realidad, y ya que lo preguntas, no.

—Tú me estabas recomendando eso.

—Yo solo te sugería algo. Es el momento de que tú decidas.

—Pues decido hablar con mi padre. Por respeto.

—Como gustes. Tu iluminación es muy importante. Todos los tuyos, los que viven en tu presente, los de tu pasado y los de tu futuro se iluminarán contigo.

—Sí. Pero tengo que hacerlo bien. Tengo que sentirme plena y orgullosa de actuar con cordura, sin precipitación. Es importante no dañar a nadie. No debo ir contra la ley del Amor.

—De acuerdo. Adelante, entonces. Yo sé esperar.

En ese momento, Nilvaé sintió a su alrededor la presencia de millares de puntos de luz que la contemplaban. Una sensación indescriptible la embargó. Todos aquellos que pertenecían a su linaje y que habían sido antes que ella la aguardaban junto a todos lo que estaban siendo con ella y los que habían de ser. Todo su Ser lo comprendía sin palabras. Le pareció que estaban expectantes. Se produjo un silencio denso.

—Os tengo presentes, a todos. Quiero ayudaros de verdad y que vosotros me ayudéis. Voy a hablar con mi padre. Sé que la Madre Divina me iluminará para elegir la mejor opción posible.

Salió de la terraza de poniente sin terminar de ver la puesta de sol y se dirigió a los aposentos de su padre. Lo encontró muy atareado como siempre.

—Padre, preciso hablar contigo.

—Habla —dijo Imhotep sorprendido e intuyendo que se trataba de un asunto de importancia.

—Desearía entrar al servicio de la Diosa, en el Templo de Isis. Ella me reclama. Te pido tu bendición. Por eso he rechazado a Nahim y a todos los candidatos que me has presentado como posibles esposos.

—Me encantaría darte gusto, Nilvaé, pero no puedo bendecir esa elección. Tú eres mi única hija y es importante que no olvides la importancia de la descendencia. Les debemos ese servicio a nuestros ancestros. Hay que evitar por todos los medios que se interrumpa nuestro linaje. Los que han de venir aguardan pacientemente su turno pero para eso es necesario que tú tengas hijos. Es demasiado importante.

—Pero padre..., la Diosa...

—A la Diosa puedes servirla dentro o fuera del templo. No es imprescindible que te retires y renuncies a todo. Lo que te pido no es un capricho mío. Si yo tuviera otros vástagos no sería un problema, pero no es así. Dios no me ha concedido más, solo te tengo a ti. Te ruego que lo pienses Nilvaé. No deseo forzarte ni actuar en contra de tu voluntad pero la tradición y la supervivencia del linaje nos exigen sacrificios.

—Yo deseaba cultivar mi espíritu, entregarme...

—No tienes por qué dejar de hacerlo —la interrumpió él—. La vida te dará la ocasión de crecer espiritualmente. No se te impedirá visitar el templo y retirarte ocasionalmente para tu solaz.

Tras un breve silencio, continuó diciendo:

—Hay algo que quiero confesarte, Nilvaé. No deseo ocultarte nada. He hecho venir a Nahim para que le conozcas personalmente y acelerar el casamiento si es posible. Las escaramuzas que mantenemos con nuestros vecinos los persas pueden hacer imposible este encuentro en un futuro inmediato. Si no te gusta o no te convence, no te obligaré. Te ruego que hables con él, hija. Escucha tu corazón, pide consejo y guía a la Divina Diosa. Te lo otorgará, seguro.

—De acuerdo, padre. Hablaré con él. Le esperaré en la terraza de poniente. Y pediré consejo a la Divina Madre.

Imhotep hizo que algunas damas de alcurnia la acompañaran. Quería presenciar, a una distancia prudencial, la entrevista con Nahim quien también iría con compañía. Aguardó muy poco tiempo porque el pretendiente se presentó enseguida. Fueron presentados con el protocolo exigido y se apartaron unos pasos para dialogar con cierta privacidad. Se sentaron uno frente a otro. Guardaron un prudente silencio mientras se observaban. Nilvaé comprobó que era aún más apuesto de lo que representaba la estatuilla que había llegado a sus manos. Entonces, le dijo sin más preámbulos:

—Quieren casarnos, Nahim. Pero yo deseo entrar al servicio del Templo de Isis. Me temo que no sería una buena esposa.

—¿Por qué crees que no lo serías?

—Una sacerdotisa se desposa con la divinidad.

—¿Entrarías a su servicio por amor?

—Por amor, indudablemente.

—El amor es siempre el mismo. No hay distintas clases de amor. O se ama o no se ama.

—Lo sé.

—No hay amor más grande que el de una madre por sus criaturas. Y esas criaturas tampoco son suyas, son de Dios. Ésa es una buena forma de servirle.

—Sí, pero Dios no te exige débitos matrimoniales.

—El sacerdocio tiene sus propios débitos. Y no creo que sean sencillos. Los débitos matrimoniales son lo más fácil del mundo de comprender para alguien que desea ser una sacerdotisa de Isis.

—Sí, eso es cierto.

—Voy a decirte algo, Nilvaé. Me enamoré de ti nada más verte representada en la estatuilla policromada que me envió tu padre, que no te hacía justicia la verdad. Pero ese momento solo me sirvió para reconocer a la mujer con la que había hablado en sueños docenas de veces. Te conozco casi desde siempre y tú a mí. No es mi intención forzarte. Quiero respetar tu decisión. Te esperaré el tiempo que haga falta.

—No quiero hacerte perder el tiempo..., tú no puedes...

—Puedo y lo haré. No busco fortuna ni posición, tengo muchísimo más de lo que necesito. Busco una compañera, una amante, una amiga, una madre para mis hijos. Eso lo hemos vivido ya antes —dijo misteriosamente—. Ahora nos corresponde reconocernos y ser felices.

Posó su mirada en la de Nilvaé y le habló sin palabras. Un torrente de energía la invadió y todo su cuerpo se estremeció y comenzó a temblar. Le recordó a lo que había experimentado unas horas antes en ese mismo lugar cuando se presentó el escarabajo. Casi perdió los nervios y pensó que iba a desvanecerse.

—Por favor —le rogó débilmente a Nahim con la voz entrecortada.

—Lo siento —musitó el joven—. Discúlpame. Te dije que me conocías como yo te conozco a ti.

—Voy a retirarme ahora Nahim. Tengo que meditar y buscar la guía de la Madre Divina. Mañana te responderé a través de mi padre.

—Respetaré tu decisión, Nilvaé, aunque se me parta el corazón si decides rechazarme.

Se despidieron y la muchacha se dirigió a sus aposentos. Envió recado a su padre de que respondería su solicitud por la mañana. Mandó llamar a su madre. Cuando ésta llegó, Nilvaé se había hecho bañar y perfumar por las esclavas. Necesitaba tener la cabeza despejada. Su madre conocía su deseo de entrar al servicio del Templo y quería ayudarla, pero sabía que Imhotep no la escucharía.

—Madre, estoy en una encrucijada. Estoy perdida. No sé qué hacer.

—Imagino que has hablado con tu padre.

—Sí madre. También he hablado con Nahim. Ese joven me ha impresionado.

—Pero si no querías ni oír hablar de él —se asombró Siloé—. ¿Cómo ha sido eso?

—Hemos hablado. Padre lo ha dispuesto así. Dice conocerme, pero es que yo le he mirado y he sentido que le conozco desde siempre. Y ha brotado un fuego en mi interior; ha sido algo sorprendente que me ha hecho casi perder el control.

—Hija..., eso no puede inventarse. Se siente o no se siente.

—Pero la Diosa..., ser sacerdotisa del templo...

—Todos los caminos llevan a la divinidad siempre que el camino se haga con el corazón.

—Creo que voy a aceptar a Nahim, madre. Estoy impresionada y pienso que me puede hacer feliz. Tengo miedo porque me parece que tú no lo eres, que mi padre no te hace dichosa. Voy a pedirle guía a la Divina Isis.

—Mi felicidad está en amar a tu padre. Soy feliz queriéndole. A él no puedo obligarlo a devolverme este sentimiento. Él estaba enamorado perdidamente de otra mujer; la quiso mucho antes de conocerme a mí. Yo lo sabía cuando lo acepté como esposo. Tampoco me ha engañado nunca diciéndome lo contrario. No le pido nada salvo que me respete, como yo lo respeto a él.

—Gracias madre. No olvidaré tus palabras.

Y abrazó a su madre un largo rato.

Nilvaé, bañada y perfumada como estaba, se sentó en una hermosa alfombra roja tejida a mano. La rodeó con pequeñas lámparas de aceite encendidas. Delante de ella colocó un recipiente de plata bruñida con los óleos sagrados de Isis. Encendió un cabo de hilo empapado en cera de abeja, que atravesaba un papel que flotaba en el líquido untuoso y, descendiendo por el otro extremo penetraba en los óleos. Un olor exquisito se extendió por su aposento. Se sentó en la alfombra con las piernas cruzadas, con las manos apoyadas en las rodillas y permaneció inmóvil como si fuera una estatua. Internamente convocó la guía de la diosa.

Pasó un tiempo imposible de precisar. De pronto una energía conocida y benéfica inundó todo su Ser. Sintió corrientes frías y calientes que se movilizaban por todo su cuerpo. La diosa la visitaba.

—Divina Madre, ¿eres tú?

No hubo respuesta. Un amor profundo llenó su corazón.

—Estoy perdida... Anhelo servirte, ser solo tuya. Me has visitado en sueños y mostrado tus secretos. Creí que era la señal para entregarme a ti por completo. Pero mi padre tiene pensado otro destino para mí. Tengo que tomar una decisión. Te suplico que me orientes y me ayudes.

Por toda respuesta vio una imagen ante sí. Su padre, muchos años atrás, se encontró en un trance similar al suyo. En aquella ocasión le hizo la misma pregunta a la diosa y aceptó sin una queja la respuesta que recibió. Tenía que nacer ella, Nilvaé, y tenía que nacer de Siloé, no de Amunet. Ése era el modo en que la Diosa deseaba ser servida.

Vio en el pecho de su padre la luz de Osiris y el amor de Isis. Y en el de su madre. Ellos, Isis y Osiris, estaban en todas las criaturas. Servir a la divinidad no era algo exclusivo de los sacerdotes y las sacerdotisas ni se realizaba únicamente en los templos. Era una idea nueva, diferente, que la dejó pasmada. Le pareció una herejía. Se asustó de su atrevimiento.

La diosa, entonces y sin emitir palabra alguna, la sacó del lugar en el que meditaba. Le pareció que volaba y se encontró ante un espectáculo inimaginable.

Tenía ante sí varias líneas de tiempo. Por un lado veía el palacio en el que había nacido, a sus padres, a ella misma haciendo su vida ordinaria. Había otra línea que comprendió que era muy, pero que muy anterior a la primera. Por los ropajes y las edificaciones primitivas sucedía antes de la Historia conocida. Ahí estaban todos los personajes, ocupados en otras labores, actividades muy rudimentarias, hablando casi con gruñidos. Al mismo tiempo se encontraba en un tercer lugar que no podía describir. Pensó que se daba en un tiempo desconocido, tal vez en lo que habría de venir. Se asustó enormemente de lo que veía; eran los mismos personajes habitando en unas edificaciones extrañas, dentro de unas máquinas rodantes terroríficas, viviendo en casas toscas y frías como colmenas, comiendo alimentos desconocidos y vistiendo ropajes más raros aún.

No se había repuesto del susto cuando observó que las tres líneas de tiempo se superponían, se acoplaban y todos los personajes que ella conocía, y los que no, entraban decididos y sonrientes por una puerta de luz. No le cupo la más mínima duda de que en esa conjunción todos eran felices.

Nilvaé supo entonces lo que tenía que hacer. Dio las gracias a la diosa y se acostó.

Al día siguiente comunicó a su padre su decisión de tomar por esposo a Nahim. Y todo se dispuso para que el matrimonio se celebrara de inmediato. Llegado el momento sus esclavas la bañaron y ungieron con los óleos sagrados de la diosa para purificar su cuerpo y su espíritu.

La acostaron a continuación sobre un altar de piedra cubierto con manteles bordados a todo color, con representaciones de diferentes deidades; ocupaban la parte central las de Isis y Osiris. El cobertor estaba bien acolchado para que su cuerpo no sufriera la dureza de la piedra. Ahí comenzaron a masajearla con la misma mezcla de aceites que contenía el agua del baño.

Una sacerdotisa instructora al servicio de Isis apareció en la estancia ante ella. Reconoció a Amunet, cuyo nombre hacía referencia a la diosa del misterio, que le habló suave pero firmemente.

–Vengo ante ti por orden de Anat con el fin de prepararte convenientemente para tus esponsales.

Nilvaé conocía la tradición y se dejó hacer observando en todo momento a la sacerdotisa. Amunet le enseñó lo necesario de una forma pulcra y eficiente. Nilvaé sabría comportarse.

Cuando terminó su trabajo, Amunet se lavó las manos con agua de rosas y jazmín en una jofaina de alabastro que sostenía una esclava. Las secó cuidadosamente con un paño de lino blanco mientras se aproximaba de nuevo hasta ella.

–Ahora ya sabes lo que hay que hacer, Nilvaé. En mi lugar estará tu esposo. Te deseo suerte, toda la suerte del mundo y que seas feliz. Pido la bendición de Isis, la Divina Madre, para ti. –Amunet le dirigió entonces una mirada de gratitud por haber permitido que le transmitiera su ciencia.

–Gracias, Amunet. Valoro inmensamente tu trabajo y lo bendeciré como te bendeciré a ti cada día de mi vida por lo que me has enseñado. Si mi matrimonio es feliz sabré que en una parte importante te la deberé a ti.

Nilvaé se acordó además del sacrificio que había hecho su padre renunciando a Amunet, pero no lo manifestó en voz alta.

–Gracias Nilvaé. Mil gracias.

El corazón de Amunet se llenó de gratitud.

Las esclavas vistieron a la doncella con un vaporoso vestido blanco de ligera y transparente muselina, simbolizando su virginidad. Había que complementar el atuendo con joyas apropiadas para la ocasión y la categoría de los contrayentes. Le presentaron dos conjuntos de collar, brazalete y pendientes que eran un presente del futuro esposo y su familia. Uno era de oro y lapislázuli, el oro azul. El otro de oro y coral bruñido del Mar Rojo, rojo como el fuego.

El lapislázuli era una piedra semipreciosa muy preciada, más valiosa que el oro para los egipcios y que representaba la pureza, la salud, la suerte, la nobleza y el deseo de hallar la senda de la iluminación o el camino a la dorada Eternidad. El dios Anubis acompañaba a los muertos en su peligroso y aterrador recorrido tras la muerte física ante la presencia de Osiris. Entonces se someterían a su juicio. Por eso los poderosos se hacían poner máscaras de lapislázuli sobre el rostro al morir, como protección y como una forma de transmitir una imagen de mayor perfección para conseguir que Osiris fuera benevolente.

El coral rojo representaba el fuego y la sangre, por lo tanto la vida y la regeneración; pero también estaba relacionado con fuerzas peligrosas descontroladas que podían amenazar el orden establecido, la ira y la destrucción. El rojo para los egipcios era el color del desierto, de la aridez, de la muerte.

La mirada de Nilvaé quedó prendida de inmediato del conjunto rojo coral, en el que destacaba la talla de unos escarabajos sagrados. Asombraba su brillo y cómo resplandecían en el centro de una placa de oro puro en forma de media luna, sobre un brazalete y en cada uno de los pendientes. Los dos eran fruto del trabajo de un artista, al margen de su valor por los materiales que se habían empleado. Pero eligió sin pensarlo el conjunto de oro y lapislázuli. Pensó que en la encrucijada en la que se encontraba le convenía el benéfico influjo del azul de esa piedra semipreciosa que representaba nobleza, salud y suerte.

Se acordó del escarabajo rojo con el que había mantenido un encuentro mágico el día anterior. *En ese instante comprendió que el color que había elegido para presentarse no era casual. Era un claro aviso de que fuera prudente y moderada, que evitara la ira o cualquier emoción violenta y destructiva.* Con las joyas de lapislázuli de intenso color azul estaba hermosa, muy hermosa. Su cabello brillaba como la seda y toda ella desprendía el aroma exquisito y delicado de una flor.

Cuando las sirvientas abrieron la puerta del dormitorio para salir, los criados de su padre la estaban esperando para escoltarla a sus aposentos. Llegaron a la inmensa antesala de la alcoba paterna donde habitualmente trabajaba con sus colaboradores y dirigía sus asuntos. En esta ocasión no la ocupaban sus ayudantes ni los esclavos. Allí esperaban a Nilvaé sus padres, rodeados de los familiares más cercanos de ambos lados.

Siloé, su madre, la miró directamente a los ojos con intensidad. Parecía que estaba empleando toda la energía de su cuerpo en esa mirada. Sus enormes ojos despedían fuego. Le decía, «¡gracias, hija! Has estado a la altura de las circunstancias, estoy orgullosa de ti. Serás una gran esposa y una gran madre».

Enfrente de la familia de Nilvaé se encontraba el séquito y la familia del pretendiente, Nahim. Todos se mostraban contentos y satisfechos. El esfuerzo de desplazarse había valido la pena.

A un lado, ante un pequeño altar erigido para la ocasión y presidido por la diosa Isis y el dios Osiris, esperaban el Sumo Sacerdote Apophis y la Gran Sacerdotisa Anat. Nilvaé la miró a ella directamente con una pregunta muda en los ojos. «¿Crees que estoy haciendo lo correcto?»

Los ojos de Anat le devolvieron una mirada profunda y llena de alegría con la respuesta. «Has hecho lo correcto. La diosa te bendice a ti y a tu unión. Espera y confía que la sirvas con devoción desde tu nuevo estado».

Todo estaba dispuesto para los esponsales de Nilvaé, que iban a celebrarse de inmediato. Al finalizar la ceremonia y después de consumar el matrimonio, como exigían la ley y la costumbre, partiría con su esposo, séquito y familia hacia su nuevo hogar. Ella cumpliría con su deber.

Percibió la mirada de Nahim sobre ella, la admiración muda de sus ojos al contemplar su esplendor y cómo la inundaba de amor y gratitud.

…/…

Nilvaé tenía un nudo en el estómago. Le quedaba aún la incertidumbre de si la decisión que había tomado era la correcta y de que a lo largo de su nueva vida la diosa la iba a bendecir con su generosidad y su protección. Nahim era apuesto y bien parecido. Sintió una gran emoción cuando posó sus ojos sobre él. Deseó con todas sus fuerzas que se encontraran como la primera vez para sentir nuevamente aquella conexión indescriptible.

Él la miró tiernamente. Estaba ante su compañera. La mujer de sus sueños. Tenían toda la vida por delante. A sus veintidós años estaba empezando a asumir las responsabilidades derivadas de los negocios de un gran comerciante. Su padre había levantado un imperio y sus caravanas cruzaban el desierto de un lado a otro permitiendo el intercambio de mercancías entre lugares remotos. Algún día los visitaría uno a uno personalmente y se la llevaría con él.

Nahim tomó la mano izquierda de su esposa y la atrajo hacia sí mientras le rodeaba la cintura con el otro brazo. Tenía el cabello oscuro ensortijado y los ojos negros como la noche. Los clavó en su mujer como anunciándole el siguiente paso que iba a dar. Nilvaé no podía mover ni un músculo, su cuerpo estaba paralizado por la emoción y le dejó hacer. Observó que la cabeza de Nahim se inclinaba hacia ella. Vio como su boca de labios gruesos y sensuales se dirigía hacia la suya ansiosa y ella le devolvió la caricia.

En ese mismo instante un golpe seco sobre el ventanal llamó su atención. Se sobresaltó y se giró bruscamente buscando la causa. Toda la tensión desapareció como por encanto. No había visto nada pero entendió inmediatamente lo que había pasado. El escarabajo rojo se había golpeado contra la ventana. Sin pensarlo se soltó del abrazo de Nahim y se acercó para ver. Ahí estaba el escarabajo rojo de la terraza de poniente. El curioso e inusual punto blanco sobre el caparazón le confirmó que se trataba del mismo ejemplar que había visto por la tarde.

El coleóptero estaba un poco atolondrado después del golpe pero vivo. Le dijo:

—Has sido humilde, Nilvaé. Has tomado la decisión correcta.

—¿He sido humilde?

—Sí. A veces nos ciega la ambición. No ansiamos solo el dinero o la posición social. En ocasiones deseamos más que ninguna otra cosa una espiritualidad elevada que nos haga sobresalir por encima de los demás e imaginamos que eso va a garantizarnos una posición privilegiada cerca de la divinidad. Intenté tentarte pero resististe mi consejo viciado.

—Espero no haberme desviado de mi camino.

—Ése siempre está debajo de tus pies. No hay desvío posible que te saque del camino. Todos, absolutamente todos, llevan a Dios. Mejor dicho, Él es el Camino. No hay posibilidad de error, siempre que uno dé los pasos correctos.

—Pensé, ciertamente, que dedicándome al servicio de Isis tendría más posibilidades de alcanzar su pleno Amor.

—Ésa fue una mala pasada de tu grandiosidad. Él ya te ama plenamente. Lo ha hecho desde el principio de tu existencia y te acompaña desde que diste el primer paso de tu existir, mucho más allá de los mundos manifestados. No es eso lo que tienes que alcanzar. Tienes que quererte a ti misma y a toda la Creación. Así te unirás a la diosa. Da igual desde dónde lo hagas.

—Lo tendré presente siempre. Cultivaré mi humildad.

–Confío en ello. Las tentaciones se nos presentan a veces bellamente adornadas. Las tomamos por virtudes. ¡Hay que estar muy alerta! Cuanto más hemos trabajado la vía del Amor, más sutil e irreconocible se presenta lo que nos quiere desviar de ella. Lo vemos como un derecho o como consecuencia de lo justo. La violencia se enmascara fácilmente entre la caridad y la equidad, así como en la defensa de la virtud o de la divinidad. Te repito, hay que estar muy atento.

–Gracias infinitas. No lo olvidaré ¿Volveré a verte?

–Siempre estaré contigo. Espera tu oportunidad. Cuando estés preparada yo vendré a por ti.

–De acuerdo. Te esperaré.

–¿Qué es eso? –preguntó Nahim–. ¿Qué pasa?

–Es un mensaje de la diosa. Nos da su consentimiento y nos bendice porque estamos empezando a abrir las alas para volar.

Ambos se abrazaron y se dispusieron a pasar la noche más íntima, más intensa y más placentera de su vida mientras un escarabajo rojo abría majestuosamente las alas y emprendía el vuelo.

II. Recapitulando tras la experiencia

Todos se encontraron de nuevo en la entrada del Laberinto del Valle de las Culturas. Casandra los esperaba sonriente.

–¿Qué os ha parecido la visita? –preguntó.

–Nunca imaginé que existiera un lugar así y que pudieran vivirse experiencias como las que acabamos de dejar atrás –respondió Hugo–. ¿Estás segura, Casandra, de que el agua no contenía algún alucinógeno? Es que si me lo cuentan una o mil veces, no me lo creo.

–El mundo está plagado de misterios –respondió ella riendo–. La mayor parte los vemos a diario pero no reparamos en ellos. La vida es pura magia. El Universo es mágico. Engañamos constantemente a nuestros sentidos para considerar lo extraordinario como algo común y corriente. Todo, de nuevo, es al revés. Nuestra existencia es un milagro continuo y no hay cabida en ella para lo simple y ordinario.

–Ya..., pero no resulta fácil darle la vuelta a lo que percibimos –dijo Mario.

–Fácil o difícil... Tú lo veías imposible. Te digo «déjate guiar por tu intuición» y llegas el primero con mucho tiempo de antelación respecto a los demás. Te felicito. Debes prohibirte a ti mismo volver a dudar de ti.

–Son absolutos, ya lo sé, pero nos entendemos de este modo –se impacientó Mario.

–Por eso precisamente lo ves todo del revés. Pero haz como gustes. Cada uno elige el camino que quiere recorrer, dónde se entretiene, dónde se para, de dónde aprende y dónde decide permanecer o continuar. Tú elijes –apuntó Casandra con su leve y característica sonrisa en los labios–. Pero no olvides lo que has hecho hoy y procura no considerarlo una casualidad, por favor.

–Discúlpame, es que resulta complicado para mí ver las cosas desde ángulos tan radicalmente diferentes. Pero voy a esforzarme, te lo prometo. –Y, añadió–: Gracias Casandra, he aprendido algo muy importante y estoy recuperando mi poder.

–No me lo prometas a mí –rió abiertamente ella–, prométetelo a ti mismo. Por cierto, ¿habéis captado y comprendido bien vuestro mensaje?

–Sí –respondieron todos a un tiempo.

–¿Aclara las dudas fundamentales de vuestra vida?

–Sí –respondieron de nuevo.

–De acuerdo. Os comunico que la historia ha sido modificada con éxito. Vuestra vida va a cambiar en la misma proporción. Os felicito a todos de corazón.

–Gracias por tu ayuda –dijo Mario emocionado–. ¿Me permites que te abrace?

–¡No faltaba más! No hay problema. Tengo abrazos para todos.

Rieron alegremente y fueron comentando todos los matices de lo que había acontecido durante la mañana.

Estaban agotados. Era hora de volver y descansar. Se dirigieron directamente a sus habitaciones, tomaron una ducha y cayeron rendidos en la cama. Durmieron hasta el día siguiente.

SÉPTIMA PARTE

—

Tejiendo la rejilla de luz

I. La vuelta a casa

Bajaron a desayunar cuando tuvieron los equipajes preparados y todo recogido. Los dejaron en la recepción mientras pasaban al comedor a tomar el último desayuno.

Estaban hambrientos y los cocineros se habían superado ese día, seguramente porque se acababa el encuentro. Había un buffet excelente con variedad de pasteles y tartas a cada cual más delicioso, de los que fueron dando buena cuenta.

Casandra no estaba por ningún lado. Salieron a buscarla, fueron a la sala de conferencias, a los salones, al huerto. No había rastro de ella por ninguna parte.

Se les estaba haciendo tarde y debían emprender el camino de vuelta. Al día siguiente tendrían que reanudar el trabajo. Llevaban un montón de días de vacaciones.

Se dispusieron a partir. Les entristecía no poderse despedir pero hablarían con Casandra más adelante de una u otra forma.

Tomaron sus maletas y se dirigieron a la puerta de salida. Sobre una consola Esmeralda descubrió un sobre cerrado en el que ponía: «Para Hugo, Claudia, Mario y Esmeralda», y, más abajo: «Para ser abierto al llegar a destino». El mensaje les extrañó algo pero Esmeralda guardó el sobre en su bolso para abrirlo al día siguiente, tal como indicaba.

Pusieron el coche en marcha y comenzaron a hacer el camino de vuelta. Recorrieron los 3,33 kilómetros que les separaban de la carretera comarcal. Se fueron despidiendo de las montañas, los árboles, las flores y los prados. De la abundancia ofrecida por la Madre Tierra que les acompañó todos esos días, del clima excelente, primaveral, que habían disfrutado en pleno mes de diciembre, de las nubes y del sol. Se despidieron especialmente del almendro florido.

Pasados los 3,33 kilómetros alcanzaron, como estaba previsto, la carretera comarcal. Ahora quedaban 33,3 kilómetros por la Nacional hasta la autovía. Cuando llevaban recorridos 3,33 kilómetros, Claudia exclamó en voz alta:

—¡Dios mío! He olvidado en la habitación la cámara de fotos.

—¿Que la has olvidado? ¿Cómo que la has olvidado? —dijo Hugo.

—Pues eso, que me la he dejado allí.

—¡Qué fastidio! Ésas eran todas las fotos que teníamos.

—Pues se han volatilizado —dijo—. De las cámaras de fotos se dice lo mismo que del dinero: cualquiera puede tener una como la tuya, así que la hemos perdido.

—Podemos volver a buscarla. Hemos hecho muy poco recorrido de vuelta —dijo Mario—. En un momento estamos allí.

—¡Cómo vamos a volver ahora!... se hará tarde —apuntó Claudia compungida.

—Yo volvería —apuntó Esmeralda—. Merece la pena.

—¿Damos media vuelta? —dijo Hugo.

—Sí, nos alegraremos después.

Hugo giró en sentido contrario y se dispuso a deshacer el camino que habían hecho.

Iban charlando alegremente comentando lo vivido, las incidencias y las particularidades de lo acontecido en ese lugar inolvidable cuando, de repente Hugo dijo extrañado:

—No entiendo, llevo ya seis kilómetros y no encuentro la desviación. El cartel de Casa Rural con el escarabajo rojo.

—Te habrás despistado, hombre.

—No. Simplemente no está.

—Tendría que estar, como estaba la primera vez en el kilómetro 33,3 de esta carretera, para ser exactos.

—Estamos en el treinta y seis —dijo Esmeralda.

—Ah, se me habrá pasado. Con tanta charla...

Volvieron sobre sus pasos. Llegaron al kilómetro 33,3 y allí no había nada. Nada de nada. Estaban desconcertados. ¿Qué misterio era ése? ¡Si acababan de dejar la desviación atrás hacía veinte minutos! Se detuvieron al borde de la carretera en el kilómetro 33,3. No había ningún camino, ni de tierra ni de nada. No existía.

Decidieron buscar algún sitio para tomar un café o una bebida y charlar.

Volvieron al coche y reanudaron la marcha. Iban en silencio y con el rostro serio. Se detuvieron en el primer lugar que encontraron donde se podía tomar algo. Pidieron unos refrescos y agua porque se les había quedado la garganta seca.

Mientras los tomaban consternados llegó un grupo de muchachos jóvenes de ambos sexos. Salían de vacaciones, era evidente, y se disponían a divertirse lo más posible. Hablaban de la fiesta de fin de año. Iba a ser la bomba. ¿Iba a ser? ¿Cómo? ¿Pues no había sido ya, hacía dos días?

Mario se levantó y se dirigió hacia ellos. Charló un rato amigablemente con los chicos. Cuando volvió, estaba pálido.

—¿Qué te pasa?

—¿Que qué me pasa? Según estos chicos, estamos a veintiséis de diciembre.

—No puede ser.

—Sí lo es. Mira tu teléfono.

Efectivamente. El teléfono indicaba esa fecha. Entonces, ¿dónde habían estado ellos? ¿Y cuándo?

En ese momento sonó el timbre del teléfono de Mario. Era su hermano mayor, Juan.

—Hola Mario. Lamento fastidiar tus vacaciones. Tienes que volver inmediatamente para Madrid.

—¿Qué pasa?

—Mamá está muy mal. Es mejor que vuelvas. ¿Dónde estás?

—En medio de ninguna parte –dijo Mario–, a unos 300 kilómetros de Madrid.

—Vuélvete. Llegarás a tiempo. Mamá pregunta insistentemente por ti.

—Voy inmediatamente. Hasta ahora.

Mario se quedó sin palabras. Él se había ido de su casa y su madre… Un sollozo se le atragantó en la garganta. Inmediatamente se repuso. Recordó todo lo vivido durante los días mágicos de estancia en El Escarabajo Rojo. Iba a afrontar lo que estaba a punto de suceder sin culpa, con entereza, haciéndose cargo de su poder. Recordó el aviso de su madre y se sintió más fuerte aún.

—Tengo que ir a Madrid, mi madre se ha puesto muy mal.

—Pero, ¿qué ha pasado? –preguntó Esmeralda consternada.

—No lo sé. Está grave. Mi hermano me pide que vaya a casa urgentemente. No le debe quedar mucho tiempo si él me lo pide de una forma tan vehemente. Tengo que volver. De todos modos estamos atascados aquí sin saber dónde estamos, ni qué hacer, ni el día en el que vivimos.

—Nos vamos todos –añadió Hugo–. No te dejaremos solo en estos momentos.

—No puedo consentirlo –protestó Mario–. Yo tomo el tren y…

—Es lo mejor. Ahora mismo cogemos el coche y deshacemos el camino –dijo Hugo con determinación.

Nadie se opuso. Todos estaban concentrados en los últimos acontecimientos. La situación era tan confusa que no quedaban muchas ganas de ir a ninguna parte.

Al cabo de tres horas y media entraban por la puerta de la casa de la madre de Mario. Los hermanos de Mario estaban allí, todos con cara de preocupación.

—¿Cómo está mamá?

—Mal. Creo que te está esperando para irse. Solo pregunta por ti.

—¿Pero qué ha pasado?

Mario se temía lo peor. Que su madre no recordase lo vivido entre los dos y le reprochase el haberse ido de casa, haciéndolo culpable de su percance. Al final, sus peores pesadillas se estaban cumpliendo. Tembló. Siempre temió tomar decisiones que pudieran...

¡Por Dios! ¡Eso era antes! ¡Pero qué estaba diciendo! Eso se había acabado. Se acabó someterse al yugo de su propio pavor, a la cárcel de las manipulaciones ajenas, conscientes o inconscientes. Lo había comprendido con toda precisión y nitidez, hubieran sido reales o irreales las experiencias que acababan de vivir. Se mantendría firme. Pensaría en su madre y en su derecho a permitir que su vida discurriera de una determinada manera. El hecho de morir en ese momento y de esa manera querían decir algo. Para los dos. Había que afrontarlo y permitir que el mensaje llegara lo más nítido y preciso posible para aprender de él. Se recompuso y se hizo consciente del momento para no deslizarse por la senda habitual de la culpa.

—Ayer se desplomó en el baño —le explicó Juan—. Llamé a Don Fernando, su médico de cabecera, y vino inmediatamente. Ella llevaba dos años padeciendo micro infartos cerebrales. Se lo estaban tratando pero el médico le había advertido de que algo así podía suceder en cualquier momento.

—¿Por qué no la habéis hospitalizado?

—Le pregunté a Don Fernando. Me dijo que esta vez no habría vuelta atrás; moriría o quedaría paralizada e inmovilizada. Mamá le hizo jurar que nos comunicaría en su momento su decisión de no ser conducida al hospital si eso ocurría y me presentó un documento firmado por ella donde lo explica. Deseaba morir dignamente en casa. La decisión era nuestra y yo he respetado su elección.

—Has hecho bien. Voy a entrar a verla.

Mario entró en el dormitorio. Una mancha amoratada podía apreciarse en el lado derecho de su cabeza, como el hueco de una mano. El rostro de Paula se veía relajado y sereno. Su respiración era imperceptible; cualquiera diría que ya había abandonado su cuerpo. Pero no. Se movió ligeramente en cuanto Mario se acercó a ella. Él la besó tiernamente en la frente y la tomó de la mano.

Como haciendo un gran esfuerzo, Paula abrió ligeramente los ojos en un intento de ver de quién se trataba. Intentó hablar. Mario se acercó a su boca para poderla entender.

—Papá está aquí —anunció ella con un hilo de voz casi inaudible.

—Lo sé, mamá. Ha venido a acompañarte.

Paula hizo un leve gesto afirmativo con la cabeza. Tomó fuerzas para decir:

—¿Comprendiste el mensaje?

Mario volvió a quedarse helado. ¡Eso es lo que ella le había dicho cuando se reunió con los ancestros de su linaje! Que se preparara para recibir su mensaje y comprenderlo ¡Es cierto, ella ya le había dicho que se iba! Mejor dicho, le dejó entrever que no era algo para un futuro, que estaba hecho. En el atolondramiento de las dudas y vacilaciones que estaba sufriendo, inmerso en la decepción de que nada hubiera ocurrido de verdad, casi lo había olvidado.

¿En qué espacio, en qué tiempo había sucedido todo eso? Estaba perplejo, pero le respondió como si no albergara la más mínima duda.

—Sí mamá. Lo recibí. Me dijiste que estabas orgullosa de mí porque había tomado una decisión muy difícil justo a tiempo, aceptando las consecuencias y también de cómo había recuperado mi poder.

—Sí —musitó ella—. Eso es.

—Y lo más importante, que con la violencia, el maltrato y la falta de consideración a los demás, no se consigue nada positivo. Pero tampoco con lo opuesto. Hay que mantenerse en el punto justo. Respetar y hacerse respetar.

—Eso hijo. Yo también he aprendido... Papá está aquí, viene a acompañarme. Te amo hijo. Perdóname.

En ese momento entraron en la habitación los hermanos de Mario. Comprendieron que su madre se apagaba como una lamparita. Mario introdujo nerviosamente su mano derecha en el bolsillo del pantalón. Notó el contacto duro y frío de algo. Lo extrajo y vio en su mano la pepita que había sacado del agua en Las Cascadas de Plata. Su madre había hecho todo el trabajo desde lejos; merecía que se la entregara. Abrió su mano y la depositó en ella. Paula supo de inmediato de qué se trataba. Apretó los ojos para transmitirle su agradecimiento.

Entonces pareció que Paula fijaba la mirada de sus ojos ya vidriosos delante ella y, tras un leve suspiro, expiró con una sonrisa en los labios.

Entraron sus amigos y abrazaron a Mario, uno a uno. La última en hacerlo fue Esmeralda. Lo miró con dulzura y le dijo:

—Todo esto es una gran oportunidad. Tu madre te ha hecho un gran regalo.

Entonces puso delante de él la mano derecha con el puño cerrado mientras le decía:

—Esto es para ti, Mario. —Él la miró desconcertado sin comprender. Esmeralda abrió la mano. En su palma brillaba un dije que representaba a un escarabajo rojo-fuego en pleno vuelo. La estructura era de oro y el cuerpo estaba cubierto de esmalte. Para las alas se había engarzado en el oro una finísima capa de madreperla pulida, traslúcida e iridiscente que parecía de cristal. Sobre el caparazón de la cabeza brillaba un pequeño brillante blanco.

Esmeralda abrió el cierre de la cadena de la que pendía y se lo colocó alrededor del cuello. Quedó reposando a la altura de su corazón. Mario interrogó con la mirada a su mujer. Ella le explicó:

—¿Recuerdas el sobre que encontramos en la recepción de El Escarabajo Rojo cuando volvíamos?

—Sí, lo recuerdo.

—Dentro había un colgante como este para cada uno de nosotros. Pero hemos encontrado un quinto. Es para tu madre, Mario; sería bonito que se lo pusieras.

Mario hizo lo que Esmeralda decía. El escarabajo quedó brillando sobre los cobertores que cubrían a Paula. Luego se volvió hacia sus amigos y exclamó:

—¡Pero si el escarabajo rojo no existe! Lo buscamos por todas partes sin resultado. Todo esto parece una gran broma.

—No existe en esta tercera dimensión. Pero existe. Además de los dijes, en el sobre había un mensaje de Casandra.

—¿Un mensaje?

—Es una nota breve. ¿Quieres que te la lea?

—Sí, por favor.

—Dice así:

II. Mensaje de la Guía a los Maestros

Mis amados, después de haber compartido estos días extraordinarios volaréis cada uno hacia vuestro propio cielo. Habéis trabajado durante muchas vidas para elevar vuestra conciencia.

Si estáis leyendo esta nota y los dijes cuelgan de vuestro cuello es que vuestra energía se ha fortalecido. Empieza a estar preparada para sostener y manifestar en esa dimensión lo que es propio de otra.

Esto sencillamente significa que habéis hecho un gran trabajo, que tenéis que seguir haciéndolo y que conseguisteis cumplir vuestro propósito. Vuestra alma está preparada para asumir nuevos retos, ajustándose cada vez más fielmente a la ley del Amor con la ayuda insustituible del Perdón y la Compasión.

No olvidéis, de ahora en adelante, que sois Maestros que os habéis olvidado de vuestra maestría. Volver a casa significa, entre otras cosas, reencontrarse con esta realidad.

Os puede parecer que nos hemos separado, pero esa percepción no es real. Nos mantendremos unidos siempre y en cualquier caso, os anuncio que nuestros caminos volverán a cruzarse.

Que la divinidad alimente siempre vuestro corazón, y este vuestra cabeza.

Quedad siempre protegidos por ella.

Casandra

III. Corolario

La vida siguió su curso. Todo parecía lo mismo, igual que siempre. Pero las cosas habían cambiado.

Esmeralda y Mario se casaron, igual que Hugo y Claudia. El despacho de Claudia siguió prosperando y en los siguientes cinco años pasó a tener diez empleados.

Hugo se hizo cargo de la dirección de los cultivos ecológicos que le había ofrecido su amigo Enrique. Los llevó con eficiencia y mimo y aprendió sobre esa materia todo cuanto podía faltarle por saber.

Un día decidió que tenía que volver a ver a su tía Pura. Tenía que hablar con ella porque se estaba haciendo mayor, demasiado. No quería que se malograse la oportunidad.

Así que un viernes por la tarde, después de salir del trabajo, los cuatro pusieron rumbo a la casa de la tía Pura. Tuvieron que enviarle un telegrama porque ella no tenía teléfono ni televisión. Nada que precisase señal de radio o antenas telefónicas. Ella los estaba esperando, feliz y contenta con la visita.

Al llegar, Pura se abrazó a Hugo.

–Qué cambiado estás, hijo. Pareces otro.

–¿Tú crees, tía? Pues tú estás igual que siempre. Parece que los años no pasan por ti. ¿Cómo lo consigues?

–Trabajando mucho, hijo.

–Ya..., mira. Te presento a mi mujer, Claudia, y a nuestros íntimos amigos, Mario y Esmeralda. Ellos van a disfrutar y comprender perfectamente lo que haces y lo que tienes aquí.

Pero antes era la hora de reponer fuerzas después del viaje.

La tía Pura les había preparado una sopa de verduras riquísima que levantaba el ánimo de un muerto, ensalada, queso y fruta. Y un poco de vino que producían sus viñas. Tomaron una cena sencilla pero abundante y decidieron acostarse. El día siguiente sería otro día. Tendrían tiempo de charlar y visitarlo todo detenidamente.

Se levantaron temprano. El desayuno estaba preparado y comieron de buena gana. La tía Pura estaba despierta desde las seis de la mañana. A esa mujer no había forma de cansarla.

Los invitó a conocer la casa y los alrededores. Era una amplia construcción, antigua pero sólida y elegante dentro de su sencillez, con ocho habitaciones grandes, un gran salón con chimenea y una cocina amplia. En ella había una mesa de madera de pino enorme, donde todo el mundo desayunaba y comía al calor del hogar. Mientras la recorrían, los cuatro tenían en mente la misma imagen: la casa rural de El Escarabajo Rojo y a Casandra. Era cierto que guardaban una gran similitud. Con unos cuantos arreglos e invirtiendo algo de dinero en modernizar las habitaciones y los baños se parecerían tanto que cualquiera podría decir que se trataba de dos construcciones hechas por la misma mano.

Había muchas más circunstancias parecidas, en el terreno que la circundaba, en los cultivos, en los árboles y en las flores. Hugo decidió que ése iba a ser su hogar. Cuando lo hubieron recorrido todo, abrazó a la tía Pura. Le dijo:

—Gracias tía. Está todo todavía más bonito que la otra vez que te visité. Has hecho un gran trabajo.

—Sí. Lo he hecho a la espera de que tú lo continúes. No pierdo la esperanza.

—No tienes que perderla porque he decidido que yo cuidaré todo esto cuando faltes o ya no puedas más.

—¿De verdad, hijo? ¡Qué alegría!

—Todo ha cambiado mucho para mí, tía. Ahora sí tengo experiencia plena en los cultivos ecológicos. Sé casi todo sobre eso. Sé como administrar bien una explotación para que dé buen rendimiento sin castigar la tierra y obtener frutas, legumbres y hortalizas sanas, sin productos contaminantes. Y sé cómo dirigir a la gente.

–¡Pero eso es justo lo que necesitamos! Te queda desarrollar la capacidad de conectaros y colaborar con los elementales de la tierra, las plantas y de todo lo que nos rodea.

–A eso nos enseñarás tú. Puede que en algún momento estés dispuesta a contarnos tus secretos.

–Esos secretos no son míos. Miles y miles de personas los conocen y los han vivido a lo largo de las generaciones. Las plantas, la Naturaleza, tienen sus lenguajes. Puede uno comunicarse perfectamente con ellas.

–Lo sabemos tía. Estamos dispuestos a aprender.

–Para abriros la puerta de ese conocimiento tengo que estar completamente segura de que os mueve únicamente el amor a la tierra y al género humano. Y de que cuidaréis este lugar con esmero.

–Sí tía. Nosotros, los cuatro, lo cuidaremos. Mantendremos el vergel. Haremos de este lugar un espacio de desarrollo personal y descanso para todos los que trabajan en su evolución y necesitan apoyo. Lo haremos para los demás y para nosotros también.

–Ah, bueno. Veo que es algo más que un vago deseo lo que te mueve. ¿Y le vais a poner un nombre?

–Sí, ya lo tenemos. Lo llamaremos EL ESCARABAJO ROJO.

–¿EL ESCARABAJO ROJO? Qué nombre más raro, hijo.

–¿No te gusta tía?

–Me gusta muchísimo. Pero es raro.

–Entonces queda decidido. Ése será su nombre. Por cierto tía, imagino que conservas el Libro Mágico.

–¿El Libro Mágico? ¿De qué me hablas, Hugo?

–Tú tenías un libro en el que anotabas todos tus descubrimientos, tus trabajos, las cualidades de las plantas, de los seres de la Naturaleza, cómo tratarlos...

–¡Ah, eso! Creí que lo habrías olvidado. La otra vez no estabas muy lúcido ni muy abierto.

–No tía. Que en aquel momento no estuviera preparado para comprender la envergadura de lo que hacías no convierte en menos inolvidable una experiencia fuera de lo común como fue aquélla.

–Ese libro, el día que te hagas cargo de El Escarabajo Rojo, será para ti. Y si yo muero antes de que eso ocurra, lo dejaré todo bien atado para que te sea entregado en su momento.

–Gracias tía. No te defraudaré –le dijo Hugo mientras la abrazaba tiernamente.

IV. Hugo y Diana

Hugo llamó, como tantas veces lo había hecho, a la puerta de Diana. El corazón le palpitaba. No la había vuelto a ver desde su aventura de final de año.

Abrió sonriente, como siempre. Se abrazaron fraternalmente uniendo sus corazones.

—Pasa —dijo Diana alegremente— y cuéntame.

—No creo que pueda contarte nada que no sepas ya.

—No sé nada. Cuéntame.

—La vida ha dado un giro completo para mí. Nada es como era. Y muchísimo, por no decir todo, te lo debo a ti, Diana.

—Te lo debes a ti mismo. Tú has hecho el trabajo, no yo. Yo te he guiado un poco.

—Me hubiera perdido sin tu ayuda. Vengo a darte las gracias de corazón.

—Yo también te estoy agradecida a ti. Cada uno lee la parte del libro que le toca y realiza su propio aprendizaje.

—Ya..., me abriste la puerta para que pudiera vivir una oportunidad única. No solo por lo de El Escarabajo Rojo sino por todo el trabajo que has estado haciendo conmigo. Soy otro, Diana. Mi vida parece la misma, pero todo ha cambiado para mí. Empiezo a ser feliz.

Guardaron silencio, cada uno ensimismado en sus propios pensamientos.

—Estás pensando en Casandra —dijo Diana.

—Sí. Es una mujer increíble. Un ser humano fuera de lo común y corriente. Una gran maestra.

—Sí. Magnífica maestra —repitió ella.

—¿Existe? ¿Es real El Escarabajo Rojo?

—¡Claro que existe! Igual que tú y que yo.

—No lo volvimos a encontrar, Diana.

—Lo sé. Eso era aprendizaje también.

—¿Ah, sí?

—Sí. Y muy importante. Confiar y sostenerse uno mismo sin miedo. Dar fe. Vivir con la certeza de lo divino a pesar de las apariencias. Importantísimo.

—Lo sé. Estoy en ello. Bueno..., estamos en ello.

—Pero, sobre todo, es importante estar atentos para descubrir los «escarabajos rojos» que se presentan en la vida.

—¿Qué quieres decir, Diana?

—Eso exactamente, Hugo. Hay situaciones o personas que se presentan en nuestra vida para obligarnos a afrontar esos aspectos de nosotros mismos que creemos resueltos y superados y que no lo están, de forma que nos preparamos para dar un salto cualitativo sin saber que no nos encontramos en perfectas condiciones para ello, que nuestra fortaleza y nuestro desarrollo no son suficientemente sólidos. En esos casos todavía nos dejamos arrebatar por la cólera y la ira cuando nos vemos superados por la dificultad de una experiencia. No pasa nada en realidad. Pero tenemos que saber que hay que seguir trabajando. Eso es todo.

—Ya..., eso es lo que le sucedió a Nilvaé, ¿no?

—Sí. Eso precisamente.

—En las cosas que nos afectan personalmente, darse cuenta de esas sutilezas es complicado...

—Desde luego. Cuanto más avanzado estás, más complicado y sutil es.

—Vamos a poner el corazón en ese trabajo. Estamos dispuestos a esforzarnos todo lo que sea necesario para cambiar nuestro paradigma personal y conseguir que esta forma de relacionarse con uno mismo, con los demás y con el mundo sea lo natural.

—Sí. Vamos a cambiar el mundo. Desde el silencio y la humildad, pero lo vamos a cambiar.

—Gracias de nuevo, Diana.

Se levantó para irse. Entonces ella le dijo:

—Espera un momento, tengo algo para ti. —Se dirigió al armario que había a su derecha y sacó de él un objeto. Se lo alargó sonriente.

—Toma —dijo—. La cámara fotográfica que os dejasteis en El Escarabajo Rojo.

—¡Madre mía! ¿Cómo la has conseguido?

—Me la dio Casandra.

—Pero si..., bueno, el caso es que está aquí. No se han perdido las fotos finalmente.

—No creo que haya fotos.

—¿No?

—No. Pero míralo, por si acaso.

Hugo miró de inmediato. La memoria estaba vacía, solo había una instantánea. Era de los cuatro posando junto a Casandra, debajo del almendro en flor.

—Con ésta me doy por contento. ¡Ha sido un gran regalo!

Diana abrió los ojos como platos y exclamó:

—¡Puedes tenerlo por seguro, Hugo! Un regalo que no he visto que ella haya dado antes a nadie. Casandra debe estar muy, pero que muy contenta con vuestro trabajo.

Se dirigió a la salida. Ella lo seguía de cerca. Al llegar a la puerta Hugo se volvió y miró a Diana durante un rato. Le sostuvo la mirada, inquisitiva y profunda. Entonces preguntó:

—¿Quién eres tú en realidad, Diana?

—Yo no soy nadie Hugo. Tu terapeuta. Gente común y corriente.

Hugo no la creyó. La llevaría siempre en su corazón.

—Hasta siempre —dijo emocionado. Y cerró la puerta suavemente...

Madrid, a 10 de septiembre de 2015

KOLIMA
BOOKS